TROISIÈME ÉDITION

LES GRANDS PROCÈS POLITIQUES

# BOULOGNE

D'APRÈS LES DOCUMENTS AUTHENTIQUES

Réunis et mis en ordre

PAR

ALBERT FERMÉ
Avocat à la Cour de Paris

PRIX : 1 FR. 50

PARIS

ARMAND LE CHEVALIER, ÉDITEUR
61, RUE DE RICHELIEU, 61

1869

LES GRANDS PROCÈS POLITIQUES

# BOULOGNE

D'APRÈS LES DOCUMENTS AUTHENTIQUES

10414. — IMPRIMERIE GÉNÉRALE DE CH. LAHURE
Rue de Fleurus, 9, à Paris

LES GRANDS PROCÈS POLITIQUES

# BOULOGNE

## D'APRÈS LES DOCUMENTS AUTHENTIQUES

Réunis et mis en ordre

PAR

ALBERT FERMÉ
Avocat à la Cour de Paris

PRIX : 1 FR. 50

TROISIÈME ÉDITION

PARIS
ARMAND LE CHEVALIER, ÉDITEUR
61, RUE DE RICHELIEU, 61

1869

# LES GRANDS
# PROCÈS POLITIQUES.

---

## BOULOGNE.

### FAITS PRÉLIMINAIRES.

Dans la journée du 6 août 1840, une sourde rumeur circulait à Paris; on parlait d'un grave événement dont Boulogne-sur-Mer aurait été le théâtre. Le prince Napoléon-Louis, disait-on, renouvelant la tentative de Strasbourg, avait effectué une descente à main armée sur nos côtes.

Le lendemain le *Moniteur* publiait les dépêches télégraphiques suivantes :

Boulogne, 6 août, 8 heures et demie du matin.

*Le sous-préfet à M. le Ministre de l'intérieur.*

Louis Bonaparte vient de faire une tentative sur Boulogne. Il est poursuivi et déjà plusieurs des siens ont été arrêtés.

Boulogne, 6 août, 9 heures trois quarts.

*Le sous-préfet à M. le Ministre de l'intérieur.*

Louis Bonaparte est arrêté. Il vient d'être transféré au château, où il sera bien gardé.

La conduite de la population, de la garde nationale et de la troupe de ligne a été admirable.

Cette publication fut suivie des rapports des autorités civiles et militaires. — Nous donnons les plus importants de ces documents, ainsi que plusieurs autres pièces. (*Voir aussi l'Appendice.*)

**Rapport du capitaine Col-Puygélier, commandant la caserne de Boulogne.**

Mon commandant,

Ce matin vers six heures moins un quart, M. Aladenize, lieutenant de voltigeurs au 42e régiment de ligne, est arrivé très-empressé à la caserne, et a dit au sergent-major Clément : « Allons, vite, aux armes! que les grenadiers et voltigeurs descendent lestement. » Pendant qu'en effet tout le détachement descendait, le prince Louis, a-t-il dit, est entré avec un nombreux état-major et une quarantaine d'hommes armés, militairement habillés et coiffés de shakos portant le numéro 40; M. Aladenize a aligné les deux compagnies, a appelé les sous-officiers, et le prince Louis, embrassant à droite et à gauche, a dit à tous les sous-officiers et à tous les soldats qu'ils seraient décorés ; qu'il rentrait en France pour la venger de l'humiliation qu'elle subissait depuis dix années, qu'il comptait sur tous les braves, et autres choses analogues.

Pendant ce temps un grenadier s'était échappé, et était venu me prévenir. Je suis accouru, mais la porte de la caserne était fortement occupée par ces individus qui sont tombés sur moi et m'ont dit : « Prisonnier! » (entre autres un grand colonel). J'ai mis sabre en main et me suis vigoureusement prononcé pour arriver à mes soldats qui étaient dans la cour de la caserne. Le prince Louis s'est présenté et m'a dit : « Capitaine, soyez des nôtres, et vous aurez tout ce que vous voudrez, etc. » Je lui dis : « Prince Louis ou non, je ne vous connais point; Napoléon, votre prédécesseur, avait abattu la légitimité, et c'est à tort que vous voudriez ici réclamer; qu'on évacue ma caserne. » Tout en luttant et criant ainsi, je m'approchai de mes soldats qui, sitôt qu'ils m'ont aperçu, sont accourus et ont repoussé hors de la porte ce groupe ennemi. Tous les officiers du détachement se trouvaient alors près de moi, et pendant que j'ordonnais ma troupe le groupe a voulu rentrer et parlementer; mais alors je leur ai signifié de se retirer ou que j'allais employer la force. Comme je m'adressais particulièrement au prince Louis, il m'a tiré un coup de pistolet dont la balle a atteint un grenadier à la bouche.

Aussitôt j'ai fait refouler le groupe et refermer la porte. J'ai fait distribuer des cartouches à tous mes hommes, après les avoir bien instruits de ce qui se passait, et j'ai pris de mon autorité les mesures suivantes : J'ai envoyé deux tambours escortés de quatre hommes armés battre la générale en ville ; j'ai envoyé un détachement de vingt hommes, commandé par un sous-lieutenant, prendre les ordres du commandant de place et s'assurer du château ; j'ai doublé la garde de l'arsenal, et j'ai envoyé un sous-lieutenant et vingt hommes s'assurer du port. C'est peu de temps après toutes ces dispositions que j'ai reçu de vous l'ordre de me transporter sur la place de la ville haute où je vous ai trouvé.

Je dois vous assurer, mon commandant, qu'en cette circonstance critique, depuis le soldat jusqu'au capitaine, tout le monde s'est parfaitement acquitté de son devoir, malgré l'or, l'argent, les promesses et tout autre moyen de séduction. Je me réserve même, dès que j'en aurai le temps, de vous signaler particulièrement ceux qui se sont le plus distingués. Je présume avoir à vous faire un rapport très-avantageux sur M. Rugon, sous-lieutenant des grenadiers, qui a poursuivi les fuyards jusqu'au bord de la mer, où ils ont été pris en plus grand nombre.

J'ai l'honneur d'être, etc.

**Rapport du commandant de place de Boulogne, au général commandant la 16e division militaire.**

Mon général, lorsque j'ai reçu la dépêche télégraphique que vous m'avez fait l'honneur de m'adresser, déjà et depuis midi et demi j'avais eu l'honneur de vous envoyer un rapport aussi détaillé que le peu de temps que j'avais à moi m'avait permis. M. le sous-préfet s'était chargé de vous le faire passer le plus tôt possible, et je pense que vous l'avez déjà reçu.

Ainsi que j'ai eu l'honneur de vous l'écrire, c'est à la fermeté du capitaine commandant le détachement du 42e de ligne, dont je vous ai envoyé le rapport, et qui fort heureusement est arrivé à la caserne presqu'en même temps que le prince Louis et sa troupe, que l'on doit la bonne direction qu'a prise cette affaire; ainsi, je ne saurais trop vous recommander cet officier. Du reste, tout le monde a rivalisé de zèle dans cette circonstance; officiers, sous-officiers et soldats de la troupe de ligne et de la garde nationale, tous ont fait leur devoir.

Puissamment secondé par les autorités civiles et M. le colonel de la garde nationale, il nous a été facile de nous emparer de presque tous les hommes qui avaient débarqué avec le prince Louis, et si par hasard quelques hommes nous ont échappé, ce que je ne pourrais affirmer, ce ne serait dans tous les cas que des agents secondaires et de peu d'importance; des ordres sont donnés d'ailleurs pour les traquer partout où on les rencontrerait, et déjà quelques prisonniers nous ont été amenés par les douaniers, la gendarmerie, etc.

Un paquebot anglais s'était chargé du transport des révoltés et avait facilité leur débarquement sur les côtes près de Boulogne, entre cette ville et Wimereux : c'est à peu près au même point où on les a presque tous pris, et au moment où ils cherchaient à se rembarquer.

Ainsi que j'ai eu l'honneur de vous le dire dans ma première dépêche, c'est à la troupe de ligne et à la garde nationale que j'avais envoyées après eux et qui étaient guidées par M. le sous-préfet, que l'on doit leur arrestation. Pour moi, je suis forcé par ma position de rester dans la place pour prendre les dispositions nécessaires pour la défendre, et principalement pour le château, où je me suis établi de suite, et où je suis encore en ce moment avec une force suffisante pour parer à tout événement et pour la garde des prisonniers qui s'y trouvent tous réunis.

Toute la journée, le procureur du roi de Boulogne et M. le procureur général de la Cour royale de Douai, qui se trouvait accidentellement ici, ont procédé à l'interrogatoire des prisonniers dont je joins ici la liste.

Nous n'avons de blessé jusqu'à présent que le militaire du 42e qui a reçu le coup qui était destiné au capitaine, ainsi que vous l'aurez vu par le rapport de cet officier.

Du côté des révoltés, il se trouve en ce moment à l'hôpital civil le colonel Voisin, qui a été atteint de plusieurs coups de feu, mais peu dangereusement ; de plus, un Polonais, qui a eu l'épaule fracassée et que l'on a amputé.

Deux hommes ont été trouvés noyés, sans doute au moment de l'embarquement, car ils n'avaient alors qu'une petite chaloupe pouvant contenir une huitaine d'hommes, et où ils s'étaient précipités une vingtaine ; aussi a-t-elle chaviré en partie ; avec ces deux hommes, on a trouvé une espèce d'intendant ou officier de santé sur la plage, et qui avait été tué d'un coup de feu.

Je dois également vous signaler le lieutenant des grenadiers, M. Rugon, qui commandait le détachement de la troupe de ligne envoyé à la poursuite des insurgés, et qui s'est parfaitement conduit ; il a dû même se jeter à l'eau avec ses hommes pour s'emparer d'une partie des prisonniers.

Ainsi que j'ai eu l'honneur de vous le dire, le prince Louis s'est présenté à la caserne avec sa bande (car on peut l'appeler ainsi) à six heures moins un quart, et, deux heures après, ils étaient déjà presque tous arrêtés.

Toute la troupe, à l'exception de l'état-major, était revêtue de capotes militaires et de shakos portant le numéro 40, pour faire croire sans doute aux militaires de la garnison de Boulogne qu'ils étaient de ce régiment.

Il est une heure de la nuit lorsque j'écris ce rapport, et tout paraît calme. Je pense donc que tout est fini et que je puis répondre de tout ce qui pourrait arriver avec les forces que j'ai à ma disposition. Cependant, si les prisonniers doivent rester quelques jours à Boulogne, il serait urgent de m'envoyer quelques troupes pour aider dans le service la garnison qui se compose de deux compagnies et qui est trop faible pour les besoins actuels ; j'ai bien à ma disposition les gardes nationaux, mais ce n'est pas assez.

Je vais tâcher de vous expédier mon rapport le plus tôt possible, et prier M. le sous-préfet de vous le faire parvenir.

*Cinq heures du matin.* — Tout est parfaitement tranquille dans la place, et rien de nouveau depuis mon dernier rapport.

Le paquebot qui avait amené le prince Louis et ses hommes a été saisi par la marine et la douane.

Parmi les officiers du 42e de ligne qui se sont le plus particulièrement distingués, outre le chef du détachement, M. Col-Puygellier, capitaine de grenadiers, et M. Rugon, sous-lieutenant, je dois citer encore M. Laroche, capitaine de voltigeurs, et bon nombre d'autres dont le détail serait trop long en ce moment.

**Extrait de l'interrogatoire du capitaine du paquebot.**

Voici les principaux extraits de l'interrogatoire que M. Davy, sous-inspecteur des douanes à Boulogne, a fait subir au premier capitaine du paquebot anglais *Edinbourg-Castle*, capitaine James Crow, à bord duquel se trouvaient embarqués Louis Bonaparte et sa suite. Cet interrogatoire a eu lieu en présence de M. Coquel, interprète juré.

D. Quel jour avez-vous quitté Londres? — R. Avant-hier 4 août, à neuf heures et demie du matin.

D. Aviez-vous des marchandises à bord? — R. Non.

D. Quel est le nombre des passagers que vous aviez à votre bord? — R. Je pense qu'il y en avait cinquante-six ou cinquante-sept, d'après le rapport du stewart.

D. Avez-vous pris tous vos passagers à Londres? — R. Non; mais je puis dire quels sont les endroits où j'ai pris ces passagers, sans cependant pouvoir affirmer le nombre que j'ai pris dans chaque endroit.

D. Connaissez-vous les noms des passagers que vous aviez à votre bord? — R. Non, mais ce matin, vers deux heures, à l'exception de trois domestiques, tous les autres se sont dépouillés de leurs habits civils pour prendre des habits militaires. Deux d'entre eux avaient des étoiles sur leurs uniformes, et on m'a dit qu'ils étaient princes.

D. Par oubli, je ne vous ai pas demandé si vous aviez des papiers; veuillez me les remettre si vous en avez. — R. Je n'ai que l'acte de propriété de mon navire et ma licence. Je croyais, en partant de Londres, me devoir diriger sur Hambourg.

D. Lorsque vous avez quitté Londres, quels étaient vos ordres? — R. M. Plinden, secrétaire de la compagnie commerciale, à qui je m'adressai pour avoir des instructions, me dit : Je ne sais pas où vous irez ; quel que soit le point sur lequel on vous dirige, vous vous y rendrez. Préparez-vous à recevoir de cinquante à soixante passagers. Un monsieur dont je ne connais pas le nom me dit ensuite : Je me suis arrangé avec la compagnie de manière à lui rembourser la perte du bateau si cela arrivait.

D. Avez-vous remarqué que ces messieurs aient bu pendant les dernières heures qu'ils sont restés à votre bord? — R. Ils ont bu énormément, et je n'ai jamais vu plus boire qu'ils l'ont fait, et de toutes espèces de vins.

D. Est-il à votre connaissance que les voyageurs qui se trouvaient à bord fussent porteurs de beaucoup d'argent? — R. Il m'a paru qu'ils en avaient beaucoup, et j'ai remarqué au moment de leur embarquement qu'ils ont remis cent francs à chaque soldat. Avant le débarquement ils ont presque tous coupé leurs moustaches.

D. Quel était le nombre des soldats qui se trouvaient à bord? — R. Environ une trentaine.

D. Avez-vous remarqué qu'il y eût quelques soldats en armes sur la côte, au moment du débarquement de vos passagers? — R. Il n'y avait personne sur la plage.

D. J'avais oublié de vous demander s'il est à votre connaissance que l'on ait fait des signaux à bord de votre navire, auxquels on aurait répondu de la côte française? — R. Non, aucun signal n'a été fait à bord, ni aperçu venant de la terre.

D. Dites-moi si vous saviez que vous aviez des armes à votre bord, et à quel moment les hommes s'en sont armés? — R. Je n'ai eu connaissance des armes qui se trouvaient à mon bord qu'au moment où on les a retirées d'un fourgon pour en armer plusieurs hommes. Le nombre des caisses était de trois ou quatre.

## Rapport de M. le Préfet du Pas-de-Calais.

Boulogne-sur-Mer, 8 août 1840.

Monsieur le ministre,

J'ai l'honneur d'adresser à Votre Excellence un rapport détaillé sur la tentative dont Boulogne a été le théâtre avant-hier matin.

Dans la nuit du 5 au 6 août, vers minuit, le sous-brigadier des douanes, Audinet, étant de service avec deux préposés, aperçut devant le poste, à environ un quart de lieue en mer, un bateau à vapeur mouillé; la situation de ce navire n'excita pas autrement son attention, parce qu'il était depuis quelques jours surtout habitué à voir des paquebots, soit au mouillage, soit louvoyant, de Boulogne à la Pointe-aux-Oies, pour attendre des dépêches; mais ayant vu, vers deux heures du matin, un canot qui lui sembla plein de monde se détacher de ce navire, Audinet se porta rapidement en avant des préposés au fil de l'eau ; le canot ayant touché à vingt-cinq pas de lui, il le héla ; on lui répondit : « Nous sommes des hommes du 40e de ligne, et nous allons de Dunkerque à Cherbourg ; mais une roue de notre paquebot s'est brisée, et voilà pourquoi nous débarquons. »

Le brigadier vit alors que le canot était effectivement monté par une quinzaine de militaires de différents grades qui sautèrent à terre. La pensée qu'on le trompait ne lui vint pas dans ce moment, il ne conçut de soupçons que quand plusieurs des individus débarqués, le menaçant de leurs baïonnettes, lui dirent : « Ne vous opposez pas au débarquement ou vous serez traités comme des Bédouins ; » et qu'un officier eut repris : « C'est de la douane, ne leur faisons pas de mal. » Aussitôt le sous-brigadier Audinet et les préposés Caroux et Leguay, qui l'avaient rejoint, furent entourés par les rebelles bien armés. Puis le canot retourna au paquebot et fit trois voyages successifs pour amener à terre le reste de la troupe; dans l'intervalle, cinq autres employés des douanes, occupés à faire leurs rondes, furent également arrêtés par les rebelles. Aucun des douaniers ne fut maltraité ni désarmé.

Pendant le débarquement, quatre individus venant de Boulogne arrivèrent à la plage, embrassèrent plusieurs des militaires débarqués, et les deux premiers reçurent des uniformes d'officiers dont ils se revêtirent immédiatement. Sur ces entrefaites, le lieutenant des douanes Bally fut prévenu, vers trois heures et demie, de la présence du paquebot. Il se rendit à Wimereux, persuadé qu'il s'agissait uniquement d'une infraction aux règlements sanitaires. Dans l'instant où il arrivait sur la place de ce village, cinq ou six officiers s'avancèrent sur lui, et sur sa réponse qu'il était chef de la douane du lieu, on le somma de guider le détachement jusqu'à Boulogne. Le détachement était composé d'une trentaine d'hommes portant l'uniforme et le numéro du 40e de ligne, et d'une trentaine d'individus revêtus d'insignes et d'uniformes d'officiers de tous grades.

Au moment du départ, il y eut dans le groupe des officiers quelques discussions sur le chemin qu'il convenait de suivre, il fut d'abord question de prendre la falaise, mais les individus arrivés de Boulogne ayant indiqué le chemin de la Colonne, leur avis prévalut. La troupe se forma et l'on se mit en marche. Les rebelles placèrent séparément et à distance les employés qu'ils prenaient pour guides ou plutôt qu'ils enlevaient, afin de ne rien laisser d'inquiétant derrière eux; leur chef, M. Bally, après avoir supplié vainement qu'on le laissât à Wimereux, se vit contraint de marcher comme les autres. On fit plusieurs haltes, et il paraît certain que dans l'une d'elles de copieuses libations de vin de Champagne et d'eau-de-vie eurent lieu de la part des insurgés.

La troupe étant arrivée à la hauteur de la Colonne qu'on laissa à droite après lui avoir fait le salut du drapeau, un officier général ayant vu M. Bally parler à un de ses préposés dont il s'était rapproché, vint à lui et, après lui avoir défendu de causer, lui dit: « Savez-vous bien que c'est le prince Louis-Napoléon qui est à notre tête; Boulogne est à nous, et dans peu de jours le prince sera proclamé empereur des Français par la nation qui le désire et par le ministère français qui l'attend. »

M. Bally lui répondit que ce qu'il entendait rendait sa position et celle de ses employés plus fâcheuse encore qu'il ne l'avait pensé d'abord; il demanda avec instance qu'il lui fût permis, puisque l'on voyait Boulogne et le chemin direct, de retourner à son poste avec ses hommes; le général s'y refusa et dit qu'il fallait aller plus loin encore. Un quart d'heure après, à deux cents pas environ du bureau de l'octroi, M. Bally renouvela sa demande, en s'adressant au prince lui-même, qui lui dit alors: « Je veux bien que vous retourniez à Wimereux, mais sous condition que vous irez directement et sans dire un mot de ce qui vient de se passer. »

Les préposés se réunirent et repartirent avec leur lieutenant, observés par quatre hommes armés qui les suivirent jusqu'au pied de la Colonne et les virent se diriger sur la crèche de Wimille. Au moment de la séparation, un officier supérieur s'approcha de M. Bally et lui offrit une poignée d'argent qui fut vivement repoussée. Des tentatives de séduction de la même nature ont été faites auprès de ses préposés, qui ont tenu la même conduite, à l'exception d'un seul dont l'administration des douanes a déjà fait justice.

Cependant les rebelles, arrivés à Boulogne vers cinq heures du matin, se présentèrent à la caserne au moment du lever des militaires, et s'efforcèrent de les entraîner par des offres d'argent et des promesses de grades. Le lieutenant de voltigeurs Aladenize, appartenant au 42e, et arrivé à Boulogne depuis la veille [1], paraît avoir surtout usé de toute l'influence que lui donnait sa position pour les séduire, lorsqu'est intervenu le capitaine de grenadiers Col-Puygellier, commandant le détachement en garnison dans la ville, et par son énergie, par l'expression vive et entraînante de sa fidélité au roi, il a donné aux soldats un exemple unanimement suivi. C'est alors que Louis Bonaparte, après avoir tenté, dit-on, de lui arracher sa décoration, a dirigé sur lui, presque à bout portant, un pistolet dont la balle a frappé au cou un grenadier du 42e. On craint pour la vie de ce militaire, qui est marié.

Après cette tentative d'assassinat sur la personne de leur commandant, il n'y avait plus rien à attendre des braves du 42e, et les rebelles, quittant la caserne, se répandirent dans les rues, jetant des proclamations, de l'argent, aux cris de *vive l'Empereur!* Ils arrivèrent ainsi devant le poste de la place d'Alton, où se trouvaient quatre militaires, commandés par le sergent Morange; les promesses et les menaces furent successivement employées envers ces militaires comme envers leurs camarades, et cette fois encore repoussées avec non moins d'énergie et de loyauté; continuant leur route vers la Haute-Ville, et formés en cortége au milieu duquel flottait un drapeau tricolore, à l'aigle impériale, sur lequel étaient inscrits en caractères dorés les noms des principales victoires remportées par nos armées, ils arrivèrent près de l'hôtel de la sous-préfecture.

Le sous-préfet, M. Launay-Leprevost, avait, depuis quelques instants, eu le temps de revêtir son uniforme, de courir lui-même au quartier de la gendarmerie pour faire prendre les armes, et d'ordonner la fermeture des portes de la Haute-Ville. Il vit le groupe de séditieux qui marchait l'épée nue et aux cris répétés de : *Vive l'Empereur!* Quoique seul, il se dirigea directement sur eux, les somma, au nom du roi, d'abattre leur drapeau et de se séparer à l'instant; puis, s'adressant à ceux qu'il croyait des militaires égarés, il les

1. Il était à Saint-Omer avec l'état-major de son régiment, le 5 au soir. Il reçut un courrier qui lui fut expédié par un sieur Bataille, inculpé, et se rendit immédiatement à Boulogne où il arriva pendant la nuit.

rappela énergiquement au devoir, en leur représentant qu'ils étaient les dupes d'un aventurier, etc.

Les cris de : *Vive l'Empereur !* couvraient sa voix, mais il ne cessa d'y répondre par le cri de : *Vive le Roi !* jusqu'au moment où Louis Bonaparte ayant commandé de le repousser, il fut frappé à la poitrine par l'aigle du drapeau et faillit être renversé. Le cortége continua alors sa marche, et le sous-préfet ne put que leur déclarer que dans peu d'instants il les rejoindrait à la tête de la garde nationale. Il courut aussitôt au poste de la place d'Alton, où il trouva les quatre braves du 42e, commandés par le sergent Morange. Il parcourut ensuite les rues principales, appelant aux armes les citoyens qu'il connaissait, en leur indiquant le poste de la place d'Alton pour le lieu de ralliement.

Bientôt il s'y réunit un certain nombre de gardes nationaux, et le colonel Sansot, qui lui-même avait fait battre la générale à la haute ville et rallié à d'autres gardes nationaux, vint l'y joindre à cheval. Des cartouches furent distribuées malheureusement avec quelque lenteur.

Cependant les rebelles s'étaient présentés aux portes de la haute ville qu'ils avaient trouvées fermées, et après avoir inutilement tenté d'enfoncer à coups de hache celle de Calais, que gardait le commandant de place avec un détachement de vingt hommes du 42e, commandés par un officier, ils prirent la direction de la Colonne de la grande armée, distante d'un kilomètre de la ville, et y arborèrent le drapeau.

Mais ils furent bientôt suivis par le détachement de la garde nationale, commandé par le colonel Sansot, en tête duquel s'étaient aussi placés le sous-préfet et M. Dutertre-Delporte, adjoint au maire de la ville, et qu'éclairait la brigade de gendarmerie commandée par le lieutenant Bilot ; au détachement, fort de cent hommes à peu près, mais qui se grossissait incessamment, se joignirent, par les ordres du commandant de place, les vingt militaires du 42e qui gardaient la porte de Calais, et tous marchèrent contre les rebelles, qui s'étaient d'abord placés en tirailleurs dans les bois qui enceignent le monument.

Le colonel Sansot fit ses dispositions pour les attaquer, et ce fut alors, sur l'observation du sous-préfet, qu'il convenait de placer les militaires en avant, afin d'épargner le sang des citoyens, presque tous pères de famille, que, avec une admirable unanimité, officiers et gardes nationaux réclamèrent à grands cris l'honneur de marcher les premiers. Le sous-préfet dut céder à leur enthousiasme et à la demande expresse de leur brave colonel. On marcha donc, mais à la vue de la garde nationale, aux cris de : *Vive le Roi !* qu'elle poussait avec ardeur, les séditieux s'étaient débandés, et, fuyant à travers champs, ils laissèrent (tant était grande leur précipitation) dans l'intérieur de la colonne leur drapeau et celui qui le portait.

Certain alors de n'avoir plus affaire qu'à des fuyards, le colonel Sansot divisa sa colonne en détachements et se mit immédiatement à leur poursuite toujours précédé par la gendarmerie et accompagné par les hommes du 42ᵉ.

Le sous-préfet, après avoir concerté avec le colonel les moyens les plus propres à traquer les fuyards à la côte, rentra immédiatement en ville faisant porter le drapeau, pris par deux gardes nationaux. Il était salué par des acclamations de la population entassée sur la route et dans les rues qu'il devait traverser.

Le rebelle, porteur de ce drapeau, suivait sous la garde de quelques autres gardes nationaux, et sa présence excitait au plus haut degré l'animadversion de la foule.

Cependant les fuyards étaient serrés de près par les détachements formés de la colonne principale dirigée par le colonel, par d'autres détachements sortis de la ville, et à chaque instant quelques-uns tombaient aux mains de la garde nationale ou de la gendarmerie.

C'est ainsi que le lieutenant Bilot, n'ayant plus avec lui que trois gendarmes, a fait mettre bas les armes au sieur Bouffé-Montauban, se disant colonel, au lieutenant du 42ᵉ, Aladenize, et à cinq autres individus vêtus en militaires.

Bientôt traqués de tous côtés, les insurgés n'eurent plus d'autre ressource que de se jeter à la mer pour essayer de rejoindre le paquebot qui les avait apportés.

Ici commence une série de faits pour l'intelligence desquels il importe de rétrograder.

Pendant la marche sur la Colonne et la poursuite des insurgés, le maire, son premier adjoint, la douane, ceux enfin qui gardaient la ville n'étaient point demeurés inactifs.

M. Adam, avec cette sagacité énergique qui le caractérise, avait compris qu'il importait de couper toute retraite aux insurgés, et il avait dès le principe ordonné au lieutenant du port, Pollet, de se munir d'une force suffisante pour s'emparer du paquebot et le faire entrer au port ou le jeter à la côte.

Cet ordre important fut exécuté avec autant d'intelligence que de résolution par le lieutenant de port, assisté de quelques préposés des douanes, du pilote Huret et de cinq marins. En se rendant à bord du paquebot qui se trouvait sur rade, le lieutenant Pollet rencontra à peu de distance de la jetée de l'ouest le canot de ce paquebot, qu'il supposa avoir été placé là en attendant des ordres; aussi hélé par lui en français, il continua sa route sans s'arrêter à répondre. Bientôt il aborda le paquebot et donna l'ordre au capitaine d'appareiller pour le port; sur le refus de celui-ci, il déclara que ses hommes et lui allaient à son défaut exécuter cette manœuvre, et finit par menacer d'employer la force. Le capitaine se décida enfin; mais parvenu à 200 mètres de la jetée de l'ouest et au bruit de coups de fusil tirés de la plage sur des hommes qu'on voyait à la nage, ce capitaine arrêta son navire; le lieutenant Pollet lui signifia vivement qu'il eût à continuer et l'y contraignit : à ce moment, une deuxième embarcation montée par le sieur Carry, premier maître de port, par deux gendarmes de la marine, le pilote Wadoux et cinq canotiers, avait rallié le paquebot.

Le lieutenant Pollet chargea donc le maître Carry de faire rentrer le paquebot, et se jeta dans l'un des canots avec cinq matelots et les deux gendarmes de la marine. Il se dirigea à force de rames sur les hommes à la nage. Le feu dirigé sur ces hommes cessa dès qu'il fut au milieu d'eux, et il recueillit successivement dans son embarcation Louis Bonaparte et son état-major, composé de trois personnes, qu'il conduisit au quai et qu'il remit entre les mains de M. le maire qui s'y trouvait. Ils furent immédiatement conduits au château dans une voiture où le sous-préfet vint lui-même prendre place.

Nous avons laissé Louis Bonaparte et ce qui restait des siens acculés à la mer et réduits à chercher leur salut dans les flots : il s'étaient en effet emparés d'une embarcation qui se trouvait sur la plage, et ils s'y étaient précipités avec tant d'empressement qu'elle avait chaviré. Ils se trouvaient ainsi à la nage, sous le feu de la garde nationale, lorsque le lieutenant Pollet vint les sauver.

Cependant le sieur Faure, sous-intendant militaire, avait été atteint d'une balle à la tête qui lui a causé la mort; un autre, encore inconnu, a péri par immersion; un troisième, le colonel Voisin, a reçu deux ou trois blessures, et un quatrième, soldat polonais, une balle à l'épaule qui a nécessité l'amputation.

Ainsi, la prévoyance de M. Adam et l'intelligente résolution du lieutenant Pollet ont assuré la capture de Louis Boparte et de ses principaux adhérents. Mais là ne se sont pas bornées les preuves de zèle et de dévouement du premier de ces fonctionnaires. Informé de la rentrée en ville de M. le sous-préfet et de la fuite des rebelles, il est monté lui-même à cheval pour diriger et encourager par sa présence les poursuites et les recherches, comme il avait pourvu, en l'absence momentanée de M. Launay-Leprevost et avec l'assistance de M. Martinet, son adjoint, à l'armement de détachements de garde nationale et de la douane, expédiés successivement à la poursuite des insurgés.

En se dirigeant vers la Colonne, les insurgés avaient laissé en ville le comte de Montholon et le colonel Parquin, qui furent arrêtés presque aussitôt par le commissaire de police Bergeret, assisté de M. Chauveau-Soubitez, officier de la garde nationale. Ce commissaire de police a fait preuve en cette circonstance, comme dans toute cette affaire, d'une énergie et d'un dévouement qui le recommandent à la bienveillance du gouvernement.

De tous côtés, habitants et gardes nationaux, arrêtaient les autres fugitifs et les livraient aux autorités, ainsi que les papiers et valeurs dont ils étaient porteurs et qui étaient déposés aux mains de la justice dont la tâche allait commencer.

Il serait impossible, monsieur le ministre, de signaler tous les actes de dévouement, tous les traits de désintéressement, il faudrait citer la population presque entière et multiplier à l'infini les récompenses.

*(Suivent ici les propositions de récompenses soumises au gouvernement.)*

Je ne vous dis rien de M. le sous-préfet; vous connaissez aussi bien que moi la conduite ferme, intelligente et dévouée qu'il a tenue, et je sais qu'il n'avait pas besoin pour mériter votre entière confiance de cette nouvelle et éclatante preuve de son courage.

Je suis avec respect, monsieur le ministre,

Votre très-humble et très-obéissant serviteur.

Le préfet du Pas-de-Calais,

*Signé :* GAUJA.

*P. S.* 9 août, onze heures du matin.

On a trouvé un aigle vivant à bord de *l'Edinburg-Castle.* Il appartenait à Louis Bonaparte.

Le capitaine du paquebot nous a dit que les rebelles avaient bu seize douzaines de bouteilles de vin dans leur trajet de Londres à Wimereux, sans compter l'eau-de-vie et les liqueurs. Les soldats du 42e présents à l'action, que nous avons interrogés, nous ont assuré que les rebelles étaient presque tous ivres.

## Décret du prince Napoléon-Louis.

Le prince Napoléon, au nom du peuple français, décrète ce qui suit :

La dynastie des Bourbons d'Orléans a cessé de régner.

Le peuple français est rentré dans ses droits. Les troupes sont déliées du serment de fidélité. La Chambre des pairs et la Chambre des députés sont dissoutes.

Un congrès national sera convoqué dès l'arrivée du prince Napoléon à Paris.

M. Thiers, président du conseil, est nommé à Paris président du gouvernement provisoire.

Le maréchal Clausel est nommé commandant en chef des troupes rassemblées à Paris.

Le général Pajol conserve le commandement de la première division militaire.

Tous les chefs de corps qui ne se conformeront pas sur-le-champ à ces ordres seront remplacés.

Tous les officiers, sous-officiers et soldats qui montreront énergiquement leur sympathie pour la cause nationale, seront récompensés d'une manière éclatante au nom de la patrie.

Dieu protége la France !

*Signé :* NAPOLÉON.

**Autre décret.**

« Le prince Napoléon-Louis, au nom du peuple français, décrète ce qui suit :

« M.... (le nom en blanc) est nommé sous-préfet de la ville de Boulogne. Il présidera le conseil municipal, et sera investi, jusqu'à nouvel ordre, de toute l'autorité civile et militaire.

« Les affaires commerciales ne seront pas interrompues.

« Les étrangers jouiront de la plus grande protection.

« La propriété sera respectée ; l'ordre et la discipline seront rigoureusement maintenus. Tout ce qui sera requis pour le service de l'armée sera payé comptant par le payeur général.

« Ceux qui essayeront d'exciter des divisions dans la ville, l'armée ou les troupes, seront jugés suivant les lois militaires.

« Les gardes nationaux et les autres citoyens qui, animés de l'amour de leur pays, désirent se joindre à l'expédition comme volontaires, se rendront immédiatement à l'esplanade pour être armés et organisés.

« Chaque compagnie de volontaires nommera ses sous-officiers et officiers jusqu'au rang de capitaine inclusivement. La paye aura lieu dans les proportions suivantes : indemnité une fois payée, 50 fr. ; paye journalière, 1 fr. et une ration de pain. Il y aura augmentation suivant les différents grades.

« Les anciens canonniers de l'armée, soit de terre, soit de mer, se réuniront à l'hôtel de ville pour être organisés sous l'organisation du colonel d'artillerie V....

« Tous les chevaux de selle seront mis en réquisition ; leurs propriétaires devront les amener avec les selles et brides complètes sur la place des Tintelleries, à.... heures précises, pour être estimés et payés comptant par le lieutenant B.... Les cavaliers volontaires se réuniront sur la même place, sous les ordres du colonel Parquin.

« Cinquante chariots seront requis pour le transport des troupes. Ils seront attelés chacun de quatre chevaux, et pourvus de foin, de paille et d'avoine pour deux jours. Ces chariots seront livrés à raison de 10 fr. par cheval, chaque jour, et on les conduira immédiatement à la place des Tintelleries.

« Tous les douaniers s'assembleront à l'instant à l'hôtel de ville.

« La gendarmerie s'assemblera aussi à l'hôtel de ville.

« Les gendarmes amèneront leurs chevaux, qui leur seront payés.

« Boulogne, le           1840.

« *Signé :* NAPOLÉON.

« Par ordre du prince,

« Le général MONTHOLON, le colonel VOISIN, le comte MÉSONAN. »

**Proclamation du prince Napoléon-Louis au peuple français.**

Français !

Les cendres de l'Empereur ne reviendront que dans une France régénérée ! Les mânes du grand homme ne doivent pas être souillées par d'impurs et d'hypocrites hommages. Il faut que la gloire et la liberté soient debout à côté du cercueil de Napoléon ! il faut que les traîtres à la patrie aient disparu !

Banni de mon pays, si j'étais seul malheureux, je ne me plaindrais pas; mais la gloire et l'honneur du pays sont exilés comme moi ; Français, nous rentrerons ensemble ! Aujourd'hui, comme il y a trois ans, je viens me dévouer à la cause populaire. Si un hasard me fit échouer à Strasbourg, le jury alsacien m'a prouvé que je ne m'étais pas trompé !

Qu'ont-ils fait ceux qui vous gouvernent pour avoir des droits à votre amour? Ils vous ont promis la paix, et ils ont amené la guerre civile et la guerre désastreuse d'Afrique; ils vous ont promis la diminution des impôts, et tout l'or que vous possédez n'assouvirait pas leur avidité. Ils vous ont promis une administration intègre, et ils ne règnent que par la corruption ; ils vous ont promis la liberté, et ils ne protégent que priviléges et abus; ils s'opposent à toute réforme; ils n'enfantent qu'arbitraire et anarchie ; ils ont promis la stabilité, et depuis dix ans ils n'ont rien établi. Enfin, ils ont promis qu'ils défendraient avec conscience notre honneur, nos droits, nos intérêts, et ils ont partout vendu notre honneur, abandonné nos droits, trahi nos intérêts ! Il est temps que tant d'iniquités aient leur terme ; il est temps d'aller leur demander ce qu'ils ont fait de cette France si grande, si généreuse, si unanime de 1830 !

Agriculteurs, ils vous ont laissé pendant la paix de plus forts impôts que ceux que Napoléon prélevait pendant la guerre.

Industriels et commerçants, vos intérêts sont sacrifiés aux exigences étrangères ; on emploie à corrompre l'argent, dont l'Empereur se servait pour encourager vos efforts et vous enrichir.

Enfin vous toutes, classes laborieuses et pauvres, qui êtes en France le refuge de tous les sentiments nobles, souvenez-vous que c'est parmi vous que Napoléon choisissait ses lieutenants, ses maréchaux, ses ministres, ses princes, ses amis. Appuyez-moi de votre concours, et montrons au monde que ni vous ni moi n'avons dégénéré.

J'espérais comme vous que sans révolution nous pourrions corriger les mauvaises influences du pouvoir ; mais aujourd'hui plus d'espoir : depuis dix ans on a changé dix fois de ministère ; on changerait dix fois encore, que les maux et les misères de la patrie seraient toujours les mêmes.

Lorsqu'on a l'honneur d'être à la tête d'un peuple comme le peuple français, il y a un moyen infaillible de faire de grandes choses, c'est de le vouloir.

Il n'y a en France aujourd'hui que violence d'un côté, que licence de l'autre ; je veux rétablir l'ordre et la liberté. Je veux, en m'entourant de toutes les sommités du pays sans exception, et en m'appuyant uniquement sur la volonté et les intérêts des masses, fonder un édifice inébranlable.

Je veux donner à la France des alliances véritables, une paix solide, et non la jeter dans les hasards d'une guerre générale.

Français ! je vois devant moi l'avenir brillant de la patrie. Je sens derrière moi l'ombre de l'Empereur qui me pousse en avant ; je ne m'arrêterai que lorsque j'aurai repris l'épée d'Austerlitz, remis les aigles sur nos drapeaux et le peuple dans ses droits.

Vive la France !

*Signé :* NAPOLÉON.

Boulogne, le 1840.

### Proclamation du prince Louis-Napoléon à l'armée.

Soldats! la France est faite pour commander et elle obéit. Vous êtes l'élite du peuple, et on vous traite comme un vil troupeau. Ils voudraient, ceux qui vous gouvernent, avilir le noble métier de soldat. Vous vous êtes indignés et vous avez cherché ce qu'étaient dévenues les aigles d'Arcole, d'Austerlitz, de Iéna. Ces aigles, les voilà! Je vous les rapporte, reprenez-les; avec elles, vous aurez gloire, honneur, fortune, et, ce qui est plus que tout cela, la reconnaissance et l'estime de vos concitoyens.

Soldats! entre vous et moi il y a des liens indissolubles : nous avons les mêmes haines et les mêmes amours, les mêmes intérêts et les mêmes ennemis.

Soldats! la grande ombre de l'empereur Napoléon vous parle par ma voix.

Soldats! aux armes! Vive la France!

*Signé :* NAPOLÉON.

Boulogne, le 1840.

### Proclamation du prince Napoléon-Louis aux habitants du département du Pas-de-Calais.

Habitants du département du Pas-de-Calais et de Boulogne!

Suivi d'un petit nombre de braves, j'ai débarqué sur le sol français dont une loi injuste m'interdisait l'entrée. Ne craignez point ma témérité, je viens assurer les destinées de la France et non les compromettre. J'ai des amis puissants à l'extérieur comme à l'intérieur, qui m'ont promis de me soutenir. Le signal est donné, et bientôt toute la France, et Paris la première, se lèveront en masse pour fouler aux pieds dix ans de mensonge, d'usurpation et d'ignominie; car toutes les villes, comme tous les hameaux, ont à demander compte au gouvernement des intérêts particuliers qu'il a trahis.

Voyez vos ports presque déserts; voyez vos barques qui languissent sur la grève; voyez votre population laborieuse qui n'a pas de quoi nourrir ses enfants, parce que le gouvernement n'a pas osé protéger son commerce, et écriez-vous avec moi : Traîtres, disparaissez, l'esprit napoléonien, qui ne s'occupe que du bien du peuple, s'avance pour vous confondre.

Habitants du Pas-de-Calais! ne craignez point que les liens qui vous attachent à vos voisins d'outre-mer soient rompus. Les dépouilles mortelles de l'Empereur et l'aigle impériale ne reviennent de l'exil qu'avec des sentiments d'amour et de réconciliation. Deux grands peuples sont faits pour s'entendre, et la glorieuse colonne qui s'avance fièrement sur le rivage, comme un souvenir de guerre, deviendra un monument expiatoire de toutes nos haines passées!

Ville de Boulogne! que Napoléon aimait tant, vous allez être le premier anneau d'une chaîne qui réunira tous les peuples civilisés : votre gloire sera impérissable, et la France votera des actions de grâces à ces hommes généreux qui les premiers ont salué de leurs acclamations notre drapeau d'Austerlitz.

Habitants de Boulogne! venez à moi et ayez confiance dans la mission providentielle que m'a léguée le martyr de Sainte-Hélène. Du haut de la colonne de la grande armée, le génie de l'Empereur veille sur nous, et applaudit à nos efforts, parce qu'ils n'ont qu'un but, le bonheur de la France.

*Signé :* NAPOLÉON.

Le général MONTHOLON, faisant fonctions de major général;

Le colonel VOISIN, faisant fonctions d'aide-major général;

Le commandant MÉSONAN, chef d'état-major.

Boulogne, le 1840.

## Ordre.

Quartier général de.... le....

AU NOM DU PEUPLE FRANÇAIS.

Monsieur le....

Appelé en France par le vœu général, représentant d'une famille que la France entière a élue, j'agis au nom du peuple français. Désobéissance à mes ordres est un crime de lèse-nation.

Je vous ordonne, dès que vous aurez reçu cette lettre, de faire arborer les aigles dans vos régiments, de les élever aux cris de : *Vive la France! Vive l'Empereur!* et de me rejoindre sur la route de.... le plus tôt qu'il vous sera possible.

Je vous rends responsable de tout ce qui pourrait arriver, si vous résistez au mouvement national qui doit assurer les destinées de la France. Mais je serai heureux, si vous contribuez au triomphe de la cause nationale, de pouvoir vous marquer ma reconnaissance, comme ayant bien mérité de la patrie.

*A Monsieur le....*

(*Cette pièce paraît apocryphe. Elle ne figure pas parmi les documents cités dans le rapport de M. Persil.*)

## Ordre du jour du major général Montholon.

« Après avoir pris les ordres du prince Napoléon,

« Le major général a fixé la position de MM. les officiers dont les noms suivent :

« MM. Vaudrey, colonel d'artillerie, premier aide de camp du prince;

« Voisin, colonel de cavalerie, aide-major général;

« Mésonan, commandant chef d'état-major;

« Parquin, colonel, commandant la cavalerie à l'avant-garde;

« Laborde, lieutenant-colonel, commandant l'infanterie au centre;

« Montauban, colonel, commandant les volontaires au centre;

« Bacciochi, commandant, à l'état-major;

« Desjardins, chef de bataillon à l'avant-garde;

« Persigny, commandant les guides à cheval en tête de colonne;

« Conneau, chirurgien principal à l'état-major;

« Bure, payeur général à l'état-major;

« Lombard, lieutenant près le colonel Laborde;

« Bataille, lieutenant à l'état-major;

« Bachon, vaguemestre général;

« D'Almbert, vaguemestre aux gardes à pied;

« Ornano, vaguemestre, à la cavalerie, à l'arrière-garde;

« Dunin, capitaine à l'état-major;

« Querelles, commandant les gardes à pied;

« Orsi, lieutenant des volontaires à cheval;

« Forestier, lieutenant aux guides à pied;

« Galvani, sous-intendant militaire, vivres et convois;

« Faure, sous-intendant militaire, solde et hôpitaux;

« MM. les officiers de toute arme qui ne sont pas nommés dans le présent ordre se tiendront près du prince pour être employés selon l'urgence.

« Le major général,

« *Signé :* MONTHOLON.

« Quartier général de Boulogne, le      août 1840. »

### Instruction judiciaire.

Aussitôt que la nouvelle de la descente de Napoléon-Louis à Boulogne avait été transmise à Douai, où siége la Cour royale dans le ressort de laquelle est situé Boulogue, la chambre des mises en accusation de cette Cour s'était assemblée. Elle pensait que c'était à elle et non aux chambres réunies de la Cour qu'appartenait, en vertu de l'article 235 du Code d'instruction criminelle, le droit d'évoquer l'affaire et de commencer les poursuites. Elle rendit donc un arrêt dans ce sens. Cependant M. l'avocat général Hibon avait dressé un réquisitoire et convoqué la Cour en chambres réunies pour statuer. La Cour se réunit en effet le 7 août, toutes chambres assemblées, et attendit le réquisitoire du parquet.

Après une longue délibération, l'avis de la chambre des mises en accusation prévalut et son arrêt fut sanctionné par les chambres réunies.

M. Petit, président de la Cour des mises en accusation, partit le lendemain pour Boulogne, afin de commencer l'information. Il y avait été précédé par M. le procureur général Legagneur, nommé récemment premier président de la Cour royale de Grenoble et non encore installé. Ce magistrat, encore compétent comme procureur général du ressort en l'absence du nouveau procureur général à la Cour de Douai, M. Letourneux, s'était mis immédiatement en devoir de procéder aux actes de distinction du flagrant délit.

Mais dans une délibération du conseil des ministres présidé par Louis-Philippe, il fut décidé que le prétendant serait renvoyé devant la Cour des pairs, et l'instruction de l'affaire de Boulogne fut enlevée à la Cour royale de Douai.

Louis-Philippe revint d'Eu à Paris dans la matinée du 9 août, pour présider le conseil des ministres où devait se discuter cette question importante. Elle ne donna pas lieu à une longue discussion, et il fut décidé que la pairie prononcerait sur le sort du prétendant.

Le lendemain, le *Moniteur* publia l'ordonnance suivante :

**Ordonnance de convocation de la Cour des Pairs.**

LOUIS-PHILIPPE, Roi des Français,

A tous présents et à venir, salut.

Sur le rapport de notre garde des sceaux, ministre secrétaire d'État au département de la justice et des cultes,

Vu l'article 28 de la Charte constitutionnelle;

Vu les articles 87, 88, 91, 92, 96, 97, 98 et 99 du Code pénal ;

Attendu que, dans la journée du 6 août 1840, un attentat

contre la sûreté de l'État a été commis dans la ville de Boulogne-sur-Mer,

Nous avons ordonné et ordonnons ce qui suit :

Art. 1er. La Cour des pairs est convoquée.

Les pairs absents de Paris seront tenus de s'y rendre immédiatement, à moins qu'ils ne justifient d'un empêchement légitime.

Art. 2. Cette Cour procédera sans délai au jugement des individus qui ont été ou qui seront arrêtés comme auteurs, faûteurs ou complices de l'attentat ci-dessus énoncé.

Art. 3. Elle se conformera, pour l'instruction, aux formes qui ont été suivies par elle jusqu'à ce jour.

Art. 4. Le sieur Franck-Carré, notre procureur général près la Cour royale de Paris, remplira les fonctions de notre procureur général près la Cour des pairs.

Il sera assisté du sieur Boucly, avocat général près la Cour royale de Paris, faisant les fonctions d'avocat général, et chargé de remplacer le procureur général en son absence, et des sieurs Nouguier et Glandaz, substituts de notre procureur général près la Cour royale de Paris, faisant les fonctions de substitut du procureur général, lesquels composeront avec lui notre parquet près notre Cour des pairs.

Art. 5. Le garde des archives de la Chambre des pairs et son adjoint rempliront les fonctions de greffier de notre Cour des pairs.

Art. 6. Notre garde des sceaux, ministre secrétaire d'État au département de la justice et des cultes, est chargé de l'exécution de la présente ordonnance, qui sera insérée au *Bulletin des Lois*.

Donné au palais des Tuileries, le 9 août 1840.

LOUIS-PHILIPPE.

Par le roi :

*Le garde des sceaux, ministre secrétaire d'État au département de la justice et des cultes,*

VIVIEN.

En exécution de cette ordonnance, M. le chancelier de

France adressa aux membres de la Cour des pairs des lettres de convocation pour le mardi 18 août. La Cour ne devait s'occuper, suivant l'usage, dans cette première séance, que d'entendre la lecture de l'ordonnance du roi et du réquisitoire du procureur général, et de rendre, s'il y avait lieu, l'arrêt qui ordonnerait l'instruction.

Suivant l'usage aussi, le ministre de la guerre adressa la lettre suivante aux généraux commandant les divisions militaires relativement aux événements de Boulogne :

**Circulaire du ministre de la guerre.**

« Général,

« Le territoire français a été violé par une bande d'aventuriers en armes, échappés des ports de l'Angleterre, sous la conduite de Louis Bonaparte, devenu plus téméraire depuis le grand acte de clémence dont il a été l'objet. Les rapports publiés ce soir vous apprendront comment cette folle entreprise a échoué par la fermeté des officiers, des sous-officiers et soldats des deux compagnies du 42e de ligne, par la fidélité et la présence d'esprit des autorités civiles, par le dévouement plein d'élan de la garde nationale, par l'active coopération de la gendarmerie, des troupes de la douane et de la marine.

« Sous l'invocation du grand homme, dont la gloire est celle de la nation, et dont le génie ne surprendra pas le courage des soldats français, une poignée de factieux ont osé déployer, sur les plages de Boulogne, l'étendard de la révolte. Repoussés dans les flots qui venaient de les vomir, Louis Bonaparte et tous ses adhérents ont été pris, tués ou noyés. Un traître s'est rencontré dans nos rangs; il comptait parmi les officiers du 42e, dont l'honneur est trop pur pour être obscurci.

« Il est dans les prisons avec ceux dont l'or l'avait corrompu.

« En appréciant les détails d'un pareil événement, en cédant à de ridicules proclamations répandues pour faire sortir les soldats de leurs devoirs et signaler des noms voués depuis vingt ans au mépris public, l'armée s'affligera et s'indignera comme la nation de cette criminelle entreprise ; mais elle se consolera en voyant que cette nouvelle entreprise a permis aux troupes de manifester l'excellent esprit qui les anime et la fidélité qui les lie au drapeau national et à la dynastie de Juillet. Je vous prie, général, de porter à la connaissance des troupes sous vos ordres le contenu de la présente, en leur renouvelant l'assurance de la confiance que le gouvernement du roi mettra toujours en elles pour résister à ses ennemis intérieurs et extérieurs.

« *Le pair de France, ministre secrétaire d'État de la guerre,*

« *Signé :* CUBIÈRES. »

## Translation des prévenus à Paris.

Avant d'avoir décidé que l'affaire de Boulogne serait déférée à la Cour des pairs, le gouvernement prit des mesures pour faire transporter les prévenus à Paris. Toutefois, il se ravisa à l'égard du prétendant ; et, comme on craignait que son arrivée dans la capitale ne fût le signal ou le prétexte de désordres, on arrêta qu'il serait provisoirement renfermé au château de Ham.

En conséquence, des gardes municipaux partirent immédiatement de Paris pour conduire Napoléon-Louis à Ham par Amiens et Péronne.

D'après ce qui transpira du résultat de l'instruction commencée à Boulogne, il paraît que le système des inculpés était à peu près uniforme. Ils prétendaient qu'ils s'étaient tous embarqués avec la pensée qu'il s'agissait d'une partie de plaisir et qu'ils se rendaient à une maison de campagne de Napoléon-Louis. C'est seulement au second jour de la traversée que le prétendant les aurait réunis sur le pont, leur aurait fait part de ses projets, et leur aurait lu les proclamations diverses qui ont été distribuées plus tard à Boulogne. Trop attachés à la personne de Napoléon-Louis pour refuser de le suivre, ils auraient cédé à l'influence morale qu'il exerçait sur eux.

Suivant les assertions publiées par quelques feuilles du

département du Pas-de-Calais et reproduites par les journaux de la capitale, le général Montholon prétendait avoir ignoré les intentions du prétendant jusqu'au moment où il se serait agi de débarquer sur les côtes de France; il n'aurait pu résister aux sentiments d'affection qu'il porte à la famille impériale. « La conduite et la tenue du général Montholon, écrivait le 7 un correspondant boulonnais, au *Libéral du Nord*, ont inspiré beaucoup d'intérêt aux habitants de Boulogne. Lui non plus ne connaissait pas les projets de Louis-Napoléon ; plusieurs fois il avait tenté d'en détourner d'autres. Prié par lui de monter à bord, il y devint malade, et ne revint à lui que pour endosser un habit de général à la prière du prince. C'est alors que sur le pont, celui-ci a fait connaître son entreprise. Il est à remarquer qu'en ce moment presque tous ont promis de ne pas verser le sang français. On rapportait hier, à ce propos, que lors de son interrogatoire, le général Montholon rappelait cette circonstance avec une émotion visible, et que s'apercevant que l'insertion de son récit était faite au procès-verbal dans les termes chaleureux dont il s'était servi, il se reprit et dit à ceux qui l'interrogeaient : — « Non, non, ne mettez pas ce que je viens de dire ; on pourrait croire que je commets une lâcheté. »

Le 8 août au matin, le prétendant partit en poste de Boulogne, accompagné de gardes municipaux. En descendant un escalier qui conduit dans la cour du château, il tourna ses regards vers les fenêtres intérieures où se trouvaient les autres prisonniers, et leur dit :

« Adieu, mes amis. Je proteste contre mon enlèvement. »

Ses compagnons s'écrièrent :

« Adieu, mon prince ! »

L'un d'eux ajouta :

« L'ombre de l'Empereur vous protégera. »

Dès trois heures du matin, deux compagnies d'infanterie, détachement du régiment en garnison à Amiens, étaient parties pour aller faire le service de la prison d'État. Trois heures après, soixante-quinze ou quatre-vingts dragons, sortis de la même ville, s'échelonnaient le long de la route, aux relais de poste, par piquets de douze hommes et de deux officiers. Malgré le secret que l'autorité avait voulu garder sur l'objet de ces mouvements, la nouvelle de l'arrestation de Napoléon-Louis s'était répandue dès le matin par la voie des journaux, et le public avait pénétré à l'instant le but de l'appareil inusité qui frappait ses regards.

Le bruit du passage du prétendant se propagea comme un éclair dans toutes les communes. L'autorité, qui, à ce qu'il paraît, craignait un coup de main, avait pris toutes les mesures possibles pour le prévenir. De distance en distance, on rencontrait des groupes de soldats de la ligne, formant sur la route autant de petits postes. Les gendarmes des villes et bourgs environnants avaient d'ailleurs depuis vingt-quatre heures exploré tous les sentiers qui aboutissaient au chemin que devait suivre le prisonnier, et s'étaient, en dernier lieu, tenus dans les bois voisins du passage pour prévenir toute tentative d'enlèvement que l'on aurait pu faire.

Un courrier précédait de loin la voiture où se trouvait Napoléon-Louis et donnait l'ordre de tenir les chevaux prêts. Un quart d'heure après le prisonnier arrivait. Sa suite se composait de trois voitures, dont la première et la troisième étaient remplies de gardes municipaux. Il était dans celle du milieu, occupant la place du fond à droite, et il avait à sa gauche un officier supérieur de la garde municipale et sur le devant deux soldats du même corps. Il était escorté par un détachement de dragons venus d'Amiens.

Le prétendant arriva à Ham le 9 à deux heures et demie du matin. Il fut déposé au château dans l'appartement, au premier étage, qu'avait occupé précédemment le prince de Polignac. Cabrera, qui en avait pris possession depuis peu, l'avait quitté à l'arrivée de Napoléon-Louis pour prendre, au rez-de-chaussée, le logement autrefois habité par M. Guernon de Ranville.

Le prétendant ne devait rester que peu de temps dans cette résidence. Depuis deux jours, à Paris, on remarquait une activité inaccoutumée dans la partie du Palais de justice appelée la *Conciergerie des femmes*, bâtiment situé au sud du palais, et dans lequel avaient été renfermés les prévenus d'avril (catégorie de Lyon), Fieschi et ses complices, Alibaud et autres prévenus de complots contre la sûreté de l'État. Ces préparatifs avaient pour but de disposer les lieux pour la réception de Napoléon-Louis et des autres personnes déférées à la juridiction de la Cour des pairs. Les ouvriers travaillèrent jour et nuit à rétablir les *hottes* qui avaient été apposées aux fenêtres supérieures du temps de Fieschi et à isoler les cellules les unes des autres, de manière que les personnes qu'on attendait ne pussent avoir entre elles aucune communication. Les femmes qui habitaient cette partie de la maison de justice avaient été évacuées sur Saint-Lazare.

Le 12 août, à minuit vingt minutes, une voiture renfermant Napoléon-Louis arriva à la Conciergerie sous l'escorte de la gendarmerie départementale et de la garde municipale. Le prisonnier était gardé, à l'intérieur, par M. Lardenois, lieutenant-colonel de la garde municipale, accompagné de plusieurs municipaux. Après son installation au greffe, il fut immédiatement écroué, déposé dans la chambre qui lui avait été préparée, et placé sous la garde de trois surveillants, dont la consigne était de ne le quitter ni jour ni nuit.

Dans la soirée du 15, des voitures cellulaires, escortées de détachements de gendarmerie, amenèrent à la prison de la Conciergerie trente-neuf des prévenus dans l'affaire de Boulogne. Le lendemain, à huit heures du matin, les hommes d'équipage du bateau à vapeur *l'Edinburg-Castle* arrivèrent à la Conciergerie. Ils étaient au nombre de douze, y compris un jeune mousse. Ils étaient venus directement de Boulogne sous la garde de quelques soldats municipaux seulement. Ces hommes, après être restés deux heures à cette prison, furent dirigés sur Sainte-Pélagie et écroués à dix heures et demie.

Le même jour, dans l'après-midi, on vit stationner du côté de la Villette, sur la grande route de Flandre, plusieurs détachements de garde municipale. Le bruit se répandit que cette apparition extraordinaire de force armée était l'avant-coureur de l'arrivée des co-accusés de Napoléon-Louis. En effet, vers cinq heures, une diligence escortée par un piquet de gendarmerie, dans laquelle se trouvaient quelques-uns des prévenus, passa au milieu de la haie formée par les gardes municipaux. Afin de détourner l'attention du public et de ne pas donner l'éveil de cette translation, le piquet de gendarmes, arrivé à la barrière, quitta la diligence qui se dirigea ensuite comme une voiture pleine de voyageurs ordinaires du côté de la prison de la Conciergerie. Enfin, dans la nuit du 16 au 17, à trois heures, une deuxième diligence amena, dans Paris, le reste des prévenus.

Chaque prévenu fut placé dans un cachot séparé, M. de Montholon occupant la cellule la plus éloignée de celle où était enfermé le prétendant. Napoléon-Louis, qui, au mouvement occasionné dans la prison par l'arrivée des voitures, n'avait pas douté que ce ne fussent ses co-accusés qui arrivaient, demanda aussitôt avec instance que Bellier, son valet de chambre, fût enfermé avec lui, ou, du moins, obtînt l'autorisation de reprendre son service près de sa personne. Le directeur, à qui il s'adressait, répondit qu'il lui était absolument impossible d'accéder à cette demande tant que le secret ne serait pas levé pour lui. Le prétendant parut éprouver de ce refus la plus vive contrariété. On lui laissa du reste toute la liberté compatible avec sa position, et il passa la presque totalité de son temps à lire des ouvrages qu'on faisait venir à son choix du dehors.

La Préfecture de police, aussitôt que le prétendant et la plupart de ses co-prévenus y furent renfermés, fut occupée militairement par plus de trois cents hommes de la garde municipale, sans compter un bien plus grand nombre de sergents de ville et d'agents de police déguisés sous tous les costumes. La prison fut cernée par une ligne de sentinelles placées à des distances très-rapprochées, et toutes les portes d'entrée du Palais de justice rigoureusement observées. Enfin au milieu des cours qui avoisinent la prison et le siége de la Préfecture de police, stationnaient des piquets à pied et à cheval prêts à se porter en avant au premier signal. Une chose à remarquer et qui prouvait, jusqu'à un certain point, que le pouvoir se proposait de prendre de très-grandes précautions pendant la durée du procès, c'est que plusieurs petits postes, qui avaient été jusqu'alors occupés par la garde municipale, furent relevés par la troupe de ligne, afin que toute cette garde fût spécialement chargée du renfort des postes du Luxembourg, du Palais de justice, ainsi que de l'effectif des casernes qui avoisinent la Cour des pairs, principalement celles des rues de Tournon, des Grès et Mouffetard.

Le nombre des inculpés de l'affaire de Boulogne, arrivés à Paris, s'élevait à soixante-quatorze, dont dix-sept furent détenus à la Conciergerie et le reste à Sainte-Pélagie. Le colonel Voisin et le Polonais Viengiki étaient restés blessés à Boulogne. Les blessures du colonel, quoique nombreuses, n'avaient pas de gravité. Le soldat polonais, qui supporta avec courage l'horrible opération de la désarticulation de l'épaule, était dans un état qui, s'il n'autorisait pas encore à croire à une guérison, était du moins de nature à donner beaucoup d'espérance.

Le soldat de la ligne, qui avait essuyé le coup de feu destiné au capitaine Col-Puygélier, et dont on avait annoncé la mort, était, à la date du 17, en voie de complète guérison, à l'hospice de Boulogne.

Tel était l'état des choses, lorsque, le 18 août, la Cour des pairs, constituée en cour de justice par l'ordonnance royale du 9, se réunit sous la présidence de M. le baron Pasquier, et rendit un arrêt ainsi conçu :

« La Cour des pairs;

« Vu l'ordonnance du roi en date du 9 de ce mois;

« Vu l'article 28 de la Charte constitutionnelle;

« Ouï le procureur général du roi, en ses dires et réquisitions, et après en avoir délibéré,

« Donne acte au procureur général du dépôt par lui fait sur le bureau de la Cour, d'un réquisitoire renfermant plainte contre les auteurs, fauteurs et complices de l'attentat à la sûreté de l'Etat, commis à Boulogne-sur-Mer (département du Pas-de-Calais), le 6 de ce mois;

« Ordonne que, par M. le chancelier de France, président de la Cour, et par MM. les pairs qu'il lui plaira commettre pour l'assister et le remplacer en cas d'empêchement, il sera sur-le-champ procédé à l'instruction du procès; pour, ladite instruction, faite et rapportée, être, par le procureur général, requis, et par la Cour statué ce qu'il appartiendra;

« Ordonne que dans le cours de ladite instruction les fonctions attribuées à la Chambre du conseil par l'article 128 du Code d'instruction criminelle seront remplies par M. le chancelier de France, président de la Cour, celui de MM. les pairs commis par lui pour faire le rapport, MM. de Bellemare, Besson, de Cambacérès, le vicomte de Caux, le comte Dutaillis, le baron Feutrier, le baron Fréteau de Peny, le comte Heudelet, Odier, Rossi, le chevalier Tarbé de Vauxclairs, Villemain, que la Cour commet à cet effet; lesquels se conformeront, d'ailleurs, pour le mode de procéder, aux dispositions du Code d'instruction criminelle, et ne pourront délibérer s'ils ne sont au nombre de sept au moins;

« Ordonne que les pièces à conviction, ainsi que les procédures et actes d'instruction déjà faits seront apportés, sans délai, au greffe de la Cour;

« Ordonne pareillement que les citations et autres actes du ministère d'huissier seront faits par les huissiers de la Chambre;

« Ordonne que le présent arrêt sera exécuté à la diligence du procureur général du roi.

« Fait et délibéré au palais de la Cour des pairs, à Paris, le mardi 18 août 1840, en la chambre du conseil, où siégeaient :

MM. le baron Pasquier, chancelier de France, président ; le duc de Broglie, le comte Lemercier, le duc de Castries, le marquis de la Guiche, le marquis de Louvois, le comte Molé, le comte Ricard, le baron Séguier, le comte de Noé, le comte de la Roche-Aymon, le duc Decazes, le comte d'Argout, le comte Claparède, le marquis de Dampierre, le vicomte d'Houdetot, le baron Mounier, le comte Mollien, le marquis de Talhouet, le comte de Germiny, le baron Dubreton, le comte de Bastard, le marquis de Pange, le comte Portalis, le duc de Crillon, le duc de Coigny, le comte Siméon, le comte Roy, le comte Dejean, le comte de Richebourg, le duc de Plaisance, le vicomte Dode, le duc de Brancas, le comte de Montalivet, le comte Cholet, le comte Boissy-d'Anglas, le comte Lanjuinais, le duc de la Rochefoucauld, le vicomte de Ségur-Lamoignon, le duc de Périgord, le comte de Ségur, l'amiral baron Duperré, le comte de Bondy, le baron Davillier, le comte Gilbert des Voisins, le comte Exelmans, le vice-amiral comte Jacob, le comte Pajol, le comte Philippe de Ségur, le comte Perregaux, le baron de Lascours, le comte Roguet, le baron Girod (de l'Ain), le baron Athalin, Aubernon, Bertin de Vaux, Besson, le vicomte de Caux, le comte Dutaillis, le baron de Fréville, Gautier, le comte Heudelet, le comte de Montguyon, le baron Thénard, le comte Turgot, Villemain, le baron Zangiacomi, le comte de Ham, le comte Bérenger, le comte de Colbert, le comte de Lagrange, le comte Daru, le baron Neigre, le maréchal comte Gérard, le baron Duval, le baron Brayer, Barthe, le comte d'Astorg, le baron Aymard, de Cambacérès, le vicomte de Chabot, le comte Corbineau, le baron Feutrier, le baron Freteau de Peny, le comte Pernety, le marquis de Rochambeau, le comte de Saint-Aignan, le vicomte Siméon, le comte de Lezay-Marnésia, le baron Ledru des Essarts, le comte de Rambuteau, le comte d'Alton-Shée, de Bellemare, le marquis d'Andigné de la Blanchaye, le marquis d'Audiffret, le comte de Montyon, le marquis de Belbeuf, le baron de Brigode, Chevandier, le baron Darriule, le baron Delort, le baron Dupin, le comte Durosnel, le vicomte d'Abancourt, Kératry, le comte d'Audenarde, Odier, le baron Pelet, Périer, le baron Petit, le baron de Schonen, le chevalier Tarbé de Vauxclairs, le baron de Gérando, le baron Rohault de Fleury, Laplagne-Barris, le vicomte de Jessaint, le baron de Saint-Didier, Maillard, le duc de la Force, le baron Dupont-Delporte, le baron Nau de Champlouis, Gay-Lussac, Aubert, le marquis de Boissy, le vicomte de Cavaignac, Cordier, le comte Jules de la Rochefoucauld, le comte Eugène de Merlin, Persil, le baron Teste, de Vaudeul, Viennet, Rossi.

« Membres de la Cour, assistés de MM. Eugène Cauchy, greffier en chef, et Léon de la Chauvinière, adjoint à la Cour. »

En exécution de l'arrêt qui précède, M. le chancelier a délégué, pour l'assister dans l'instruction ordonnée par cet arrêt, MM. le duc Decazes, le comte Portalis, le baron Girod (de l'Ain), le maréchal comte Gérard et Persil.

Les 160 membres de la Cour des Pairs, dont les noms suivent ne prirent aucune part à cette délibération :

Le duc de Brissac, le duc de Richelieu, le duc de Mortemart, le duc de Noailles, le duc de Valentinois, le duc de Montmorency, le duc de Saulx-Tavannes, le maréchal Macdonald, duc de Tarente; le maréchal Oudinot, duc de Reggio; le comte Abrial, le marquis Barthélemy, le comte de Beaumont, le comte Davoust, le comte d'Haubersaert, le comte de Hédouville, le comte Herwyn de Newèle, le marquis de Jaucourt, le comte Klein, le marquis de Laplace, le comte de Monbadon, le marquis de Chabrillan, le comte de Tascher, le comte de Curial, le comte de Vaudreuil, le marquis d'Aligre, le prince de Wagram, le duc d'Istrie, le marquis de Boisgelin, le marquis de Brézé, le maréchal Victor, duc de Bellune; le comte du Cayla, le comte de Choiseuil-Gouffier, le comte Compans, le marquis de Biron, le comte d'Hussonville, le marquis de Crillon, le marquis d'Aux, le duc de Montebello, le marquis de Lauriston, le marquis de Mun, le duc de Sabran, le comte de Saint-Priest, le marquis de Talaru, le marquis de Vérac, le vicomte de Morel-Vindé, le duc de Massa, le comte de Greffulhe, le duc d'Albuféra, le marquis d'Aragon, le marquis d'Aramon, le baron de Barante, le comte Becker, le comte de Bérenger (Raymond), le maréchal Moncey, duc de Conégliano; le prince d'Eckmühl, le comte de Gramont-d'Aster, le comte de la Forest, le comte de Montalembert, le comte de Pontécoulant, le comte Pelet (de la Lozère), le comte Rampon, le comte Reille, le comte de Sparre, le marquis de Saint-Simon, le comte de la Ville-Gontier, le comte de Saint-Aulaire, le duc de Praslin, le maréchal comte Molitor, le comte Bourke, le comte de Sesmaisons (Donatien), le comte de Puységur, le vicomte Dubouchage, le comte de Breteuil, le comte de Courtarvel, le comte d'Ambrugeac (Louis), le maréchal Soult, duc de Dalmatie; le comte d'Aubusson de la Feuillade, le prince de Beauveau, le comte Bonet, le comte de Caffarelli, le comte de Cessac, le comte d'Anthouard, le vice-amiral Emeriau, le comte d'Erlon, le comte de Flahaut, le comte de Gazan, le duc de Gramont-Caderousse, le comte de la Rochefoucauld, le comte de Turenne, le comte de Baudrand, le baron Berthezène, Boyer, Chanson, Cousin, Desroys, le baron de Mareuil, Faure (Félix), le duc de Fézenzac, le baron Grenier, le maréchal marquis de Grouchy, Humblot-Conté, le marquis de Lamoignon, le baron Malouet, le comte d'Ornano, le comte de Preissac, le vice-amiral baron Roussin, le marquis de Rumigny, le comte Gueheneuc, le comte Duchâtel, le comte de Saint-Cricq, le baron de Reinach, de Gasparin, le baron Brun de Villeret, le duc de Cadore, le marquis de Cordoue, le baron Mortier, le marquis de Lamoussaye, de Ricard, le comte de la Riboisière, le maréchal Valée, le comte Harispe, le baron Voirol, le comte Bresson, le baron Bignon, Bourdeau, le marquis de Cambis-d'Orsan, le comte de Castellane, le marquis de Chanaleilles, le baron de Daunant, le marquis d'Escayrac de Lauture, le vice-amiral Halgan, le comte d'Harcourt (Eugène), Humann, le baron Jacquinot, le baron Lombard, le comte Marchand, Mérilhou, le comte de Mosbourg, Paturle, baron Pelet (de la Lozère), le vicomte de Préval, Rouillé de Fontaine, vicomte Sébastiani (Tiburce), Serrurier, le vicomte Tirlet, le baron de Vandeuvre, le vicomte de Villiers du Terrage, le vice-amiral Willaumez, le vice-amiral de Rosamel, le vicomte Schramm, de la Pinsonnière, Bérenger (de la Drôme), le vicomte Borelli, Despans-Cubières, Étienne, Lebrun, le marquis de Lusignan, le baron Malaret, le baron de Sainte-Hermine.

Le lendemain même du jour où l'arrêt de la Cour des pairs avait été rendu, la commission d'instruction composée de M. le chancelier Pasquier, de MM. le duc Decazes, comte Portalis, baron Girod (de l'Ain), maréchal Gérard et Persil, assistés du greffier de la Cour, se rendit au Palais de justice, où elle fut reçue par M. le procureur général Franck-Carré. Le chef du parquet, accompagné de MM. les substituts Boucly et Nouguier, de MM. Zangiacomi et Boulloche, juges d'instruction, conduisit le chancelier et les membres de la commission à la prison de la Conciergerie, où ils procédèrent immédiatement à l'interrogatoire des accusés. Ce premier interrogatoire dura depuis midi jusqu'à cinq heures.

Pendant que la commission de la Cour des pairs instruisait le procès et faisait subir des interrogatoires aux prévenus, elle décernait des mandats de perquisition et d'arrestation contre des personnes qu'elle soupçonnait de complicité avec celles qui avaient été arrêtées à Boulogne. Ainsi le sieur Forestier était arrêté dans cette ville au moment où il allait s'embarquer pour l'Angleterre avec un faux passe-port. Peu de jours après, une descente de police avait eu lieu au domicile de M. Forti, rue Neuve-de-l'Église, à Passy, sous prétexte d'y chercher des traces d'intrigues bonapartistes. Tous les papiers de M. Forti furent minutieusement examinés; mais cette perquisition n'amena aucune découverte de nature à le compromettre. Cependant la police ne se découragea pas. Quelques jours après, elle opéra une nouvelle descente chez M. Forti. Cette fois, les agents étaient au nombre de quatre, dûment accompagnés d'un commissaire de police. Les recherches se prolongèrent pendant plus d'une demi-heure; tout fut visité de fond en comble; on alla chercher jusque dans le lit de M. Forti les traces prétendues de ses relations avec les détenus de Boulogne. Toutes ces investigations n'aboutirent à d'autre résultat qu'au bouleversement des meubles et des papiers de M. Forti.

Le premier septembre parut dans plusieurs journaux une lettre de l'ancien roi de Hollande, père de Napoléon-Louis. Elle était conçue en ces termes :

## Lettre de Louis Bonaparte, ex-roi de Hollande.

Florence, 24 août 1840.

« Monsieur,

« Permettez que je vous prie de recevoir la déclaration suivante :

« Je sais que c'est un singulier moyen et peu convenable que celui de recourir à la publicité; mais quand un père affligé, vieux, malade, légalement expatrié, ne peut venir autrement au secours de son fils malheureux, un semblable moyen ne peut qu'être approuvé par tous ceux qui portent un cœur de père.

« Convaincu que mon fils, le seul qui me reste, est victime d'une infâme intrigue et séduit par de vils flatteurs, de faux amis et peut-être par des conseils insidieux, je ne saurais garder le silence sans manquer à mon devoir et m'exposer aux plus amers reproches.

« Je déclare donc que mon fils Napoléon-Louis est tombé pour la troisième fois dans un piége épouvantable, dans un effroyable guet-apens, puisqu'il est impossible qu'un homme qui n'est pas dépourvu de moyens et de bon sens, se soit jeté de gaieté de cœur dans un tel précipice. S'il est coupable, les plus coupables et les véritables sont ceux qui l'ont séduit et égaré.

« Je déclare surtout avec une sainte horreur que l'injure que l'on a faite à mon fils en l'enfermant dans la chambre d'un infâme assassin est une cruauté monstrueuse, antifrançaise, un outrage aussi vil qu'insidieux.

« Comme père profondément affligé, comme bon Français éprouvé par trente années d'exil, comme frère, et, si j'ose le dire, élève de celui dont on redresse les statues, je recommande mon fils égaré et séduit à ses juges et à tous ceux qui portent un cœur français et de père.

« Louis de Saint-Leu. »

Un paragraphe de cette lettre motiva de la part du ministère les explications suivantes, qu'il fit insérer dans ses journaux.

« Des journaux contiennent dans leur numéro de ce jour une lettre du comte de Saint-Leu, l'ex-roi de Hollande, père de Louis Bonaparte, qui déclare regarder comme une injure d'avoir donné à son fils, pour prison, la chambre qui a été occupée par Fieschi.

« La pièce où est détenu, à la maison de justice, Louis Bonaparte, a en effet servi à Fieschi; mais on doit faire remarquer que c'est à tort qu'on cherche dans ce rapprochement un reproche à adresser à l'autorité. La chambre dont il s'agit a subi, il y a quelques mois, une transformation complète, ayant été donnée comme logement particulier à l'inspectrice du quartier des femmes, qui a été obligée de le quitter à l'arrivée de Louis Bonaparte. »

Enfin le 4 septembre, le secret fut levé pour le prétendant et pour ses co-prévenus, et quelques personnes obtinrent la permission de visiter les prisonniers.

Le jour même où le secret fut levé, le prétendant adressa à Me Berryer une lettre dans laquelle il lui proposait de se charger de sa défense. M. Berryer arrivé à Paris se rendit aussitôt à la Conciergerie, où il eut une première conférence avec le prisonnier. Le lendemain 6, il eut une autre conférence qui dura plus de deux heures, et après être tombé d'accord avec son client sur les points principaux de la défense, pour laquelle Napoléon-Louis lui laissa toute l'indépendance de son opinion, M. Berryer consentit à accepter la mission de confiance qui lui était offerte.

Plus tard, un comité de défense fut formé par Napoléon-Louis. Il se composait de Mes Berryer, Marie et Ferdinand Barrot.

---

## COUR DES PAIRS.

La Cour s'assemble le 15 septembre en chambre de conseil pour entendre le rapport de M. Persil, au nom de la commission d'instruction nommée par l'arrêt du 18 août. Voici le texte de ce rapport :

### *Rapport de M. Persil.*

« Messieurs, l'attentat de Strasbourg, qui annonçait dans ses auteurs, avec l'appréciation la plus étrange des sentiments nationaux, autant de présomption que d'imprévoyance, ne semblait pas devoir se renouveler. L'opinion publique en avait fait justice, et l'indignation générale avait remplacé, jusqu'à un certain point, la répression légale qui avait manqué à ce grand crime. L'impunité qui lui fut alors acquise, et qui fit sur le pays une sensation si pénible, tenait à des circonstances assez extraordinaires pour qu'on dût croire que ceux qui en avaient profité, avertis par le danger qui avait plané sur leur tête, sauraient y puiser une salutaire leçon. Cet espoir si naturel ne s'est point réalisé. L'acquittement de Strasbourg est devenu, à leurs yeux, une preuve « de la sympathie de toute la population pour la cause napoléonienne (brochure de Laity, p. 75, proclamation au peuple français distribuée à Boulogne), et lorsque, plus tard, le roi eut la noble pensée de restituer à la terre de France les cendres glorieuses de l'Empereur, ils n'ont vu, dans la manifestation de l'enthousiasme excité par les souvenirs d'une époque où se sont opérées de si grandes choses, qu'une occasion de satisfaire, par de coupables moyens, des ambitions insensées, et de renverser nos institutions au nom de celui dont le premier titre à la reconnaissance de ses concitoyens fut d'avoir détrôné l'anarchie. Rien ne les a arrêtés : ni les leçons de l'expérience, qui auraient dû les éclairer sur l'impopularité, sur l'isolement ou l'abandon universel de leur cause ; ni l'état prospère de la France, attachée chaque jour davantage à sa dynastie et au gouvernement qu'elle s'est donné; ni ce refroidissement des passions, que le temps et la puissance irrésistible de l'opinion publique ont amené au sein même des partis les plus exaltés. Ils ont tout méconnu, tout attaqué avec la même présomption et une confiance plus folle, s'il est possible, que celle qui les avait conduits jusque dans les murs de Strasbourg.

Nous serions heureux de penser que les difficultés internationales qui préoccupent et inquiètent tout le monde n'ont pas encouragé et précipité leurs coupables projets. Mais que ne peut-on pas croire de ceux qui, par une surprise sur Boulogne, avec quelques officiers en retraite pour la plupart, avec quelques hommes sans nom, inconnus à la France, et une trentaine de soldats déguisés en domestiques ou de domestiques déguisés en soldats, ont conçu la pensée de s'emparer de la France, et d'y établir, au nom du peuple et de la liberté, sous l'égide d'une renommée trop haut placée pour qu'il soit donné à personne de lui succéder, un système de gouvernement qui nous a fait, il est vrai, recueillir d'amples moissons de gloire, mais que ne signalaient à notre reconnaissance, ni un ardent amour de la liberté et de l'égalité, ni un profond respect pour les droits des citoyens! D'autres temps, d'autres besoins : ce qui pouvait être un bien, ce qui a pu être demandé par une inexorable nécessité dans les premières années du dix-neuvième siècle, alors que les dissensions intérieures et le fardeau de la plus vaste guerre qui se soit jamais soutenue accablaient le pays, serait aujourd'hui un insoutenable anachronisme. La civilisation est en progrès, et sa marche veut être éclairée par la liberté, par le respect des droits de tous et par des institutions qui rendent impossibles l'arbitraire et l'absolutisme. Aussi, voyez comme a été reçue cette criminelle attaque sur Boulogne. Les conjurés ont été arrêtés par ceux qu'ils allaient séduire : dans ces militaires, dans ces gardes nationaux que leur présomptueuse confiance croyait d'avance gagnés à leur cause, ils n'ont trouvé que des défenseurs de l'ordre établi. La leçon puisse-t-elle enfin être comprise! Elle le sera, car l'heure de la justice est arrivée. Vous devez, messieurs, en être les organes, et c'est pour préparer vos décisions que nous venons vous rendre compte des résultats de l'instruction dont M. le chancelier nous a appelé à partager avec lui la tâche laborieuse.

Une des premières réponses du principal inculpé, Louis Bonaparte, à l'interrogatoire que lui a fait subir M. le chancelier, assisté de la commission d'intruction, nous a tout d'abord reporté à l'origine, à la première pensée, aux premiers préparatifs de l'attentat.

« Il n'y a guère, a-t-il dit, qu'un an ou dix-huit mois que « j'ai recommencé à entretenir en France des intelligences. « Tant que j'ai cru que l'honneur me défendait de rien « entreprendre contre le gouvernement, je suis resté « tranquille. Mais lorsqu'on m'a persécuté en Suisse, sous « prétexte que je conspirais, ce qui était faux alors, j'ai re- « commencé à m'occuper de mes anciens projets. » (Interrogatoire du prince Louis, du 19 août.)

Vous allez juger si cette réponse est complétement exacte. A peine Louis Bonaparte, de retour des États-Unis, où la clémence la plus généreuse l'avait fait transporter, débarquait à Londres, il faisait imprimer et distribuer avec le concours de Persigny, toujours son compagnon, une brochure destinée à l'apologie de l'attentat de Strasbourg, en montrant la possibilité de sa réussite et les chances de ses succès ultérieurs. C'était la première édition de l'écrit Laity, que vous avez condamné au mois de juin 1838.

Dès le mois de février précédent, Louis Bonaparte s'adressait au commandant Mésonan, que le ministre venait de faire passer à la retraite ; il voulait mettre à profit le mécontentement de cet officier, publiquement exhalé jusque dans les journaux. A cette époque, il n'était pas encore rentré en Suisse, et le gouvernement n'avait pas pu demander son expulsion : il ne s'y décida que longtemps après la révélation des menées auxquelles Louis Bonaparte continuait à se livrer dans cet État voisin de la France. L'échec de Strasbourg ne l'avait pas déconcerté. Aussitôt après son retour en Europe, il ne négligea rien pour renouer les fils de ses criminelles trames, et il recommença à s'occuper de ses anciens projets dans un temps où l'honneur, pour nous servir de ses propres expressions, lui aurait défendu de rien entreprendre. Ce n'est pas ainsi que s'était conduit celui dont les conjurés essayaient de faire revivre l'autorité du nom. Deux fois, en 1814 et 1815, se retirant derrière la Loire, il aurait peut-être pu défendre sa couronne impériale; deux fois il recula devant la guerre civile, et aima mieux, après une abdication volontaire, livrer sa personne aux ennemis qu'il avait combattus si longtemps.

Les préparatifs de ce nouvel attentat sont les mêmes que ceux employés pour celui de Strasbourg; cela ne surprendra personne, car ce n'est qu'un autre essai, une seconde épreuve d'un seul et même projet repris et continué en dépit des mauvais succès de la première tentative. La presse quotidienne est le moyen le plus efficace de disposer les esprits; dans nos temps modernes, c'est le commencement obligé de toute entreprise pour les remuer puissamment. On lui demandera donc d'attaquer, d'abaisser tout ce qui est, pour élever ce qu'on veut mettre à la place; on lui demandera de servir d'intermédiaire aux partis dont on veut amener la coalition contre le pouvoir. Tous les autres genres de publication seront aussi appelés ou admis; on en attendra d'autant plus d'appui que les idées pourront y être plus développées, et on recourra aux plus petits formats, parce qu'ils se transportent commodément et passent avec plus de rapidité d'une main à une autre. Toutes les précautions seront d'ailleurs prises pour faire arriver les journaux et les pamphlets partout où l'on espère trouver des adeptes. Viendront ensuite les émissaires chargés de parcourir les départements et s'arrêter dans les villes de garnison; car c'est surtout par l'armée que Louis Bonaparte veut arriver. Les instructions des messagers de désordre, les entrepreneurs de guerre civile et de révolutions, sont toujours et partout les mêmes. Ceux auxquels on aura recours devront profiter des mécontentements qu'il leur sera loisible d'exciter ou de faire naître; ils iront au-devant des hommes que les factieux de tous les temps appellent les victimes de l'arbitraire et de la tyrannie; aux soldats, ils offriront des hautes payes et des décorations; aux sous-officiers de l'avancement; à l'officier supérieur, que l'inflexibilité de la règle a placé dans la retraite avant qu'il ait perdu toute sa vigueur, on promettra de rendre cette activité dont il déplore la perte; on ira enfin, en attendant le moment décisif, jusqu'à recueillir, en les gardant dans une espèce de dépôt, ou même en les plaçant dans la domesticité, les anciens militaires que le désordre ou le malheur aurait réduits à accepter cette pénible dépendance.

Tel est, messieurs, le résumé des points généraux recueillis par l'instruction en ce qui touche les préparatifs de l'attentat. Permettez-nous de faire passer sous vos yeux les détails et les preuves.

Dans l'interrogatoire dont nous avons déjà parlé, et que Louis Bonaparte a subi devant M. le chancelier, assisté de la commission d'instruction, il n'a pas hésité à reconnaître « qu'il avait dépensé beaucoup d'argent pour fonder et sou-

« tenir en France quelques journaux; » il a refusé de faire connaître ces journaux, le chiffre de ces dépenses, les personnes avec lesquelles il correspondait; mais sa discrétion n'excitera que de faibles regrets en présence de l'importante révélation que l'instruction a amenée.

Quelques imputations adressées dans un journal du département du Nord au sieur Crouy-Chanel, avaient provoqué de sa part une réclamation que vous avez pu lire dans le *Courrier français* du 22 août dernier. Crouy-Chanel était accusé d'avoir reçu du prince Louis une somme de 250 000 fr. pour un usage criminel. Après avoir repoussé cette assertion comme une outrageante calomnie, Crouy-Chanel ajoutait : « Jamais le prince ne m'a compté une somme égale à celle dont il s'agit. » D'où le *Courrier* tirait cette conséquence que Crouy-Chanel convenait d'une manière implicite qu'il n'avait pas les mains entièrement nettes.

La publicité de cette polémique traçait à l'instruction la marche qu'elle avait à suivre. Un mandat de comparution délivré contre Crouy-Chanel l'amena devant M. le chancelier. Il déclara qu'en 1839, époque de la formation du journal *le Capitole*, il avait reçu de Louis Bonaparte une somme de cent quarante mille francs, qu'il avait employée à ce journal ou pour différentes commissions très-avouables; que leurs relations avaient duré trois mois, depuis le mois de juin 1839 jusqu'au mois d'octobre ou de novembre suivant; que depuis, leurs rapports avaient entièrement cessé; que, s'il avait fait un voyage à Londres dans ces derniers temps, il n'y avait pas vu Louis Bonaparte.

Celui-ci, interrogé à son tour sur cet incident, le 26 août dernier, a confirmé les déclarations de Crouy-Chanel, d'une part, en ce qui concerne l'envoi de sommes d'argent destinées et employées par ce dernier à la publication du *Capitole;* d'autre part, en ce qui touche la cessation de leurs rapports vers la fin de 1839; mais à la différence de Crouy-Chanel, il les a fait remonter aux mois de juin et d'août 1838, peu après la publication de la brochure de Laity. Crouy-Chanel, qui vint le voir en Suisse, lui avait, dès cette époque, proposé de contribuer à la fondation d'un journal. Cette proposition, qu'il n'accepta pas alors, fut reprise plus tard, et elle eut pour résultat la création du *Capitole*. Rien, dans le cours de l'instruction, n'est venu démentir, en ce qui concerne l'épisode de ses relations avec Crouy-Chanel, les assertions de Louis Bonaparte, et elles sont, ainsi qu'on doit le remarquer, conformes à celles de Crouy-Chanel. Celui-ci avait été déjà arrêté pour ses rapports avec Louis Bonaparte, et pour d'autres intrigues politiques; mais toute la procédure à laquelle les poursuites entamées contre lui ont donné lieu, n'a abouti qu'à une ordonnance de non-lieu. Toutefois, une correspondance volumineuse avait été saisie à son domicile : ne pouvait-elle pas mettre sur la voie des préparatifs de l'attentat de Boulogne, et faire connaître quelques-uns de ceux qui y avaient contribué? M. le chancelier a ordonné l'apport au greffe de la Cour du dossier où cette correspondance était renfermée. La commission l'a soigneusement compulsée, et il est ressorti de son travail que les manœuvres auxquelles s'était livré Crouy-Chanel, et dont la plus grande partie se rapportait en effet à Louis Bonaparte, avaient pris fin dès le mois de novembre 1839, et que leurs rapports avaient entièrement cessé à partir de cette époque. Quoi qu'on puisse penser de la nature des desseins que Crouy-Chanel nourrissait pendant tout le temps qu'ont duré ces intrigues, il est donc impossible d'en tirer la conséquence qu'il ait connu la résolution d'agir exécutée sur Boulogne, ni qu'il y ait concouru en aucune manière.

Mais n'a-t-il pas été au moins pour quelque chose dans le choix des hommes et des moyens qui y ont été employés? Sur la demande adressée à Louis Bonaparte par M. le chancelier, et qui était ainsi conçue : « Il est probable que Crouy-Chanel a pu contribuer à vous donner sur les hommes et sur les choses des notions extrêmement fausses et qui ont pu influer sur les projets que vous avez réalisés dernièrement. » (Interrogatoire du 26 août.) Voici ce qu'il a répondu : « Il n'a eu aucune influence sur mes projets, parce que j'avais très-peu de confiance en son jugement. »

Il n'est donc résulté de l'examen le plus approfondi des rapports de Louis Bonaparte avec Crouy-Chanel, qu'une démonstration plus complète de sa longue préméditation ou de l'attentat qui a éclaté à Boulogne et de sa persévérance à rechercher tout ce qui pouvait lui en faciliter l'accomplissement, alors même qu'il n'était pas encore fixé sur les moyens de le commettre, ni sur le lieu où il devait l'entreprendre.

Nous avons déjà dit que Louis Bonaparte ne s'était pas borné à préparer son avénement par la presse quotidienne; il y voulut joindre en effet, outre sa biographie destinée à révéler les espérances attachées à la descendance cadette de l'empereur Napoléon, de petites brochures qui, répandues avec profusion dans le public, et surtout jetées adroitement dans les villes de garnison et dans les casernes, y pourraient, il s'en flattait du moins, populariser son nom et le lier indissolublement à celui de l'Empereur.

(Ici le rapporteur entre dans le détail des efforts tentés par le prétendant à l'aide de publications de différentes natures pour exercer sur l'esprit public une influence favorable à ses desseins; des manœuvres d'un autre genre, telles que l'envoi d'émissaires et d'embaucheurs auprès des soldats et des chefs de corps, etc., employées dans le même but par Napoléon-Louis, et notamment des démarches faites près du général Magnan par l'accusé Mésonan, lesquelles auraient été sans résultat.)

Revenons, continue-t-il, à la marche des faits, et plaçons-les soigneusement dans l'ordre où ils se sont produits.

Vers la fin de juillet, les conjurés étaient réunis à Londres ou aux environs. Ce fut à cette époque que se durent définitivement arrêter le plan, les moyens d'attaque, le lieu du débarquement et la conduite ultérieure. Entre quelles personnes une délibération si capitale a-t-elle dû s'établir? A qui Louis Bonaparte s'est-il plus particulièrement confié? Interrogé à ce sujet par M. le chancelier, il a persisté à déclarer qu'il n'avait fait de confidence positive à personne. Dans une occasion, cependant, où il lui était impossible de nier qu'il ne se fût plus ou moins ouvert à quelques-uns de ses adhérents, voici comment il s'est exprimé (Interrogatoire du 19 août) :

« Je dois ajouter, parce qu'il ne faut pas compromettre des personnes innocentes, et *de cela je vous donne ma parole d'honneur*, que le colonel Vaudrey et M. Bacciochi, dont les noms figurent dans la procédure, avaient refusé de marcher avec moi. »

Par intérêt pour ceux qui l'ont suivi, dans l'intention d'adoucir leur sort, et sans doute aussi par un sentiment naturel d'honneur et de délicatesse, Louis Bonaparte ne dit pas ici toute la vérité, et il en fournit lui-même la preuve, en ne plaçant sous la garantie de sa parole d'honneur que le colonel Vaudrey et le sieur Bacciochi. M. le chancelier lui en fait l'observation sans en obtenir d'autre réponse que la confirmation de l'exception relative aux sieurs Vaudrey et Bacciochi. Tous ceux qui ont pris part à l'entreprise de Boulogne connaissaient sans doute ses intentions de renouveler ses attaques sur la France, mais tous n'avaient pas été également informés à l'avance du moment de l'exécution : les domestiques, par exemple, il les faisait sans doute marcher sans avoir besoin de leur rien communiquer de ses desseins; à d'autres, sur le dévouement desquels il croyait pouvoir compter, il lui suffisait de dire : Faites cela, et ils le faisaient, sans savoir jusqu'où cela pourrait les conduire (premier interrogatoire devant M. le chancelier). Mais il avait certainement des amis qui, avancés plus que les autres dans sa confiance, n'ignoraient rien de ce qu'il méditait, et qui ont dû former son conseil intime.

On ne peut guère douter que depuis quelque temps l'idée ne fût arrêtée dans ce conseil d'entrer en France par les départements du Nord, que certains des conjurés avaient depuis quelques mois explorés dans tous les sens. Des cartes très-soignées, de ces départements étaient en la possession de Louis Bonaparte, et on les a retrouvées parmi ses effets : il avait même tracé au crayon un plan où se trouvaient notées avec les lieux d'étapes, les distances à parcourir entre les principales villes, puis, pour chacune d'elles, les régiments qui y tenaient garnison, le nombre d'hommes dont ils se composaient, et l'arme à laquelle ils appartenaient.

Le lieu du débarquement étant choisi, tout ce qu'il faudrait faire ensuite fut soigneusement prévu dans des ordres de service écrits de la main du colonel Voisin.

Des armes avaient été réunies. On avait fait confectionner en Angleterre des uniformes d'officiers généraux, et on avait acheté en France des habits de soldats. Les boutons seuls manquaient : la fabrique de Londres en avait fourni, sur lesquels était le n° 40. C'était le numéro d'un régiment qui tenait garnison dans le voisinage du port de débarquement.

Enfin, dans la supposition que la troupe attaquante prendrait possession de Boulogne, des lieux environnants, et presque de la France entière sans coup férir, tout avait été disposé pour organiser immédiatement les régiments, la population, la force armée et le gouvernement lui-même. Des ordres en blanc, écrits à la main, désignaient ceux qui devaient être chargés de recevoir les objets indispensables à l'armée, tels que chevaux, selles, brides, etc.; d'autres concernaient le commandement des troupes, d'autres leur recrutement, d'autres enfin des mesures de précaution.

Voici la copie de quelques-uns de ces écrits, que nous ferons précéder du plan de campagne, saisi, comme les autres pièces, dans le portefeuille du colonel Voisin :

« Entrer dans le port de V.... à marée montante; débarquer hommes et chevaux au moyen d'un pont volant, sur lequel on aura étendu des couvertures; s'emparer des douaniers, débarquer les bagages, aller droit à Wimille prendre des voitures.

« Donner le mot d'ordre et de ralliement B.... et N....

« Arrêter tout ce qu'on rencontrera en chemin, faisant accroire que, venant de Dunkerque pour une mission du gouvernement, on a été obligé de relâcher.

« Marcher sur le château, ayant une avant-garde commandée par Laborde, Bataille, aide de camp; Persigny, sergent-major, et six hommes, dont deux sapeurs et deux éclaireurs.

« Parlementer avec le garde du château Choulem; le château pris, y laisser deux hommes, dont l'un se tiendra en dedans et gardera les clefs; l'autre fera sentinelle en dehors.

« Le capitaine d'Hunin commandera l'arrière-garde, composée de Conneau, sergent-major, et dix hommes. A son arrivée à la haute ville, il prendra les dispositions suivantes :

« 1° Fermer la porte de Calais;

« 2° S'établir militairement à la porte de l'Esplanade;

« 3° Fermer la porte de Paris;

« Poser une sentinelle sur la place d'Armes, au point de repère des trois portes, pour être prévenu à temps de ce qui pourrait survenir.

« Le corps principal s'emparera de l'hôtel de ville, où il y a cinq cents fusils, et, chemin faisant, on enlèvera le poste de l'église Saint-Nicolas, où se trouvent dix hommes et un officier; on se dirigera sur la caserne, et, avant d'y pénétrer, des sentinelles seront placées sur toutes les issues pour en interdire les approches.

« Ces diverses opérations seront faites dans le plus profond silence; mais une fois la troupe enlevée, on viendra s'établir à l'hôtel de ville; on fera sonner le tocsin, on répandra les proclamations, et on prendra les dispositions suivantes :

« 1° S'emparer de la poste aux chevaux;
« 2° — de la douane;
« 3° — du sous-préfet;
« 4° — des caisses publiques;
« 5° — du télégraphe.

« La haute ville sera indiquée comme lieu de rassemblement.

« MM. le colonel Laborde et le capitaine Desjardins s'occuperont chacun de la formation immédiate d'un bataillon de volontaires qu'ils rassembleront sur la place d'Armes, devant l'hôtel de ville. A cet effet, ils nommeront des capitaines chargés de recruter chacun cent hommes. Ces capitaines nommeront leur sergent-major, et les volontaires choisiront leurs sous-officiers, ainsi qu'un sous-lieutenant et un lieutenant. Ces compagnies de volontaires auront un effectif de cent hommes, compris un sergent-major, quatre sergents, un fourrier et huit caporaux.

« Aussitôt qu'une compagnie sera formée, on la conduira sur la place des Tintelleries et on la fera monter sur les voitures.

FONCTIONS DIVERSES.

« Le sous-intendant Galvani se procurera les voitures, ainsi que le pain, la viande cuite et l'eau-de-vie pour un jour.

« Orsi saisira les caisses publiques, se faisant accompagner d'hommes du pays; il s'emparera aussi du sous-préfet.

« Le colonel Laborde, avec six hommes, s'emparera de la poste aux chevaux; il y laissera une sentinelle et rejoindra la troupe.

« Le colonel Nébru réorganisera l'administration civile et militaire et la garde nationale.

« M. Flandrin choisira huit hommes pour aller en chaise de poste détruire le télégraphe de Saint-Tricat.

« Le colonel Montauban s'emparera du poste des douaniers et les rassemblera sur l'Esplanade. Il s'occupera de surveiller la réunion de trente chariots attelés de quatre chevaux et prendra de préférence les voitures de maréyeurs, qui peuvent contenir trente personnes. Ces voitures stationneront aux Tintelleries.

« M. le colonel Vaudrey réunira tous les anciens canonniers; il fera atteler une pièce ou deux, mettant, à défaut de caissons, ses munitions dans des voitures, ainsi que cinq bombes chargées pour servir de pétards. Il dirigera la distribution des armes et tout ce qui concerne le service de l'artillerie.

« Le colonel Parquin réunira tous les chevaux de selles; il

en fera l'estimation, et les répartira entre les officiers de l'état-major et les volontaires à cheval. Il aura sous ses ordres M. Persigny.

« Le capitaine de Querelles commandera le noyau de la compagnie des guides, qni sera porté à cinquante hommes.

« Le lieutenant.... formera l'avant-garde avec le 42e. Cette avant-garde sera commandée en chef par le capitaine Desjardins.

« Le commandant Mésonan, chef d'état-major, enverra des courriers à Calais, Dunkerque, Montreuil, Hesdin, munis d'ordres et de proclamations. »

Le rapporteur cite encore plusieurs autres pièces qui se rattachaient aux moyens d'exécution du plan d'insurrection et les décrets, proclamations, ordres du jour, dont nous avons donné le texte dans les faits préliminaircs de ce procès.

« Il ne restait plus qu'à s'embarquer et à faire voile vers la France ! Tout était prêt le 3 août dernier. Un bateau à vapeur, *le Château d'Edimbourg*, avait été loué à la compagnie commerciale de Londres, par l'intermédiaire d'un courtier nommé Rapallo, Italien d'origine et naturalisé Anglais ; rien n'a donné lieu de croire que, ni la compagnie, ni le capitaine, ni l'équipage, eussent aucune connaissance de la coupable destination qui lui était réservée. Le capitaine, tous les hommes du bord, arrêtés au premier moment de l'insurrection et de l'attentat, ont donc été mis en liberté par la commission de douze membres instituée par votre arrêt du 18 août dernier.

Dès le 3, tous les bagages avaient été chargés sur le bateau. Deux voitures et neuf chevaux en faisaient partie. Les hommes qui devaient composer l'escorte du prince avaient été divisés par petits pelotons et embarqués en des lieux divers, afin de ne pas trop attirer l'attention. Les uns sont partis de Londres, les autres de Gravesend, où se trouva un pilote français, destiné à diriger le bâtiment lorsqu'il approcherait des côtes. Ce pilote a disparu. Les derniers embarqués furent pris à Margate ; c'est de là que l'expédition se dirigea sur Wimereux, à 7 kilomètres environ de Boulogne, le mercredi 5 août. Comme les conjurés ne voulaient pas arriver le jour, le bateau louvoya très longtemps ; des témoins ont déclaré l'avoir aperçu de Boulogne dès la veille.

Mais le temps ne fut pas perdu sur le bâtiment ; on l'employa à faire apporter et revêtir les uniformes, chacun suivant son grade ; à distribuer les armes, à lire les proclamations, les ordonnances et arrêtés ; à distribuer de l'argent, car nous avons omis de ranger parmi les objets embarqués environ 400 000 fr. en billets de banque d'Angleterre, en or et en argent, appartenant à Louis Bonaparte et provenant, suivant sa déclaration, de la vente d'une partie des valeurs qu'il a recueillies dans l'héritage de sa mère. Cet argent était sans doute destiné à satisfaire aux premiers besoins des conjurés ; mais il devait aussi être répandu à l'appui des proclamations. C'était un moyen d'entraînement qui se recommandait de lui-même.

Le matin du 6 août, vers les deux heures, le débarquement commença. La côte de Wimereux ne permettant pas au bateau d'approcher de terre, il fallut se servir du canot. Les hommes n'arrivaient que par escouades, et les premiers faillirent être victimes de leur empressement. Si un poste de douaniers, qui accourut, ne s'était pas laissé tromper par l'uniforme, le numéro des boutons et le récit d'un événement de mer qui forçait les conjurés à prendre terre, ils pouvaient devenir prisonniers ; mais, après le débarquement de toute la troupe, ce furent les douaniers qui durent, à leur tour, céder à la force. On les amena avec le cortége, mais sans pouvoir les corrompre ; ils restèrent fidèles, malgré l'offre d'une pension de 1200 fr. que Louis Bonaparte fit faire à leur chef.

Cet accueil, qui n'était guère en rapport avec l'enthousiasme universel auquel s'attendaient les conjurés, fut suivi d'une déception encore plus sensible. Les intrigues liées et suivies en France dans les deux dernières années leur avaient persuadé qu'ils pourraient compter sur le zèle et l'activité d'un grand nombre de partisans. Plusieurs émissaires, entre autres les inculpés Forestier et Bataille, avaient pris les devants et apporté, dans les jours précédents, à Boulogne même, la nouvelle du débarquement. Ils étaient de leur personne sur la plage au moment où il s'opérait ; mais ils s'y trouvèrent à peu près seuls : ni soldats ni citoyens ne les avaient accompagnés. Tous les efforts de la conjuration n'avaient abouti qu'à séduire un jeune lieutenant du 42e, l'inculpé Aladenize, que l'exaltation de ses idées rendait facile à tromper. C'est trop, sans doute : on regrette que cette tache, unique à la vérité, ait pu être faite à la fidélité si bien éprouvée de l'armée. Mais la contagion n'était pas à craindre, et les conjurés, en ne trouvant sur le port de Wimereux, avec

Forestier et Bataille, que le lieutenant Aladenize, ne purent se rassurer que par la confiance qu'ils avaient dans son influence sur les deux compagnies de son régiment en garnison à Boulogne. Vous allez voir combien, sur ce point, ils étaient encore dans l'erreur.

La troupe, conduite par Louis Bonaparte, se range autour du drapeau tricolore, surmonté d'une aigle, et rappelant par des inscriptions les grandes victoires de l'Empereur. C'était l'inculpé Lombard qui le portait. Elle se met en marche et arrive sans nouvel incident dans la ville de Boulogne, rue d'Alton, où se trouvait un petit poste du 42e. Trompé par les épaulettes et les uniformes, ce poste avait pris les armes. Le commandant Parquin se détache et lui propose de suivre le mouvement. Son chef, le sergent Morange, lui répond sans hésiter qu'il ne marchera que sur un ordre du commandant de la place. Les conjurés passent outre. C'est à la caserne qu'ils croient triompher. Ils y arrivent à cinq heures du matin. Le lieutenant Aladenize les y avait précédés. Déjà il faisait battre le rappel. Les soldats prenaient les armes; ils se mettaient en bataille, surpris par les cris de *vive l'Empereur!* consternés par la nouvelle inattendue que Louis-Philippe a cessé de régner. *A Paris!* leur crie-t-on, *à Paris!* Des proclamations leur sont jetées, et l'argent est distribué à pleines mains; le prince se fait reconnaître, il prodigue les promesses, tous les sergents sont nommés capitaines, tous les soldats sont décorés.

Que faisaient cependant les officiers pendant que leurs soldats étaient livrés aux plus dangereuses suggestions ? Il n'y avait pas malheureusement de logement pour eux à la caserne, le lieutenant Ragou seul y demeurait. Aussitôt informé, et n'ayant pas assez de confiance dans son influence personnelle sur l'esprit des soldats, il avait couru au plus vite chez le capitaine Col-Puygellier. Le sous-lieutenant de Maussion venait de rencontrer les conjurés, et avait refusé de les suivre, malgré l'insistance du prince lui-même.

Il s'était aussi rendu chez le capitaine; celui-ci volait aussitôt vers la caserne. Un grenadier portant le numéro du 40e veut l'arrêter, il l'écarte en disant que ce n'est pas le 40e qui fait la police. Il arrive à quelques pas de la porte, obstruée plutôt que gardée par les nouveaux venus. Un homme portant l'uniforme et les insignes de chef de bataillon va droit à lui et s'écrie : « Capitaine, le prince Louis est ici : soyez des nôtres, votre fortune est faite. » Le capitaine lui répond en mettant le sabre à la main, et manifestant vivement par ses gestes et ses paroles la résolution d'arriver à sa troupe. Il est saisi de toutes parts : plusieurs personnes s'emparent de son bras armé ; il pousse et résiste de tous côtés pour se débarrasser des obstacles pour arriver à ses soldats. Avant d'y parvenir, et tout en continuant ses valeureux efforts, il essaye d'éclairer les conjurés eux-mêmes. « On vous trompe, disait-il, apprenez qu'on vous porte à trahir. » Sa voix est étouffée par les cris de *vive le prince Louis !* — « Où est-il donc, » s'écrie-t-il à son tour. Alors se présente à lui un homme de petite taille, blond et paraissant avoir trente ans, couvert d'un chapeau, portant des épaulettes d'officier supérieur et un crachat. Il lui dit : « Capitaine, me voilà, je suis le prince Louis; soyez des nôtres et vous aurez tout ce que vous voudrez. » Le capitaine l'interrompt : « Prince Louis ou non, je ne vous connais pas ; je ne vois en vous qu'un conspirateur..... Qu'on évacue la caserne. » Tout en s'exprimant ainsi, M. Col-Puygellier continuait ses efforts. Ne pouvant parvenir à ses soldats, il veut au moins essayer de se faire entendre : « Eh bien ! assassinez-moi, ou je ferai mon devoir. » Sa voix parvient alors à Aladenize, qui accourt, et, le couvrant de ses bras, s'écrie énergiquement : « Ne tirez pas, respectez le capitaine, je réponds de ses jours. » Cette action mérite d'être ici consignée ; elle fait regretter que ce jeune officier n'ait pas montré dans cette affaire autant de respect pour la religion du serment que d'humanité et d'attachement pour ses camarades.

Cette brûlante et vive altercation attire enfin l'attention des deux compagnies du 42$^{e}$. Les sous-officiers accourent à la voix de leur chef ; ils l'aident à se dégager des mains des conjurés qui font un mouvement en arrière. M. le capitaine Puygellier, d'une voix forte, s'écrie : « On vous trompe, *Vive le roi !* » Mais l'ennemi rentre à rangs serrés, Louis Bonaparte en tête. M. le capitaine Puygellier se porte vivement à sa rencontre, lui signifie de se retirer, ajoute qu'il va employer la force, et pour toute réponse, lorsqu'il est retourné vers sa troupe, il entend la détonation d'un pistolet que Louis Bonaparte tenait à la main, et dont la balle va frapper un de ses grenadiers à la figure.

Soit que les conjurés aient été alors bien convaincus de la ferme résolution du capitaine d'employer la force dont il disposait, soit que le coup de pistolet attribué d'abord au hasard, à un accident, à un mouvement involontaire plutôt qu'à la préméditation, eût changé leurs dispositions, ce coup de feu devint le signal de leur retraite de la caserne. Ils l'effectuèrent en ordre, sans être poursuivis, mais sans renoncer encore à leur projet. Après avoir échoué auprès de la garnison, ils osèrent compter sur la population dont ils croyaient si follement avoir toutes les sympathies. Les habitants de Boulogne ont fait raison de cette absurde illusion.

C'est vers la haute ville que marchent les conjurés, semant des proclamations et de l'argent, aux cris de *vive l'Empereur !* Louis Bonaparte veut s'emparer du château et y prendre des armes pour les distribuer à la population. Le sous-préfet, prévenu à temps, marche à leur rencontre, et, au nom du roi, leur intime l'ordre de se séparer. Lombard lui répond par un coup de l'aigle qui surmontait le drapeau. Ils continuent leur marche, un instant interrompue, vers la haute ville. Les portes en avaient été fermées par les ordres du sous-préfet et du commandant de place. Les conjurés essayent de les enfoncer. Deux haches sont inutilement dirigées contre cette clôture. Il faut renoncer à cette autre partie du plan, et il ne reste plus aux conjurés qu'à fuir, qu'à regagner leur embarcation ; mais, soit que, dans leur délire, ils gardent encore quelque espérance d'entraîner la population, soit que la confusion et le désespoir les égarent, soit qu'ils cherchent une mort que ce lieu aurait la puissance d'ennoblir, ils marchent à la colonne élevée sur le rivage à la gloire de la Grande-Armée.

La distance est parcourue sans obstacle. Arrivés au pied de la colonne, les conjurés veulent constater leur prise de possession par la plantation du drapeau sur le sommet. Celui qui le porte, Lombard, pénètre dans l'intérieur et se met en devoir d'en gravir les degrés ; les autres font des dispositions pour se défendre contre la force publique, qu'ils voient arriver de toutes parts. En effet, le capitaine Col-Puygellier avait fait battre la générale, distribué des cartouches et mis sa troupe à la poursuite des rebelles. Le sous-préfet, le maire, les adjoints, le colonel et les principaux officiers de la garde nationale avaient rivalisé de zèle pour réunir les citoyens, qu'une ardeur égale avait rapidement amenés sous le drapeau de l'ordre public, de la liberté et des lois. Tous se disputaient le premier rang pour affronter les coups des conjurés.

Mais ceux-ci, à la vue de cet accord dans la défense entre la troupe et la population, n'avaient pas tardé à se débander.

Ils laissèrent Lombard dans la colonne, où deux citoyens de Boulogne le firent prisonnier, et ils s'enfuirent les uns vers le rivage, où ils essayèrent de gagner le bateau qui les avait portés ; les autres vers la ville ou dans les campagnes.

Les premiers, parmi lesquels était Louis Bonaparte, le colonel Voisin, Faure, Mésonan, Persigny, Dunin, parvinrent à entrer dans un canot qu'ils s'efforcèrent de pousser au large. Ils ne voulurent pas s'arrêter sur l'ordre qui leur en fut donné : on tira sur eux quelques coups de fusil qui blessèrent le colonel Voisin et tuèrent le sieur Faure. Le mouvement qui s'opéra dans le canot le fit chavirer. Dunin se noya. Les autres se mirent en devoir de gagner à la nage le paquebot, mais le commandant du port, Pollet, qui avait été dépêché pour le saisir, les ayant aperçus, les retira de l'eau et les fit prisonniers. Presque tous ceux qui s'étaient sauvés dans les rues de la ville ou dans les campagnes éprouvèrent le même sort. Au total on arrêta cinquante-sept personnes, non compris le capitaine de l'équipage du bateau *le Château d'Édimbourg*, qui depuis a été mis en liberté, comme nous l'avons dit plus haut.

C'est ici le lieu de rendre publiquement et solennellement à toute la population de Boulogne-sur-Mer, à ses magistrats, à la garde nationale, à ses chefs, comme à ceux de sa garnison, la justice qui leur est due. Dans cette mémorable circonstance, personne n'a failli et personne n'a hésité dans l'accomplissement du devoir. Aucun n'a mesuré le danger, tous ont bravement payé de leur personne. Gloire et honneur à la fois à ces citoyens dévoués, dans les efforts desquels toute la France s'est reconnue ! Éclatante preuve de l'attachement du pays au gouvernement et à la dynastie de 1830 ! La France ne se laissera jamais imposer un gouvernement par la violence, la révolte et la trahison ; elle veut maintenir ce qu'elle a elle-même établi, et nul n'aura la puissance de la contraindre à se désavouer.

Il ne suffisait pas que l'exécution de l'attentat eût été empêchée, il fallait encore que ses auteurs fussent placés sous la main de la justice ; le gouvernement a rempli ce devoir en les déférant à la Cour des pairs, si bien placée pour reconnaître avec une pleine indépendance l'existence et la nature des faits qui leur sont imputés, pour en apprécier impartialement les conséquences et leur attribuer, dans une juste mesure, le degré de culpabilité qui en peut ressortir.

Nous allons maintenant, par une scrupuleuse analyse de

l'instruction à laquelle nous nous sommes livré, et qui a été conduite avec toute la célérité que comportait le soin religieux qui doit être apporté en de telles affaires; nous allons, dis-je, essayer, messieurs, de vous donner une idée exacte de la part que chacun des inculpés est présumé avoir prise à l'attentat dont vous devez connaître.

Mais, avant d'entrer dans ces détails, vos précédents nous imposent le devoir d'appeler l'attention de la Cour sur sa compétence. Il serait inutile d'exposer, même brièvement, toutes les charges de l'instruction, si vous deviez plus tard vous dessaisir.

Les principes vous sont familiers. Ils sont écrits dans la Charte et dans les nombreux arrêts déjà rendus par la Cour.

L'article 28 de la Charte porte : « que la Chambre des « pairs connaît des crimes de haute trahison et des attentats « à la sûreté de l'État qui seront définis par la loi. »

Ainsi donc, tant qu'une loi spéciale n'aura pas défini les crimes de trahison et des attentats à la sûreté de l'État, ils rentreront tous, d'une manière générale, dans les attributions de la Chambre des pairs, dont la compétence n'aura de limite que dans la prudence du gouvernement qui la saisit, et, en définitive, dans l'appréciation que la Cour en fait toujours elle-même. A cet égard, vos précédents ont posé des principes, ont fondé une jurisprudence qui offrent à l'État et aux citoyens les garanties les plus rassurantes.

Dans l'esprit de la Charte, la haute juridiction de la Chambre des pairs est constituée pour opposer une digue aux graves commotions qui peuvent naître de certains attentats dont les dangers s'accroissent par la combinaison et la nature des faits qui les constituent, du nombre de ces faits, des lieux où ils se sont passés, du but que leurs auteurs se sont proposé, et enfin des personnes qui y ont pris part, de la position et du rang que ces personnes tiennent dans l'Etat. Quand toutes ces circonstances manquent, il n'y a pas de raison pour enlever à l'autorité judiciaire ordinaire une action à laquelle elle suffit parfaitement.

Mais quand, au contraire, elles se rencontrent plus ou moins complétement, et surtout quand elles viennent toutes à se réunir, il y a évidemment lieu de recourir au pouvoir qui a été institué en vue de situations parfaitement analogues à celles qui se produisent. Ne pensez-vous pas, messieurs, que tel est le cas qui résulte du compte que nous venons de vous rendre?

La gravité des faits, leur nombre, leur longue préméditation, la persévérance de ceux qui les ont préparés et accomplis, le but qu'ils se proposaient, le nom dont ils se sont couverts, la situation de quelques-unes des personnes que l'instruction a mises en état de prévention, le rang militaire qui a appartenu, qui même, pour certains d'entre eux, appartenait encore, au moment de l'attentat, à plusieurs de ceux qui y auraient participé, les prétentions de leur chef qu'il n'a jamais désavouées, même après la sévère leçon qu'il venait de recevoir, tout nous semble concourir à exiger votre haute intervention, et nous serions tenté de dire qu'il faudrait rayer de la Charte l'article 28, dont la sage prévoyance est cependant incontestable, si vous ne deviez pas retenir, pour les juger, les faits consommés à Boulogne dans la journée du 6 août dernier.

Il nous reste maintenant à retracer les preuves du crime et les charges qui pèsent sur chacun des inculpés. Cette tâche ne peut être ni longue ni difficile après les détails dans lesquels nous sommes déjà entrés.

C'est au moment même de la consommation du crime que ses auteurs ont été arrêtés. Ils ont été surpris les armes à la main, provoquant les troupes à la trahison et à la défection par la corruption et la violence, par la séduction d'un grand nom, par des promesses, des distributions d'argent. Des proclamations invitaient la population elle-même à la révolte en même temps que des décrets et des arrêtés prononçaient la déchéance de la famille royale. Détruisant d'une main le pouvoir légitime, de l'autre les conjurés organisaient l'usurpation. A ce double fait joignez les aveux constants, uniformes, persévérants de plusieurs d'entre eux, la manifestation précise de leurs intentions, de leurs regrets d'avoir échoué par suite de l'attitude ferme et décidée de la population, de l'armée et de l'administration; et vous aurez la réunion de toutes les preuves exigées pour l'établissement d'un fait. »

De tous les faits qui précèdent, le rapporteur conclut que le crime imputé aux prévenus est constant et avéré, et pour en compléter la preuve, il énumère successivement les charges qui, selon l'accusation, pèsent sur chacune des personnes impliquées dans cette affaire.

« Nous voilà, messieurs, continue M. Persil, parvenu au terme de la pénible tâche qui nous a été imposée.

Dans le commencement de ce rapport, destiné à faire passer sous vos yeux la série de tous les faits qui ont constitué l'attentat de Boulogne, nous en avons qualifié le principe ; une incroyable audace, une aventureuse présomption, une délirante ambition, ont seules pu nous l'expliquer.

Abusant de la protection qui leur était accordée par des institutions qu'ils voulaient néanmoins renverser, et sous l'égide du respect justement commandé par notre législation pour la liberté de la presse, des conjurés ont pu fonder dans le sein même de la capitale une presse quodienne, destinée à populariser leur cause, à lui créer des partisans. Leurs émissaires, suppléant au nombre par l'activité de leurs démarches, ont parcouru le pays, inquiété les populations, cherché à ébranler la fidélité des troupes, et, par un odieux embauchage, entraîné des malheureux que le besoin livrait sans défense à leur coupable séduction.

Un jour, dans l'enivrement de leur présomptueuse folie, ils ont pu, au nombre de cinquante à soixante, partant de l'étranger, descendre sur nos côtes, et tenter de s'emparer de l'une de nos villes, d'où ils croyaient pouvoir s'élancer sur la capitale.

Vous jugerez les auteurs de cet odieux attentat, et, autant qu'il est en vous, vous préviendrez par la sage fermeté de vos décisions le retour de tant d'égarements si funestes. Vous vous serez ainsi acquittés envers le pays et envers la couronne des devoirs que votre haute situation vous impose. Le gouvernement (nous n'en doutons pas) remplira aussi les siens : il saura, par la prudence et par la vigueur de ses mesures, empêcher le retour de ces malheurs dont la périodicité pourrait être considérée comme une insulte pour le pays, qui s'en indigne. »

### *Arrêt de mise en accusation* (16 *septembre*).

La Cour des pairs se déclare compétente :

« Attendu qu'il appartient à la Cour d'apprécier si les attentats dont la connaissance lui est déférée rentrent, par leur gravité et leur importance, dans la classe de ceux dont le jugement lui est réservé par l'article 28 de la Charte constitutionnelle;

« Attendu qu'il résulte de l'instruction à laquelle il a été procédé au sujet des faits qui se sont passés à Boulogne-sur-Mer le 6 août dernier, et qui ont été déférés à la Cour par ordonnance du roi du 9 du même mois, que, soit à raison de la qualité des personnes qui y auraient pris part, soit à raison des moyens employés pour en préparer l'exécution par une bande armée, soit enfin à raison du but évident de renverser la constitution de l'État, par la violence et la guerre civile, ces faits constituent le crime d'attentat à la sûreté de l'Etat défini par les articles 87 et suivants du Code pénal et présentent les caractères de gravité qui doivent déterminer la Cour à en retenir la connaissance;

« Au fond, en ce qui touche;

« Le prince Charles-Louis-Napoléon Bonaparte, le comte Charles-Tristan de Montholon, Jean-Baptiste Voisin, Denis-Charles Parquin, Hippolyte-François-Athale-Sébastien Bouffet-Montauban, Etienne Laborde, Séverin-Louis Le Duff de Mésonan, Jules-Barthélemy Lombard, Henri Conneau, Jean-Gilbert-Victor Fialin de Persigny, Alfred d'Almbert, Joseph Orsi, Prosper Alexandre dit Desjardins, Mathieu Galvani, Napoléon Ornano, Jean-Baptiste-Théodore Forestier, Martial-Eugène Bataille, Jean-Baptiste-Charles Aladenize, Pierre-Jean-François Bure, Henri Richard Sigefroi de Querelles (absent), Flandin Vourlat (absent);

« Attendu que de l'instruction résultent contre eux charges suffisantes d'avoir commis à Boulogne-sur-Mer, le 6 août dernier, un attentat dont le but était, soit de détruire, soit de changer le gouvernement, soit d'exciter les citoyens ou habitants à s'armer contre l'autorité royale, soit d'exciter la guerre civile en armant ou en portant les citoyens ou habitants à s'armer les uns contre les autres;

« Crimes prévus par les articles 87, 88, 89 et 91 du Code pénal. »

La Cour ordonne la mise en accusation des personnes susnommées et déclare qu'il n'y a lieu de suivre contre les autres accusés.

# DÉBATS.

## PREMIÈRE AUDIENCE. — 28 SEPTEMBRE.

Les curieux sont en très-petit nombre aux abords du Luxembourg. A l'intérieur on ne distingue aucun déploiement apparent de forces militaires, et cependant, toutes les salles qui ne sont pas destinées au service de la Cour sont encombrées de soldats.

Derrière le bureau du président sont disposés les fauteuils des membres de la commission d'instruction.

Des places sont réservées, dans le couloir de gauche, pour les témoins qui sont, dit-on, au nombre de vingt-cinq ou trente.

Le couloir qui règne autour de la salle est occupé longtemps avant l'audience, par un assez grand nombre de députés et par des membres du conseil d'État.

Dans le couloir de droite, des garçons de salle déposent les pièces de conviction, parmi lesquelles un drapeau tricolore surmonté d'un aigle, un grand nombre d'épées, de sabres et enfin des équipements militaires.

Louis-Napoléon Bonaparte est introduit le premier; il est suivi de Me Berryer, son avocat. Le neveu de Napoléon paraît avoir 25 à 26 ans, bien qu'il en ait 32; rien en lui ne dénote cette ressemblance avec l'Empereur, que ses partisans s'obstinent à trouver, malgré les contrastes frappants, et sauf l'énorme moustache châtain foncé qui ombrage sa lèvre, la physionomie de Louis Bonaparte n'a rien, quoiqu'on en dise, du type militaire. Il est vêtu avec une élégante simplicité. Il porte un col noir militaire, un gilet blanc croisé, et un habit noir sur le côté gauche duquel brille le large crachat de grand-aigle de la Légion d'honneur.

Le général comte de Montholon est placé auprès de Louis Bonaparte : le colonel Voisin porte le bras en écharpe et est séparé par un gendarme de M. de Montholon. Les autres accusés, dont la mise est également recherchée, et qui portent tous des gants blancs, se placent à côté les uns des autres ; les gendarmes occupent seulement l'extrémité des banquettes.

Les avocats prennent place au banc de la défense ; ce sont :

MM. Berryer et Marie, pour Louis Bonaparte et M. de Montholon ; — Ferdinand Barrot, pour Voisin, Parquin, Bataille et Desjardins ; — Delacour, pour Le Duff de Mésonan ; — Barillon, pour Montauban, Lombard, Persigny et Conneau ; — Ducluzeaux, pour Forestier ; Favre, pour Aladenize ; — Nogent Saint-Laurent pour Laborde, — et Lignier pour Ornano, Galvani, d'Almbert, Orsi et Bure.

MM. Pinède, Forestier, d'Almbert et Piot assistent leurs confrères comme conseils des accusés.

Quelques instants après l'introduction des accusés un huissier fait entendre ces mots prononcés d'une voix formidable :

La Cour.

M. Pasquier, revêtu de son costume de chancelier, paraît par la porte du couloir de droite, suivi de MM. les pairs, qui prennent place sur leurs siéges.

Le parquet est occupé par M. Franck-Carré, procureur général et par MM. Boucly, Nouguier et Glandaz, ses assesseurs.

M. LE PRÉSIDENT. Premier accusé, levez-vous. Quels sont vos nom et prénoms?

LOUIS BONAPARTE, se levant. Charles-Louis-Napoléon Bonaparte.

D. Votre âge? — R. Trente-deux ans.

D. Le lieu de votre naissance et celui de votre résidence? — R. Né à Paris, demeurant à Londres.

D. Votre profession? — R. Prince français en exil.

M. le président adresse ensuite à chacun des accusés les mêmes questions : ils répondent dans l'ordre suivant :

Charles Tristan, comte de Montholon, âgé de 58 ans, maréchal de camp en disponibilité, né à Paris, demeurant à Londres.

Jean-Baptiste-Voisin, âgé de 60 ans, colonel de cavalerie en retraite, né à Dieppe, domicilié à Paris.

Séverin-Louis Le Duff de Mésonan, âgé de 57 ans, chef d'escadron d'état-major en retraite, né à Quimper, demeurant à Paris.

Denis-Charles Parquin, âgé de 53 ans, né à Paris, officier

supérieur de cavalerie, démissionnaire de sa propre volonté, demeurant à Londres, chez le prince Napoléon.

Hippolyte-François-Athale-Sébastien Bouffet-Montauban, âgé de 46 ans, ancien colonel au service de Colombie, né à Verneuil, domicilié à Richmond-Green, près Londres.

Jules-Barthélemy-Lombard, âgé de 31 ans, né à Reuilhac (Gironde), officier d'ordonnance de S. A. I. le prince Napoléon, demeurant à Paris.

Jean-Gilbert-Victor Fialin de Persigny, âgé de 30 ans, attaché au prince Napoléon, demeurant à Londres, auprès de sa personne.

Jean-Baptiste-Théodore Forestier, âgé de 25 ans, négociant, demeurant à Paris.

Martial-Eugène Bataille, âgé de 25 ans, ingénieur civil, né à Kingston (Jamaïque), de parents français, demeurant à Paris.

Jean-Baptiste-Charles Aladenize, âgé de 27 ans, lieutenant de voltigeurs au 42e de ligne, né à Issoudun.

Etienne Laborde, âgé de 58 ans, lieutenant-colonel en retraite, né à Carcassonne, demeurant à Paris.

Prospert-Alexandre Desjardins, âgé de 51 ans, capitaine en retraite, né à Paris, y demeurant, rue Saint-Honoré.

Henri Conneau, âgé de 33 ans, né à Milan, de parents français, médecin, demeurant à Londres.

Napoléon Ornano, âgé de 34 ans, né à Ajaccio, ancien officier de cavalerie, demeurant à Londres.

Mathieu Galvani, âgé de 54 ans, sous-intendant militaire en réforme, né à Sainte-Lucie en Corse.

Alfred d'Almbert, âgé de 27 ans, secrétaire du prince Napoléon, né à Nancy.

Joseph Orsi, âgé de 32 ans, né à Florence, demeurant à Londres.

Pierre-Jean-François Bure, âgé de 33 ans, commis de commerce, demeurant à Paris.

M. le président recommande ensuite aux défenseurs de se conformer aux prescriptions du Code pénal, qui leur défend de rien dire contre leur conscience et contre les lois.

M. le greffier en chef donne ensuite lecture de l'arrêt de renvoi et de l'acte d'accusation, qui n'est que la reproduction des faits contenus dans le rapport.

Pendant la lecture de ces pièces, le colonel Voisin, affaibli par ses blessures, obtient la permission de se retirer momentanément.

On fait retirer les témoins dans la salle qui leur est destinée. Ils sont au nombre de 28.

La séance est suspendue et reprise après vingt minutes.

*Interrogatoire de Napoléon-Louis Bonaparte.*

M. LE PRÉSIDENT. Prince Louis Bonaparte, n'êtes-vous pas débarqué sur la côte de Boulogne, dans la nuit du 5 au 6 août, avec un nombre assez considérable de personnes ?

LE PRINCE LOUIS. Avant de répondre aux questions de M. le président, je désirerais présenter quelques observations.

M. LE PRÉSIDENT. Vous avez la parole.

Louis Bonaparte développe un papier et lit ce qui suit :

Pour la première fois de ma vie, il m'est enfin permis d'élever la voix en France, et de parler librement à des Français.

Malgré les gardes qui m'entourent, malgré les accusations que je viens d'entendre, plein des souvenirs de ma première enfance, en me trouvant dans ces murs du Sénat, au milieu de vous que je connais, messieurs, je ne peux croire que j'aie ici besoin de me justifier, ni que vous puissiez être mes juges. Une occasion solennelle m'est offerte d'expliquer à mes concitoyens ma conduite, mes intentions, mes projets, ce que je pense, ce que je veux. (Attention.)

Sans orgueil comme sans faiblesse, si je rappelle les droits déposés par la nation dans les mains de ma famille, c'est uniquement pour expliquer les devoirs que ces droits nous ont imposés à tous.

Depuis cinquante ans que le principe de la souveraineté du peuple a été consacré en France, par la plus puissante révolution qui se soit faite dans le monde, jamais la volonté nationale n'a été proclamée aussi solennellement, n'a été constatée par des suffrages aussi nombreux et aussi libres que pour l'adoption des constitutions de l'Empire.

La nation n'a jamais révoqué ce grand acte de sa souveraineté, et l'Empereur l'a dit : « Tout ce qui a été fait sans elle est illégitime. »

Aussi gardez-vous de croire que, me laissant aller aux mouvements d'une ambition personnelle, j'aie voulu tenter en

France, malgré le pays, une restauration impériale. J'ai été formé par de plus hautes leçons, et j'ai vécu sous de plus nobles exemples.

Je suis né d'un père qui descendit du trône, sans regret, le jour où il ne jugea plus possible de concilier, avec les intérêts de la France, les intérêts du peuple qu'il avait été appelé à gouverner.

L'Empereur, mon oncle, aima mieux abdiquer l'Empire que d'accepter par des traités les frontières restreintes qui devaient exposer la France à subir les dédains et les menaces que l'étranger se permet aujourd'hui. Je n'ai pas respiré un jour dans l'oubli de tels enseignements. La proscription imméritée et cruelle qui pendant vingt-cinq ans a traîné ma vie des marches du trône sur lequel je suis né jusqu'à la prison d'où je sors en ce moment, a été impuissante à irriter comme à fatiguer mon cœur; elle n'a pu me rendre étranger un seul jour à la dignité, à la gloire, aux droits, aux intérêts de la France. Ma conduite, mes convictions s'expliquent.

Lorsqu'en 1830 le peuple a reconquis sa souveraineté, j'avais cru que le lendemain de la conquête serait loyal, comme la conquête elle-même, et que les destinées de la France étaient à jamais fixées; mais le pays a fait la triste expérience des dix dernières années. J'ai pensé que le vote de 4 millions de citoyens qui avaient élevé ma famille, nous imposait au moins le devoir de faire appel à la nation, et d'interroger sa volonté; j'ai cru même que si au sein du congrès national que je voulais convoquer, quelques prétentions pouvaient se faire, j'aurais le droit d'y réveiller les souvenirs éclatants de l'Empire, d'y parler du frère aîné de l'Empereur, de cet homme vertueux qui, avant moi, en est le digne héritier, et de placer en face de la France aujourd'hui affaiblie, passée sous silence dans le congrès des rois, la France d'alors si forte au dedans, au dehors si puissante et si respectée. La nation eût répondu : « République ou monarchie, empire ou royauté. » De sa libre décision dépend la fin de nos maux, le terme de nos discussions.

Quant à mon entreprise, je le répète, je n'ai point eu de complices. Seul j'ai tout résolu; personne n'a connu à l'avance ni mes projets, ni mes ressources, ni mes espérances. Si je suis coupable envers quelqu'un, c'est envers mes amis seuls. Toutefois, qu'ils ne m'accusent pas d'avoir abusé légèrement de courages et de dévouements comme les leurs. Ils comprendront les motifs d'honneur et de prudence qui ne me permettent pas de révéler à eux-mêmes combien étaient étendues et puissantes mes raisons d'espérer un succès.

Un dernier mot, messieurs. Je représente devant vous un principe, une cause, une défaite. Le principe, c'est la souveraineté du peuple; la cause, celle de l'Empire; la défaite, Waterloo. Le principe, vous l'avez reconnu; la cause, vous l'avez servie; la défaite, vous voulez la venger. Non, il n'y a pas de désaccord entre vous et moi et je ne veux pas croire que je puisse être dévoué à porter la peine des défections d'autrui.

Représentant d'une cause politique, je ne puis accepter comme juge de mes volontés et de mes actes une juridiction politique. Vos formes n'abusent personne. Dans la lutte qui s'ouvre, il n'y a qu'un vainqueur et un vaincu. Si vous êtes les hommes du vainqueur, je n'ai pas de justice à attendre de vous, et je ne veux pas de votre générosité. (Vive et longue agitation.)

M. LE PRÉSIDENT. Je n'ai pas voulu vous interrompre quand vous développiez les motifs de l'entreprise à laquelle vous avez cru devoir vous livrer. Je ne crois pas que cet exposé soit favorable au fond de votre cause. J'aurais mieux aimé que vous vous fussiez montré plus dégagé des illusions qui vous ont deux fois entraîné, et qui deux fois vous ont placé dans une situation aussi pénible. Cette situation aurait dû vous faire mieux apprécier les sentiments du pays et de la nation que vous invoquez.

Maintenant je vais passer outre.

N'avez-vous pas débarqué le 6 août dernier, vers quatre heures du matin, sur la côte de Wimereux, à la tête d'une troupe d'hommes armés, dans le but de détruire le gouvernement établi en France par la charte de 1830?

L'ACCUSÉ. J'ai répondu à tout cela dans mes premiers interrogatoires. Je vous prie de vous y reporter.

D. Quelles que soient vos premières réponses, je dois vous adresser mes questions. Vous pourriez détruire, modifier vos réponses. Ici, comme devant tous les tribunaux, l'accusé ne peut être privé de ce droit. Il est donc du devoir de la Cour de vous présenter de nouveau les questions. — R. Je ne compte changer rien du tout à mes réponses.

D. Vous persistez dans vos premières réponses? — R. Oui, monsieur.

D. N'avez-vous pas trouvé sur le rivage, au moment même où vous avez débarqué, Aladenize, Forestier et Bataille qui vous attendaient? — R. Je veux m'en référer à ce que j a dit précédemment.

M. LE PRÉSIDENT. Je n'en suis pas moins obligé de vous adresser toutes ces questions.

M. LE COMTE MOLÉ. Il faudrait faire répéter les réponses; on ne les entend pas d'ici.

M. LE PRÉSIDENT. Jusqu'ici la réponse de l'accusé est qu'il n'entend rien changer à ses premières réponses. Sur cette réponse, j'ai averti que je ne pouvais pas m'empêcher de reproduire toutes mes questions, afin qu'il eût le moyen, s'il le juge à propos, de modifier à chaque occasion ses premières réponses.

Je continue : Les douaniers n'ont-ils pas tenté d'abord de s'opposer au débarquement? — R. Oui, monsieur le président.

D. Qu'avez-vous dit aux douaniers pour qu'ils vous laissassent débarquer? — R. Rien.

D. Ne les avez-vous pas ensuite forcés à vous suivre? — R. Non, monsieur.

D. N'aviez-vous pas auparavant fait offrir au chef des douaniers, s'il voulait marcher avec vous, une somme d'argent ou une pension, qu'il a refusée? — R. Je ne me souviens pas de cela. (L'accusé se rassied.)

M. LE PRÉSIDENT. Accusé, je vous prie de vous tenir debout. Ne vous êtes-vous pas dirigé de Wimereux vers la caserne de Boulogne, en passant par la place d'Alton? — R. Je ne compte pas répondre à toutes ces questions.

D. Vous garderez le silence, si vous voulez; je les parcourrai toutes. Là, n'avez-vous pas essayé d'enlever un poste de quatre hommes commandés par un sergent, qui a courageusement résisté aux instances comme aux menaces de ceux qui vous accompagnaient, et particulièrement de Parquin et d'Aladenize? — R. Oui, monsieur.

D. Dans le trajet de la place d'Alton à la caserne, n'avez-vous pas rencontré un officier vêtu en bourgeois qui vous fut présenté par l'un de ceux qui marchaient avec vous, et à qui vous dîtes en lui prenant la main : « J'espère que vous serez des nôtres; je viens ici pour rendre à la France, humiliée depuis dix ans, le rang qui lui appartient? — R. Oui, monsieur.

D. Aladenize ne vous a-t-il pas précédé à la caserne du 42ᵉ lorsque vous y êtes arrivé? — R. Oui, monsieur.

D. Que s'est-il passé alors? — R. Je l'ai déjà dit précédemment.

D. N'avez-vous pas fait un discours à la troupe pour l'engager à se réunir à vous, et n'avez-vous pas distribué des grades et des promesses d'avancement? — Oui, monsieur.

D. Sur ces entrefaites, le capitaine Col-Puygellier n'est-il pas parvenu, avec d'autres officiers, à se frayer un passage vers la troupe? — R. Oui, monsieur.

D. Ne lui avez-vous pas dit alors : « Capitaine, soyez des nôtres et vous aurez tout ce que vous voudrez? » — R. Non, monsieur.

D. Sur son refus de seconder vos projets, et sur la menace d'employer la force pour vous expulser de la caserne, n'avez-vous pas tiré presque à bout portant sur le capitaine un coup de pistolet qui ne l'a pas atteint, mais qui a blessé un soldat placé derrière ou à côté de lui? — R. J'ai déjà dit précédemment qu'il y a des moments où l'on ne peut pas se rendre compte de ses intentions. Lorsque j'ai vu le tumulte commencer à la caserne, j'ai pris mon pistolet; il est parti sans que j'aie voulu le diriger contre qui que ce soit.

D. En sortant de la caserne, ne vous êtes-vous pas dirigé vers la haute ville, dont vous avez vainement essayé d'enfoncer les portes? — R. Oui, monsieur.

D. N'espériez-vous pas trouver au château des fusils que vous vous proposiez de distribuer au peuple, s'il avait paru disposé à seconder votre entreprise? — R. Je l'espérais.

D. Dans le trajet de Wimereux à la caserne, et de la caserne à la haute ville, ceux qui vous accompagnaient n'ont-ils pas distribué des proclamations et de l'argent au peuple pour l'exciter à la révolte? — R. Des proclamations, oui; de l'argent, non.

Le président continue à interroger l'accusé sur ce qui s'est passé lorsqu'il est arrivé à la caserne; ce dernier répond : Oui, non, je ne puis vous répondre, j'ai déjà répondu. Le président continue ainsi :

Que s'est-il passé alors? N'avez-vous pas fait un discours à la troupe pour l'engager à se réunir à vous, et n'avez-vous pas distribué des grades et des promesses d'avancement? Sur ces entrefaites, le capitaine Col-Puygellier n'est-il pas parvenu, avec deux autres officiers, à se frayer un passage vers la troupe? Ne lui avez-vous pas dit alors : « Capitaine, soyez des nôtres, et vous aurez tout ce que vous voudrez. » Et sur son refus de se joindre à vous, ne lui avez-vous pas tiré, à bout portant, un coup de pistolet qui ne l'a pas atteint, mais qui a blessé un soldat placé à côté de lui?

L'ACCUSÉ. En ce moment, je ne me rendais pas compte des intentions du capitaine; je tenais mon pistolet en l'air, et il est parti sans que j'aie eu le dessein de le tirer.

D. Que s'est-il passé ensuite jusqu'au moment où vous avez été arrêté? — R. Je n'ai rien à répondre.

D. Vous n'avez pu tenter une entreprise de la nature de celle qui vous est reprochée sans vous y être préparé par une longue préméditation, sans avoir combiné longtemps d'avance les moyens d'exécution dont vous comptiez vous servir? A quelle époque avez-vous conçu la pensée et arrêté la résolution d'attaquer encore une fois le gouvernement de la France, et de renouveler, dans le même but et par les mêmes moyens, la tentative de Strasbourg? — R. J'ai pris cette résolution quand, après dix ans, j'ai vu que le gouvernement n'avait rien établi.

M. Pasquier presse l'accusé de questions sur les intelligences qu'il aurait entretenues en France avec les personnes qu'il croyait dévouées à ses projets, et sur les divers écrits publiés en sa faveur. Louis Bonaparte déclare qu'il n'a rien à répondre.

D. A la fin du mois de mars 1840, Lombard n'est-il pas allé à Lille par votre ordre, et n'a-t-il pas cherché à se mettre en rapport avec des officiers de la garnison? — R. Nullement par mes ordres.

D. Parquin ne s'est-il pas rendu à Lille dans les premiers jours du mois d'avril 1840, dans le même but que Lombard? — R. J'ignore tout à fait pourquoi il est passé par Lille.

D. Un peu auparavant, le commandant Mésonan n'avait-il pas fait un voyage à Lille? — R. Je l'ignore complétement.

D. Dans l'un de ces voyages, qui ont eu lieu vers la fin du mois de juillet 1840, le commandant Mésonan n'avait-il pas été chargé par vous de voir le général commandant le département du Nord, chez lequel il avait dîné plusieurs fois, et de lui montrer une lettre écrite par vous? — R. Non, monsieur.

D. Plusieurs lettres même? — Oui, des lettres d'amitié.

D. Cette lettre, qui portait pour suscription : *A M. le commandant Mésonan*, ne commençait-elle pas par ces mots : « Mon cher commandant, il est important que vous voyiez de suite le général en question : vous savez que c'est un homme d'exécution, et que j'ai noté comme devant être un jour maréchal de France? — R. Je ne veux pas répondre à cette question, parce que je ne veux pas changer mon rôle d'accusé en celui d'accusateur.

L'accusé déclare qu'il ne connaissait nullement le lieutenant Aladenize; il refuse de faire connaître par qui il a été mis en relation avec cet officier.

D. Parmi les cinquante ou soixante personnes qui étaient avec vous sur le paquebot, plus de la moitié était dans un état de domesticité et de dépendance morale qui a permis à la Cour de les considérer comme des instruments purement passifs des projets dont ils ne comprenaient sans doute pas toute la criminalité. La plupart de ces domestiques ne venaient-ils pas de France, et n'avaient-ils pas été envoyés à Londres par un agent, sous le prétexte d'y servir comme domestiques, et, dans la réalité, pour être employés lorsqu'il en serait temps à l'exécution de vos projets? N'est-ce pas dans ce but que ceux qui avaient mission de recruter pour vous devaient surtout rechercher d'anciens militaires? — R. J'ai déjà répondu à cela.

D. Parquin et Forestier ne se sont-ils pas employés très-activement à cette espèce de recrutement? — R. Nullement.

D. Ces domestiques, au nombre de trente et quelques, étaient vêtus de capotes et de shakos d'uniforme portant le n° 40. Comment vous étiez-vous procuré ces shakos et ces capotes? — R. J'ai déjà répondu à cela.

D. N'est-ce pas Forestier qui les avait achetés à Paris? — R. Je ne puis répondre à cette question.

D. Aviez-vous fait acheter aussi les boutons à Paris? — R. C'est à Londres.

D. Qui est-ce qui les a attachés aux capotes? — R. Je ne m'en souviens pas.

D. Pourquoi avez-vous fait choix du n° 40? — R. Je ne puis répondre.

D. Comment vous étiez-vous procuré les fusils dont ces hommes étaient armés? — Je les avais commandés à Birmingham.

D. Comment vous étiez-vous procuré les habits d'officiers que devaient revêtir et qu'ont revêtus en effet plusieurs des personnes qui vous ont accompagné? — R. J'avais prié plusieurs de ces messieurs, sous prétexte qu'ils devaient m'accompagner à quelque bal, d'apporter chez moi leurs uniformes; c'est ainsi que leurs uniformes se sont trouvés sur le paquebot sans que ces messieurs s'en soient doutés d'avance.

D. Je vous représente six pièces imprimées sous le titre

de proclamations, de décret, d'arrêté et d'ordre du jour : les reconnaissez-vous ? — R. Je les reconnais.

D. Est-ce vous qui avez rédigé ces pièces? — R. Certainement.

D. Ces proclamations portent, outre votre signature, celles du général Montholon, du colonel Voisin et du colonel Mésonan, sous les titres de major général, d'aide-major général et de chef d'état-major. L'ordre du jour qui fixe la position des officiers des divers grades est signé du général Montholon seul : est-ce avec le consentement de ces personnes ou à leur insu que leurs signatures ont été apposées au bas de ces actes? — R. C'est à leur insu.

D. Je vous fais remarquer que Mésonan, interpellé à ce sujet, a déclaré qu'il entrait dans l'ordre des fonctions qu'il exerçait auprès de vous d'apposer sa signature à ces actes. Interpellé sur une autre pièce, dont j'aurai occasion de vous parler tout à l'heure et qui lui applique une mission active dans l'exécution de l'attentat, Mésonan a répondu : *J'avais accepté les fonctions qui m'étaient attribuées, et je les aurais remplies, puisque je les avais acceptées.* — R. Je n'ai rien à répondre.

D. Vous voyez que Mésonan les connaissait. — R. Je ne le crois pas.

D. L'une des pièces dont il vient d'être donné lecture, et qui a le titre de *décret*, proclame la déchéance de la dynastie régnante, la dissolution des Chambres et l'institution du gouvernement provisoire. Des personnes qui occupent un rang élevé dans l'État sont nommées dans ces pièces; comment n'avez-vous pas compris qu'il ne vous appartenait pas de vous emparer de ces noms et d'en faire un tel usage sans l'aveu des personnes qui les portent? — R. Je crois que c'était utile dans le but que je me proposais et pour le bien du pays. Je donnais là une preuve de mes sentiments en appelant aux fonctions les plus élevées des hommes qui pouvaient bien servir le pays, n'importe leurs antécédents.

D. Vous avez dit, dans l'opinion dont vous venez tout à l'heure de donner lecture, que vous étiez venu pour ranimer la souveraineté du peuple et pour lui rendre ses droits, et voilà qu'à vous seul vous vous emparez de cette souveraineté, à ce point de prononcer la déchéance de la maison régnante, d'annuler la Charte, tout le gouvernement existant. Et c'est vous qui invoquez cette souveraineté, vous seul qui faites toutes ces choses-là? — R. Je l'ai invoquée en effet;

rien dans mes proclamations n'est contraire à ce que j'ai d tout à l'heure.

M. LE PRÉSIDENT. La Cour aura à juger si votre réponse répond bien à ma demande, si vos actes ne sont pas contraires à ce que vous aviez intention de faire.

L'ACCUSÉ. J'avais dit que je voulais convoquer un congrès national; c'est clair pour tout le monde.

M. LE PRÉSIDENT. Et vous commenciez par prononcer la déchéance de la famille régnante et l'abolition du gouvernement existant en France.

L'ACCUSÉ. On ne pouvait pas convoquer un congrès national sans faire une révolution.

Interrogé sur la manière dont il s'est procuré le paquebot qui l'a transporté sur les côtes de France, l'accusé répond qu'il s'en réfère à ses premières déclarations. Il soutient que pas un de ses co-accusés n'était, avant l'embarquement, instruit de ses projets.

*Interrogatoire du général Montholon.*

D. Vous avez accompagné le prince Louis Bonaparte et l'avez suivi dans l'entreprise qu'il a formée contre la ville de Boulogne? — R. Oui, monsieur le président, et je l'ai suivi autant que j'ai pu, autant que ma jambe m'a permis de marcher.

D. N'êtes-vous pas de ceux qui ont engagé la troupe à passer du côté du prince? — R. Je crois n'avoir rien fait à cet égard.

D. Vous dites que vous n'avez pu suivre le prince; à quel moment vous êtes-vous arrêté? — R. Une demi-heure après le débarquement. Je me promenais dans la ville de Boulogne; des habitants qui me prenaient pour le prince me suivirent; c'est alors que j'ai été arrêté.

D. Pourquoi avez-vous débarqué? — R. Tout le monde débarquait; c'eût été une lâcheté de rester à bord.

D. Depuis combien de temps étiez-vous à Londres? — R. Je suis arrivé à Londres en avril; j'y fus appelé par des affaires personnelles.

D. Là vous vîtes le prince Louis, vous parla-t-il de ses intentions? — R. Nous causâmes souvent politique. Il me parla de l'espoir qu'il avait de rentrer un jour en France, mais jamais de son projet de débarquer à Boulogne.

D. Le prince ne vous chargea-t-il pas alors d'une mission à Ostende? — R. Oui, j'étais parti de Londres le lundi par le paquebot *la Duchesse de Kent*, pour Ostende; je suis arrivé à Margate où ce bateau se rendait seulement. Dans la nuit du mardi au mercredi, le prince Louis m'a fait dire qu'il désirait me parler, et que j'eusse à me rendre à bord d'un bâtiment sur lequel il était, et je m'y rendis aussitôt. Nous sommes partis immédiatement, je ne savais pas où nous allions.

D. A quel moment l'avez-vous appris? — R. J'ai été très-malade en mer. C'est le matin vers trois heures que le prince me l'apprit.

D. Lui avez-vous fait quelques observations? — R. Je crois en avoir fait au prince.

D. Qu'a-t-il répondu? — R. Il me serait difficile de me le rappeler.

D. Cependant, il paraît impossible que vous n'ayez été de prime abord instruit de quoi que ce soit; car enfin il résulte de l'instruction qu'il vous avait nommé major général de son armée? — R. Cette nomination a eu lieu à mon insu; je ne l'ai connue qu'à Boulogne.

D. Il y a encore cette circonstance que votre nom se trouve en suite de la signature du prince dans les proclamations faites à Boulogne.—R. Tout cela, je n'en ai eu connaissance qu'à Boulogne.

D. Comment se fait-il aussi que vous ayez trouvé votre uniforme sur le paquebot? — R. Avant notre départ de Londres, le prince et moi avions été invités à un bal où l'on ne pouvait se présenter qu'en costume. Comme je ne demeurais pas à Londres même, mais à quelques milles, j'avais envoyé mon habit chez le prince pour m'y habiller. N'ayant pu me rendre à ce bal, mon habit est resté à l'hôtel du prince; c'est ainsi qu'il s'est trouvé dans ses bagages.

### *Interrogatoire du colonel Voisin.*

M. LE PRÉSIDENT. Accusé Voisin, quand vous êtes débarqué, vous étiez armé?

M. VOISIN. J'avais mon sabre au côté, voilà tout.

D. N'avez-vous pas joint vos efforts à ceux du prince pour engager la troupe à suivre la vôtre? — R. Je n'ai rien dit.

D. Vous avez suivi partout le prince, à la caserne, à la Colonne et jusqu'au canot? — R. Oui, mais je n'ai pas abordé le canot; j'ai seulement employé mes efforts pour le mettre à flot, et j'ai été renversé dans l'eau. C'est à ce moment que j'ai été blessé au bras d'un coup de feu.

L'accusé déclare qu'il ne connaissait pas les projets du prince avant le débarquement.

D. Quel motif vous engageait à suivre ainsi un individu dont vous ne connaissiez pas les projets? — R. D'abord le prince Louis n'est pas seulement un simple individu pour moi, mais un prince français; ensuite, je lui étais attaché; et, quand le prince me dit de marcher, de le suivre, je lui répondis : « Je ne vous fausserai pas compagnie, je vous accompagnerai, et je vous suivrai partout. »

D. Depuis combien de temps étiez-vous en relation avec le prince? — R. Depuis deux mois que j'étais à Londres, pour affaires d'intérêt; il m'y est dû des sommes considérables.

D. Vous remplissiez évidemment dès lors les fonctions de major général? — R. J'ai fait ce que le prince m'a commandé.

D. Je ne puis m'empêcher de vous faire remarquer, comme je l'ai fait tout à l'heure pour celui de vos co-accusés que j'ai interrogé avant vous, à quel point il est invraisemblable que Louis Bonaparte ait disposé à votre insu et en quelque sorte malgré vous, de votre nom et de votre personne pour vous associer à ses projets; ce qui peut à peine se concevoir pour des agents subalternes, pour des domestiques, ne se comprend pas du tout quand il s'agit de l'un des hommes dont le concours devait être le plus utile au succès de la conspiration, et qui, à ce titre sans doute, avait été recueilli par le prince dans sa propre maison, où vous viviez dans son intimité, ainsi que vous l'avez déclaré vous-même. — R. Le vrai peut quelquefois n'être pas vraisemblable; mais il n'en est pas moins vrai que le prince nous a tout caché, et s'il a cru pouvoir influencer des gens d'une classe telle que celle des domestiques, il a dû croire qu'il aurait beaucoup plus d'influence sur nous qui avions de l'affection pour lui.

D. Comment l'uniforme que vous avez revêtu à bord se trouvait-il sur le paquebot? l'y aviez-vous fait porter vous-même? — R. Non, monsieur le chancelier, l'uniforme que j'avais a été fait à Londres, d'après l'indication du prince, pour aller au bal d'Almate. C'est un bal où se réunit la plus haute société, et où l'on n'est admis qu'en habit habillé. Par ce moyen, je me suis trouvé avoir un uniforme; je l'avais laissé à Londres, je l'ai trouvé à bord.

D. Quel était cet uniforme? Était-ce celui de votre ancien régiment? — R. Non, c'est un uniforme de fantaisie.

D. Egger, votre domestique, n'a-t-il pas, sur votre ordre, revêtu un uniforme de soldat du 40e de ligne et pris un fusil? — R. J'ai déjà eu l'honneur de répondre que je n'ai pas même vu cet uniforme à bord.

*Interrogatoire de Mésonan.*

Cet accusé déclare qu'il s'est embarqué sans but déterminé de sa part, et qu'il n'a connu les projets du prince Louis qu'à bord du *Château d'Edimbourg*. Il ne nie pas, du reste, avoir participé à l'expédition contre Boulogne.

D. Vous étiez là quand le prince a tiré un coup de pistolet sur un capitaine de la ligne? — R. Je n'ai entendu que la détonation.

D. Ainsi, vous avez accompagné le prince? — R. Je l'ai accompagné partout.

D. Jusqu'au canot aussi? — R. Oui.

D. Quel motif vous engageait à l'accompagner? — R. C'est mon dévouement pour le prince qui m'a déterminé à agir; l'attachement que je lui portais était justifié par les préférences dont il m'honorait.

D. Vos relations avec lui étaient fort intimes? — R. Autant que pouvait le permettre ma position et celle du prince.

D. Vous étiez très-irrité de la mesure, parfaitement légale d'ailleurs, dont vous avez été l'objet. Le prince, de son côté, cherchait à recruter des partisans, surtout dans l'armée et parmi les officiers qu'il supposait mécontents. Ne vous êtes-vous pas offert, en vous mettant en rapport avec les officiers que vous aviez connus comme aide de camp de généraux inspecteurs, et en cherchant à les attirer dans le parti de Louis Bonaparte? — R. A l'exception d'une dénonciation faite contre moi, je défie un officier quelconque de l'armée de dire devant la Chambre que j'ai cherché à l'influencer pour servir la cause du prince. Je fais, à cet égard, appel à tous les officiers de l'armée.

D. Vous ne niez pas cependant avoir fait, dans les premiers mois de cette année, de fréquents voyages dans les départements du Nord, et particulièrement à Lille? — R. Fréquents n'est pas le mot. J'ai fait un voyage à Lille dans le mois de février; j'y suis resté quelques jours pour voir des amis que je n'avais pas vus depuis longtemps. Je suis allé passer une partie du carnaval à Bruxelles, où j'avais des camarades de prison en Angleterre, que je n'avais pas vus depuis la Restauration. J'ai passé dix à douze jours entre Gand et Bruxelles avec ces amis; je suis revenu à Lille, vers le 5 mars; j'y suis resté une dizaine de jours; j'en partis pour aller dans les environs de Dunkerque voir un de mes amis qui avait aussi été prisonnier en Angleterre avec moi. Je suis revenu par la Normandie à Paris, où je suis arrivé au mois d'avril. Le 1er juin, je partis de nouveau de Paris pour me rendre à Bruxelles, où m'appelaient mes amis, qui ne m'avaient vu que huit ou dix jours; ils m'avaient dit : « Choisissez les mois de juin et de juillet pour venir nous voir; nous vous conduirons dans nos campagnes, et vous jouirez de tous les agréments de ce pays, parce que c'est la belle saison. » Je suis passé à Lille, que je n'ai fait que traverser. Je suis revenu dans cette ville le 8 ou le 9 juin; j'y suis resté cinq ou six jours, et je suis retourné en Belgique, et de la Belgique je suis allé en Angleterre, d'où je suis revenu de nouveau en Belgique. Voilà les fréquents voyages qu'on prétend que j'ai faits; tout cela se borne à deux voyages.

D. Dans l'un de ces voyages, n'avez-vous pas montré à un général une lettre de Louis Bonaparte, portant pour suscription : *A. M. le commandant Mésonan*, et commençant à peu près ainsi : « Mon cher commandant, il est important que vous voyiez de suite le général en question; vous savez que c'est un homme d'exécution, et que j'ai noté comme devant être un jour maréchal de France. Vous lui offrirez 100 000 fr. de ma part, et 300 000 fr. que je déposerai chez un banquier, à son choix, à Paris, dans le cas où il viendrait à perdre son commandement? » — R. Je ne me rappelle pas cela. Je l'ai déjà dit : on a prétendu que cette réponse était un aveu de ma part. C'était une manière polie de donner un démenti à quelqu'un qui m'accusait en ma présence. Aujourd'hui, je dis que non. Je n'ai fait aucune proposition; je ne me rappelle pas s'il y avait une pareille proposition dans la lettre. J'ai causé politique, je me suis un peu avancé avec le général; je lui ai montré une lettre que j'avais du prince, pour lui prouver que j'étais de la connaissance du prince.

D. Ainsi, vous reconnaissez que vous avez montré au général une lettre du prince; vous ne niez plus ce fait? — R. Non, monsieur.

D. Vous ne niez pas non plus votre conversation politique assez avancée avec ce général, ce sont vos propres expressions dans le présent interrogatoire et lors de votre confrontation avec le général. Vous êtes entré dans des détails qui ne permettent pas d'admettre que vous ayez voulu répondre à une espèce de dénonciation. Vous avez été dans votre réponse aussi explicite que possible; vous êtes entré volontairement dans les plus grands détails. Vous avez même fini par reconnaître, dans votre interrogatoire, que le général vous avait donné les meilleurs conseils du monde? — R. Voilà ce qui a donné lieu à cela. J'avais dit au général, dans la conversation, que beaucoup de personnes, et même de grands personnages tenant au gouvernement, étaient du parti bonapartiste. Le général me répondit : « Ces personnes ont tort; quand on sert un gouvernement on ne doit pas le tromper. » Voilà en quoi j'ai trouvé qu'il avait de très-bons sentiments.

D. Ce que vous dites dans ce moment est contre vous. En disant qu'il y avait à Paris un grand nombre de personnes, et même de hauts personnages qui étaient bonapartistes, n'était-ce pas engager le général à être de ce parti? — R. Nous avons parlé de tous les partis. A l'occasion des cendres, j'ai dit que cela allait réveiller le parti bonapartiste. C'était comme une nouvelle arrivant de Paris; on y attache plus d'importance que cela n'en mérite.

D. Avouez-vous avoir fait à Lille, et dans d'autres villes, des distributions de brochures rédigées dans l'intérêt de Louis Bonaparte, et spécialement d'un écrit intitulé : *Lettres de Londres?* — R. Jamais. J'avais dans ma poche une brochure qui m'appartenait, et que j'ai communiquée. Je n'ai fait aucune distribution.

D. Depuis combien de temps étiez-vous en Angleterre, à la date du 6 août? — R. Il y avait à peu près trois semaines, que j'ai passées à la campagne, à vingt-trois milles de Londres.

D. Chez qui étiez-vous à la campagne? — R. Dans un château.

D. A qui appartenait-il? — R. Je l'ignore.

D. Comment, vous ne savez pas chez qui vous habitiez? — C'était une maison où nous étions plusieurs officiers; nous étions seuls avec des domestiques.

D. Les personnes qui étaient dans ce château ne se sont-elles pas toutes embarquées avec vous? — R. Non, il y en a qui ne se sont pas embarquées. Nous sommes partis six ou sept personnes.

D. A quel moment avez-vous reçu l'ordre de partir? — R. Quatre ou cinq jours avant notre départ.

D. Cet ordre vous a-t-il été donné directement par le prince? — R. Je ne me le rappelle pas.

L'accusé se défend de nouveau d'avoir distribué des brochures.

*Interrogatoire de Parquin.*

Je suis, dit-il, débarqué à Wimereux avec le prince Napoléon; je n'ai pas demandé quel était son but, j'étais son aide de camp et c'est en cette qualité que je l'ai suivi.

D. De Wimereux, n'avez-vous pas marché en armes sur la ville de Boulogne? — R. J'ai marché avec mon arme, qui est un sabre; je suis descendu le dernier du paquebot; comme je suis un mauvais fantassin, et que j'avais une lieue à faire, et que je suis blessé au pied droit, je suis arrivé le dernier de la colonne, quoiqu'on ait dit que j'étais en tête.

D. Arrivé sur la place d'Alton, où se trouvait un poste de quatre hommes du 42e commandé par un sergent, n'avez-vous pas cherché à l'entraîner? — R. Je viens de dire que j'étais en arrière de la colonne; pressé d'arriver, je ne me suis pas arrêté à ce poste, que d'ailleurs je n'aurais pu entraîner s'il avait déjà résisté. Seulement, j'ai dit au sergent : « Eh bien! vous ne suivez pas? »

D. La part que vous avez prise à l'exécution de l'attentat n'est pas douteuse; elle est avouée par vous. Je vous demande maintenant quels motifs vous ont porté à le commettre? — R. Je suis ami du prince; je suis son aide de camp; j'avais donné ma démission. On ne me payait pas même ma Légion d'honneur; j'étais délié de tous mes devoirs militaires.

D. Vous aviez toujours vos devoirs de citoyen? — J'étais avec un prince français.

D. N'étiez-vous pas du nombre de ceux qui, en 1836, ont accompagné et assisté Louis Bonaparte dans la tentative qu'il fit à cette époque sur la ville de Strasbourg, et n'avez-vous pas été traduit aux assises en raison de ce fait? — R. J'ai été acquitté, je suis censé innocent.

D. Tout acquitté que vous avez été, il me semble que cette circonstance aurait dû vous rendre plus circonspect, et vous empêcher de renouveler une semblable tentative? — Ceci fera partie de ma défense. J'ai perdu un grade pour mes opinions; j'ai donné ma démission.

D. Ce n'était pas pour vos opinions, c'était pour vos actions. — R. Ce n'était pas pour mes actions, puisque j'ai donné volontairement ma démission.

D. L'intimité de vos relations avec Louis Bonaparte et vos antécédents ne permettent pas de supposer que vous fussiez dans l'ignorance de son projet de renouveler la tentative de Strasbourg aussitôt qu'il jugerait l'occasion favorable. Aviez-vous en effet reçu la confidence de ce projet? — R. L'acte d'accusation dit que je suis dans l'intimité du prince depuis l'affaire de Strasbourg; mais il est notoire, et mon passe-port le prouve, que je n'ai revu le prince qu'en 1840. Je ne l'avais pas revu depuis 1837, époque où il a quitté la Suisse. L'acte d'accusation dit aussi que je suivis les conseils du prince. Voici ce qui s'est passé : je suis allé à Londres voir le prince sur son invitation. Il a eu besoin de mon appartement pour une personne qui arrivait; il m'a dit : « Parquin, allez à la campagne. » Je suis allé dans une maison de campagne que le prince avait louée, et j'y étais fort bien. (On rit.) Ce n'est que sur le paquebot, lorsqu'une proclamation a été lue, que j'ai su ce dont il s'agissait. J'ai demandé au prince : « Que ferez-vous de moi? » Il m'a répondu : « Vous commanderez l'avant-garde. »

D. N'avez-vous pas été spécialement chargé par Louis Bonaparte de rechercher les anciens militaires, et de rattacher à son parti, par des ordres de service, ceux qui croiraient avoir à se plaindre du gouvernement actuel? — R. Oui, c'est encore là un crime que m'impute l'acte d'accusation. Je défie qui que ce soit de dire que j'aie parlé à aucun officier. J'ai poussé le scrupule si loin que j'ai été malhonnête. J'ai rencontré d'anciens camarades de grades supérieurs, et je ne les ai pas salués. Je n'ai donc pu causer avec eux des affaires du prince.

D. N'est-ce pas vous qui avez envoyé à Londres, vers la fin

du mois d'avril 1840, le nommé Brigaud, ancien chasseur à cheval, ancien garde municipal, qui a pris part à la tentative de Louis Bonaparte sur Boulogne, et qui a été arrêté à peu près en même temps? — R. J'ai dit que pour avoir un bel homme, il fallait s'adresser à la garde municipale. (Hilarité.)

### *Interrogatoire de Bouffet-Montauban.*

Cet accusé affirme qu'en débarquant en France, il ne pensait pas que ce fût pour renverser le gouvernement. Il a suivi le prince Louis dans toute son expédition, persuadé que le prince Louis ne pouvait faire d'entreprise que pour le bonheur de la France.

D. Vous dites que vous ignoriez le but de votre embarquement ; cependant, lorsque le prince vous demanda si vous vouliez l'accompagner dans une petite excursion qu'il allait faire, vous lui répondîtes : « Mon prince, vous savez que je suis à vous à la vie à la mort. — R. Sans doute, *Son Altesse impériale* était parente du prince Eugène, qui avait été mon bienfaiteur, je lui devais de la reconnaissance ; mais, je le répète, je ne savais pas où nous allions.

### *Interrogatoire de Lombard.*

L'accusé répond ainsi qu'il suit :

Le prince m'avait confié l'aigle impériale et donné l'ordre de ne pas le quitter pendant toute l'expédition ; j'ai rempli cet ordre.

D. Là, n'avez-vous pas joint vos efforts aux siens pour engager la troupe à vous suivre ? — R. Je n'ai fait aucun effort. J'étais chargé de porter l'aigle impériale. Les deux compagnies nous ont reçus avec acclamations, aux cris de : *Vive l'Empereur ! Vive le prince Napoléon !* je me suis présenté avec le drapeau au centre des compagnies ; on a battu au drapeau. Voilà ce qui s'est passé.

D. Etiez-vous près de Louis Bonaparte quand il a tiré un coup de pistolet sur le capitaine Puygellier ? — R. J'étais à deux pas de Son Altesse. Le capitaine Puygellier avait pénétré dans le quartier, sa vie était entre nos mains, nous lui avons fait grâce de la vie. Une fois arrivé au centre de la compagnie, il a ordonné de croiser les baïonnettes. Les soldats n'avaient pas de balles dans leur fusil. Le prince a tiré un coup de pistolet, et par cet acte il a empêché que nous ne les massacrions. C'est grâce au coup de pistolet du prince que le sang n'a pas été répandu. (Rires et rumeurs.)

D. Comment avez-vous pu vous servir de cette expression : *nous lui avons fait grâce de la vie?* Quoi! il vous appartenait de faire grâce de la vie à un officier qui commandait les troupes du roi, et vous vous vantez en quelque sorte de n'avoir pas fait un carnage! — R. Je rétracte cette expression, elle a pu m'échapper. Je dis seulement que le capitaine n'a pas été violenté, et que le coup de pistolet a été, dans mon opinion, tiré pour empêcher une effusion de sang. (Mouvement prolongé.)

M. LE PRÉSIDENT. La Cour appréciera la valeur de cette réponse.

D. En sortant de la caserne, n'avez-vous pas accompagné Louis Bonaparte à la haute ville? Dans le trajet de la caserne à la haute ville, n'avez-vous pas rencontré le sous-préfet? Ce magistrat ne vous a-t-il pas sommé, au nom du roi, de vous disperser et d'abattre votre drapeau? Au lieu d'obéir à cet ordre, n'avez-vous pas repoussé le sous-préfet et ne l'avez-vous pas frappé avec le drapeau dont vous étiez porteur? — R. J'ai vu une personne qui a adressé quelques paroles à notre troupe; j'ai incliné le drapeau vers cette personne, mais je ne l'ai pas maltraitée.

D. On incline le drapeau en signe d'hommage, et je ne pense pas que telle eût été votre intention. — R. Ce n'était pas pour rendre un hommage assurément, mais je n'ai pas pu blesser le sous-préfet par cet acte.

D. A quel moment avez-vous été arrêté? — R. Au sommet de la colonne où j'avais planté le drapeau par ordre du prince Napoléon.

M. LE PRÉSIDENT. La part que vous avez prise à l'exécution de l'attentat n'est pas douteuse. Je vous demande maintenant quels motifs vous ont porté à le commettre? — C'est mon dévouement à la personne du prince et la conviction intime que j'ai que lui seul peut faire le bien de mon pays.

D. N'étiez-vous pas du nombre de ceux qui, en 1836, ont accompagné et assisté Louis Bonaparte dans la tentative qu'il fit à cette époque sur la ville de Strasbourg, et n'avez-vous pas été traduit aux assises à raison de ce fait? — R. C'est vrai; j'ai été acquitté devant la Cour d'assises de Strasbourg.

D. Dans le bonheur que vous avez eu d'échapper à une condamnation, comment n'avez-vous pas trouvé une leçon pour l'avenir? — R. Après l'acquittement de Strasbourg, j'ai perdu mon état; le prince Napoléon m'a accueilli comme un frère, il m'a honoré de son amitié. Ma reconnaissance m'a fait un devoir de l'accompagner.

D. Vous aviez pris le titre d'officier d'ordonnance; mais vous avez seulement exercé dans l'armée les fonctions de médecin. — J'étais officier d'ordonnance du prince.

D. Dans l'ordre du jour, le prince vous donne le titre de colonel? — R. Comment en aurais-je rempli les fonctions, puisque j'étais chargé de porter le drapeau de Son Altesse Impériale?

*Interrogatoire de Fialin dit de Persigny.*

Cet accusé reconnaît avoir suivi Louis Bonaparte dans le but de renverser le gouvernement. Il déclare qu'il a connu par les ordres de détail une partie des projets du prince. Il ajoute que dans la caserne il s'était précipité sur le capitaine Puygellier pour le tuer; et qu'il n'en avait été empêché que par l'accusé Aladenize.

D. Ainsi vous vouliez assassiner un brave officier qui faisait son devoir. — R. Je ne voulais pas l'assassiner, car mon fusil était chargé et j'aurais pu le tuer; mais je voulais l'attaquer en face.

D. Vous étiez au milieu de gens armés, et il était seul. — R. Au reste, je vous apporte ma tête. Je n'ai rien à ajouter à mes déclarations.

D. Vous étiez armé d'un fusil avec sa baïonnette et il était désarmé. C'est une tentative d'assassinat? — R. Je voulais l'attaquer en face.

D. Vous prenez le nom de Persigny; mais ce n'est pas le vôtre? — R. C'est le nom de mon grand-père.

D. Paternel ou maternel? (L'accusé ne répond pas.) Votre grand-père était-il vicomte? — R. Mon arrière-grand-père était comte. (On rit.)

*Interrogatoire de Forestier.*

Forestier est celui qui a envoyé au prince les domestiques qu'on a vus lors du débarquement porter l'uniforme. Il n'était pas à bord du paquebot qui a amené Louis Bonaparte à Boulogne. Il était arrivé de la veille dans cette ville. Il venait d'Angleterre, et était descendu à l'hôtel des Bains où il avait rencontré Bataille. Le 6 août, il s'est levé de grand matin, et il a été se promener du côté de Wimereux avec Bataille. A un quart de lieue de la côte, ajoute l'accusé, nous avons rencontré des douaniers qui nous ont dit que des militaires du 40e de ligne venaient d'y débarquer; qu'une des roues du paquebot à bord duquel ils étaient s'étant brisée, ils n'avaient pu continuer leur route par mer. Nous nous sommes ainsi dirigés vers le lieu où ils nous avaient dit qu'étaient ces militaires. Quand j'y fus, je vis parmi les débarqués plusieurs individus que, sur la demande qui m'en avait été faite, j'avais envoyés en Angleterre pour y servir comme domestiques chez diverses personnes.

Le prince lui-même ne tarda pas à venir à terre. Je ne doutai plus alors que les personnes habillées en militaires n'étaient pas des soldats du 40e de ligne, et je compris ce dont il s'agissait. Le débarquement terminé, on marcha sur Boulogne. Je suivis le prince, et, un peu avant d'arriver à la colonne, je consentis, sur la proposition qui m'en fut faite, à me vêtir d'un uniforme de sous-lieutenant. Un motif d'honneur m'a déterminé à agir ainsi : je voyais que ceux que j'avais fait passer en Angleterre allaient être compromis, j'ai voulu m'exposer aux dangers qu'ils allaient courir.

J'ai accompagné le prince à la caserne. La troupe a d'abord sympathisé avec nous; mais un capitaine est survenu, et il a complétement changé ses dispositions premières. Quelque tumulte a eu lieu. Un coup de feu a été tiré, et bientôt nous avons été dispersés.

L'accusé nie avoir embauché quelqu'un pour servir les projets de Louis Bonaparte.

L'audience est levée à cinq heures et demie.

**Deuxième audience. — 29 septembre.**

L'appel nominal, fait à l'ouverture de l'audience, constate l'absence de MM. les pairs Lanjuinais, Dode et Aubert.

L'ACCUSÉ LOMBARD. Je demande la parole.

M. LE PRÉSIDENT. Vous aurez la parole après les interrogatoires.

*Interrogatoire de Bataille.*

D. Accusé Bataille, levez-vous. Vous avez fait il y a quelques mois un voyage en Angleterre?

BATAILLE. Je demande la parole pour présenter quelques observations préliminaires.

M. LE PRÉSIDENT. Bornez-vous à répondre à nos questions.

D. Vous avez pris part à l'attentat dirigé par le prince Louis-Napoléon Bonaparte ? — R. Je ne nie point ma participation.

D. C'est en Angleterre que vous avez connu le prince? — R. Oui.

D. Vous êtes venu à Boulogne dans les premiers jours du mois d'août? — R. Oui. J'ai dit que j'y étais venu par l'ordre du prince, c'est par son autorisation que j'aurais dû dire.

D. Une autre personne envoyée par Louis Bonaparte n'est-elle pas venue vous trouver le 5 août?— R. C'est vrai.

D. Ne vous a-t-elle pas apporté une lettre du prince? — R. C'est exact.

D. Quelle était cette personne? — R. M. Forestier.

D. L'ordre qui vous a été transmis n'était-il pas relatif au lieutenant Aladenize qui se trouvait alors en garnison à Saint-Omer? — R. A moi, à M. Forestier et à M. Aladenize.

D. L'ordre que vous avez reçu le 5 août ne vous informaitil pas du jour, de l'heure et du lieu où devait s'opérer le débarquement? — R. Oui, monsieur.

D. Vous vous êtes joint à Louis Bonaparte après son débarquement à Wimereux? — R. Oui, monsieur.

D. N'avez-vous pas revêtu à ce moment un uniforme militaire? — R. Oui, monsieur.

D. Votre nom se trouve porté sur l'ordre du jour avec cette désignation: lieutenant à l'état-major; aviez-vous, en effet, accepté ce grade? — R. Je l'ai ignoré complétement.

D. La part que vous avez prise à l'attentat n'est pas douteuse. Je vous demande quel motif vous a porté à le commettre? — R. J'ai eu occasion de voir le prince Napoléon plusieurs fois à Londres. Les motifs qui m'ont attaché à sa personne sont d'abord le grand nom qu'il portait, et ensuite le respect et le dévouement qu'il a su m'inspirer par son caractère. Mais je dois déclarer que si je n'avais eu que des motifs d'attachement à sa personne pour me joindre à lui, je ne l'aurais pas fait; je ne détachais pas sa cause de la cause nationale.

D. N'est-ce pas vous qui avez mis Aladenize en rapport avec Louis Bonaparte? — R. Non, monsieur le chancelier; j'ignorais l'existence du lieutenant Aladenize avant de lui avoir envoyé l'ordre que j'étais chargé de lui faire parvenir.

D. N'avez-vous pas été attaché pendant quelques mois à la rédaction du journal *le Capitole?* — R. Oui, monsieur; mais j'y rédigeais une question spéciale, la question d'Orient; et si je rédigeais cette question dans *le Capitole*, c'est qu'alors ce journal était partisan de l'alliance russe. Ce qui était conforme à mon opinion.

## *Interrogatoire de l'accusé Aladenize.*

M. LE PRÉSIDENT. Le 6 août, vers quatre heures du matin, ne vous êtes-vous pas trouvé avec Forestier et Bataille sur la côte de Wimereux au moment où Louis Bonaparte a débarqué avec les hommes qui l'accompagnaient?

L'ACCUSÉ. Oui, monsieur.

D. De Wimereux, n'avez-vous pas marché en armes et en

uniforme sur la ville de Boulogne avec Louis Bonaparte — R. C'est vrai.

D. Dans le trajet de Wimereux à la caserne, n'avez-vous pas trouvé sur votre passage un poste de quatre hommes commandés par un sergent, et n'avez-vous pas tenté, par des prières et ensuite par des menaces, d'emmener avec vous ce sergent et les hommes qu'il commandait? — R. Il est vrai que j'ai tenté d'enlever ce poste. Quant à des menaces, je ne crois pas en avoir fait; j'ai seulement dit au sergent qu'il eût à nous suivre. Sur la réponse du sergent, qu'il était là par l'ordre de la place, qu'il ne devait pas me suivre, mon intention était de faire relever ce poste. Mais la colonne était déjà loin; j'ai cru devoir me retirer et ne pas insister davantage.

D. N'avez-vous pas précédé de quelques instants Louis Bonaparte à la caserne? — R. J'ai précédé le prince à la caserne. Arrivé là, j'ordonnai au poste formant la garde de police de prendre les armes. Ensuite je trouvai dans la cour quelques grenadiers, quelques sous-officiers. Je leur dis d'appeler les hommes qui étaient dans les chambres, de les faire descendre en armes. Le tambour reçut l'ordre de battre le rappel. Les hommes répondirent. Lorsque le prince arriva, les deux compagnies n'étaient pas réunies; elles ne tardèrent pas à descendre.

D. N'avez-vous pas pris le commandement des deux compagnies et fait présenter les armes au drapeau des insurgés? — R. Oui, c'est exact.

D. N'avez-vous pas ensuite accompagné Louis Bonaparte à la haute ville et à la colonne? — R. C'est encore vrai.

D. Vous ne niez pas avoir pris une part très-active, une part principale à l'exécution de l'attentat. Quel motif a pu vous porter, vous, militaire, en activité de service, qui deviez au gouvernement actuel votre grade d'officier et l'autorité qu'il vous donnait, à tourner contre ce même gouvernement l'épée qu'il vous avait confiée pour la défense de l'ordre et des lois? — R. Je désire n'avoir à m'expliquer que sur les faits qui me sont imputés par l'acte d'accusation; ma défense fera le reste.

D. Depuis combien de temps étiez-vous en relation avec Louis Bonaparte? — R. Si relations il y avait, car si j'ai déclaré avoir été en relations avec le prince, j'ai outrepassé ma pensée; je n'ai jamais été en relations directes ni indirectes avec le prince. Seulement j'ai quelquefois vu de ses amis.

C. Qui est-ce qui vous avait mis en rapport avec lui dans les derniers temps? — R. Je ne dois pas l'avouer ici.

D. N'est-ce pas dans la soirée du 5 août que vous avez été informé à Saint-Omer que Louis Bonaparte devait débarquer près de Boulogne le lendemain? — R. Oui, monsieur.

D. Qui vous a apporté cet avis? — R. Un postillon.

D. Qu'avez-vous fait au sujet de la lettre dont il s'agit? — R. Je l'ai détruite.

D. A quelle heure êtes-vous arrivé à Boulogne? — R. Entre une heure et demie et deux heures du matin.

D. A quel hôtel êtes-vous descendu? — R. A l'hôtel des Bains.

D. N'avez-vous pas trouvé à l'hôtel des Bains, Forestier et Bataille qui vous attendaient, et n'est-ce pas de cet hôtel que vous êtes parti avec eux pour aller à Wimereux? — Je n'ai vu que Bataille, ensuite un jeune homme, que j'ai su depuis être Forestier. Nous sommes en effet partis de l'hôtel pour aller au-devant du prince.

D. Vous avez dit dans vos interrogatoires que vous aviez été assez heureux pour empêcher qu'on usât de violence envers plusieurs officiers. Expliquez-vous à cet égard. Les charges qui pèsent sur vous sont trop graves pour que je veuille vous priver du seul moyen qui puisse porter sur vous encore quelque intérêt? — R. Ma position est difficile, messieurs. Placé entre mes amis politiques, mes camarades, les officiers de mon régiment, je ne voudrais rien dire, à propos des circonstances que vous croyez pouvoir atténuer ma position, qui pût aggraver celle de mes amis politiques. Les dépositions seront en ma faveur; je crois n'avoir plus rien à répondre.

## *Interrogatoire de Laborde.*

M. LE PRÉSIDENT. N'avez-vous pas débarqué à Wimereux, dans la matinée du 6 août, avec Louis Bonaparte, dans le but de détruire à main armée le gouvernement établi en France par la charte de 1830? — R. J'ai débarqué avec le prince, parce que, ancien officier de l'île d'Elbe, j'ai dû suivre le général Montholon, qui, pour moi, était mon chef de file. Je croyais qu'il allait à Ostende. J'ai débarqué avec le prince, mais non pour renverser les institutions du gouvernement (je ne savais rien de ses projets; le hasard seul m'avait porté sur le bateau à vapeur), mais pour protéger le prince et empêcher toute collision. Au surplus, je n'ai jamais porté les armes contre la France (rumeurs) et je suis encore prêt à répandre mon sang pour la défense du pays.

Interrogé sur le motif de son voyage à Londres, l'accusé déclare qu'il s'est rendu dans cette ville pour y chercher un membre de sa famille qu'il avait perdu de vue depuis quatorze ans. Là il a eu occasion de voir le prince qui l'a reçu avec son affabilité et sa bienveillance ordinaires.

D. Comment se fait-il que lorsque vous avez su qu'on allait débarquer en France, au lieu d'aller à Ostende, vous ne vous soyez pas retiré? — R. Tout le monde se préparait à ce débarquement; c'eût été une lâcheté que de ne pas partager la fortune du prince.

## *Interrogatoire de Desjardins.*

DESJARDINS dit que c'est pénétré des mêmes sentiments que son camarade de Laborde qu'il a débarqué avec le prince. Il a accompagné ce dernier dans la haute ville et jusqu'au pied de la colonne. Là il s'est détaché pour aller sur la plage pour y chercher des canots et faciliter la retraite du chef de l'expédition. Des gendarmes parurent et le poursuivirent. Il rencontra un cavalier qui lui prêta son cheval, et il prit la fuite, dans l'intention cependant de revenir plus tard auprès de ses camarades. Il courut ainsi à peu près une heure ; forcé par la nécessité, il se rendit et on l'arrêta.

D. Depuis quel temps connaissiez-vous le prince? — R. Depuis quinze jours.

D. Qui vous a porté à le suivre? — R. J'étais dans le besoin. J'avais peine à vivre avec ma faible retraite. Je m'adressai en France à un vieux camarade qui m'envoya au prince. Il me reçut avec bonté, me secourut; j'ai dû reconnaître ses bienfaits. C'est ainsi que je me suis trouvé à bord du *Château-d'Edimbourg*; mais j'ignorais que nous allions en France.

L'accusé ajoute qu'il ignorait également le contenu de l'ordre du jour, et le grade de colonel que lui avait conféré Louis Bonaparte.

*Interrogatoire de Conneau.*

D. N'avez-vous pas marché en armes de Wimereux à Boulogne? — R. Oui.

D. N'avez-vous pas joint vos efforts à ceux de Louis Bonaparte pour engager les soldats à vous suivre? — R. Je n'ai rien fait.

D. N'avez-vous pas suivi le prince à la haute ville et à la colonne? — R. J'ai suivi le prince partout.

D. Quels ont été les motifs qui vous ont porté à prendre part à l'attentat? — R. C'est la reconnaissance que j'avais pour la reine Hortense qui m'a comblé de bienfaits.

D. Vous connaissiez les proclamations? — R. Le prince m'a confié l'honneur de les imprimer.

D. Comment avez-vous fait pour les imprimer? — R. J'ai acheté une presse.

D. Vous n'avez pas servi, et cependant vous portiez un uniforme français? — R. Le prince m'avait donné des ordres et j'étais fier de les exécuter.

*Interrogatoire d'Ornano.*

D. N'avez-vous pas accompagné le prince à la haute ville et à la colonne? — R. Je l'ai accompagné partout.

D. Votre participation à l'attentat est bien établie. Quels ont été vos motifs?—R. Mon attachement à la personne du prince et mes opinions politiques.

D. Depuis quel temps étiez-vous en relations avec le prince? — R. Depuis six semaines.

D. Il y a une question importante dans votre situation militaire. Vous aviez quitté votre régiment? — R. J'avais quitté le régiment et j'étais considéré comme démissionnaire.

D. Vous deviez être mis en jugement après un certain délai; vous étiez encore officier au service? — R. Je m'étais absenté pour donner ma démission.

*Interrogatoire de Galvani.*

D. N'êtes-vous pas allé en armes à la caserne et n'avez-vous pas joint vos efforts à ceux du prince pour séduire les troupes? — R. J'ai accompagné le prince, il est vrai, mais je n'ai joué que le rôle de témoin.

D. Aviez-vous connaissance des projets du prince? — R. Nullement.

D. Qui vous avait mis en rapport avec le prince? — R. Personne.

D. Qu'alliez-vous faire en Angleterre? — R. J'y étais allé pour mon agrément.

D. N'avez-vous pas été blessé dans la barque alors que vous essayiez de fuir? — R. C'est vrai.

L'accusé répond aux questions de M. le chancelier que les fonctions dont il a été revêtu dans l'ordre du jour lui ont été données à son insu.

*Interrogatoire de d'Almbert.*

D. N'avez-vous pas accompagné le prince à la haute ville et à la colonne? — R. Oui.

D. Quels motifs avez-vous eus pour prendre part à l'attentat? — R. J'étais attaché au prince en qualité de secrétaire.

D. Depuis quel temps? — R. Quatre à cinq mois.

D. Vous étiez le secrétaire, dans la grande intimité du prince, vous deviez être nécessairement le confident de ses projets? — R. Je n'ai connu ses projets que pendant la traversée.

D. Vous portez dans l'ordre du jour la qualité de lieutenant. — R. Je l'ai ignoré complétement.

D. N'avez-vous pas revêtu un uniforme à bord du bateau? Vous qui n'étiez pas militaire, vous ne pouviez ignorer la criminalité d'une pareille action.

L'accusé garde le silence.

*Interrogatoire d'Orsi.*

Orsi, qui s'exprime avec un accent italien prononcé, dit qu'il a reçu à Londres l'ordre de s'embarquer. Il a suivi le prince à la caserne, à la haute ville et à la colonne.

D. Quels ont été les motifs de votre participation à l'attentat? — R. C'est en 1827 que j'eus l'honneur de connaître personnellement le prince Louis-Napoléon. Le courage dont il a fait preuve dans les rangs des patriotes italiens avec son frère mort pour la liberté italienne, m'inspira une vive reconnaissance et me fit un devoir de le suivre. Quand le prince me dit: « J'ai besoin de vous, » je marchai.

D. N'étiez-vous pas revêtu, au moment de votre arrestation, de l'uniforme de la garde nationale de Paris? — R. Je ne le conteste pas.

D. Vous étiez désigné dans l'ordre du jour comme lieutenant de volontaires à cheval? — R. Je l'ignorais.

*Interrogatoire de Bure.*

Bure avoue qu'il a suivi le prince. Mais il n'a pas engagé les troupes à quitter la caserne. — D. Quel a été le motif de votre participation à l'attentat? — R. Mon dévouement à la personne du prince. Je suis son frère de lait.

D. Quel emploi aviez-vous à Londres auprès de Louis Bonaparte? — R. Le prince m'avait fait entrer dans une maison anglaise en qualité d'intendant.

D. N'est-ce pas vous qui avez fait embarquer les hommes, les chevaux et les équipages à bord du bateau? — R. Oui.

D. N'est-ce pas vous qui avez distribué de l'argent? — R. Oui.

D. Quel était le montant de cette somme? — R. Cent francs par personne.

L'interrogatoire des accusés est terminé.

Me BARILLON. Les accusés Lombard et Persigny désireraient soumettre une courte observation à la Cour.

M. LE PRÉSIDENT. L'accusé Lombard a la parole.

LOMBARD. Hier, en sortant de cette enceinte, mes amis m'ont fait remarquer qu'une de mes réponses avait été mal exprimée : l'émotion produite sur moi par l'aspect imposant de cette assemblée, et le peu d'habitude que j'ai de parler en public, m'ont empêché de bien formuler ma pensée; je vais chercher à me rendre intelligible.

Messieurs les pairs, en parlant du coup de pistolet, voici ce que j'ai voulu dire :

Au moment où M. le capitaine Puygellier parvint à la tête de sa troupe, il donna l'ordre de croiser la baïonnette : les soldats obéirent au commandement de leur chef. A cet instant un coup de pistolet se fit entendre. Cette explosion produisit un temps d'arrêt, et c'est ce temps d'arrêt qui nous permit de sortir du quartier sans conflit. En effet, si les deux compagnies du 42^e^ eussent marché sur nous à la baïonnette, une collision grave aurait pu avoir lieu entre les deux troupes; et c'est en ce sens que, dans mon opinion, ce coup de pistolet a pu empêcher une collision déplorable, que nous eussions tous regrettée et qui n'était nullement dans nos intentions. Voilà, messieurs les pairs, quelle est la pensée que hier j'ai voulu exprimer. Je répète, au surplus, que c'est là une opinion personnelle qui n'engage personne, et que je pourrais rétracter, car elle est étrangère à ma défense.

PERSIGNY. Messieurs les pairs, le 11 août, je fis à Boulogne une déclaration relative à ma conduite dans la caserne, vis-à-vis du capitaine Puygellier et du lieutenant de Maussion. Cette déclaration je la fis librement, volontairement, après six jours de réflexion, quoique aucune déposition n'eût été faite contre moi, n'ayant été reconnu par aucun témoin. L'accusation a attribué à un sentiment de vanité cette déclaration. Je vous laisse à vous, messieurs les pairs, le soin de la caractériser. Quoi qu'il en soit, j'y ai persisté, déterminé à en subir toutes les conséquences. Mais hier, en en rendant compte à la Cour, l'émotion que j'éprouvai en parlant devant une aussi imposante assemblée exagéra mes expressions au point de donner à mes réponses un caractère odieux, qui n'était ni dans ma pensée, ni dans mon cœur, ni le caractère de l'entreprise du prince. Je prie donc la Cour de vouloir bien me permettre de rétracter ce que j'ai dit à ce sujet, désirant en référer à ma déclaration du 11 août, quoique cette déclaration elle-même se borne au récit froid et décoloré des faits, sans faire mention des circonstances et des mobiles qui m'entraînèrent dans ce moment de désespoir. Du reste, messieurs les pairs, si vous saviez à quelles infâmes calomnies je suis en butte, vous comprendriez l'irritation de mes paroles.

L'audience est suspendue à une heure trois quarts.

A la reprise de l'audience, la Cour procède à l'audition des témoins.

## DÉPOSITION DES TÉMOINS.

Guilbert (Jacques), âgé de quarante-trois ans, brigadier ambulant des douanes, demeurant à Wimile.

Le 6 août dernier, vers quatre heures du matin, étant de service dans les parages de Wimereux, j'ai aperçu un détachement de militaires. Je suis allé à eux ; je leur ai demandé s'ils étaient militaires, d'où ils venaient et où ils allaient. Ils m'ont répondu qu'ils étaient du 40e de ligne, qu'ils venaient de Dunkerque et qu'ils allaient à Cherbourg, et qu'une roue du paquebot s'étant cassée, ils avaient été obligés de débarquer. Au même instant, un officier supérieur m'a demandé de les conduire à Boulogne. J'ai répondu que j'étais de service et que je ne pouvais pas quitter mon poste. Ils m'ont forcé, par menaces, à les accompagner. Mon lieutenant étant survenu, ils l'ont aussi contraint à les suivre. Nous nous sommes dirigés vers Boulogne. En passant près de la colonne, ils ont crié : *Vive la colonne! Vive Napoléon!*

Arrivés aux Quatre-Moulins, le colonel Montauban m'a dit : « Savez-vous qui vous escortez? C'est le prince Napoléon. » Sur l'observation que je lui fis qu'ils m'exposaient à être révoqué, il me répondit : « On ne révoque pas des gens qui sont entraînés par force. Soyez sans inquiétude : la famille du prince est riche, elle ne vous abandonnera pas. » Quelques minutes après le prince s'est retourné vers nous, et nous a permis de nous en retourner, sous condition de ne rien dire. Le général Montholon est venu à nous et nous a offert de l'argent : nous l'avons refusé.

LE GÉNÉRAL MONTHOLON. L'assertion du témoin est inexacte. Je n'ai offert d'argent à personne.

LE PRÉSIDENT au témoin. Reconnaîtriez-vous quelqu'un parmi les accusés pour les personnes dont vous parlez?

LE TÉMOIN. Je reconnais MM. Mésonan et de Montauban.

MONTAUBAN. Le témoin est dans l'erreur. Je ne lui parlai qu'aux Quatre-Moulins, alors je fus chargé par Son Altesse de renvoyer les douaniers.

Le témoin persiste.

BAILLY, lieutenant de douanes à Wimereux. Le 16 août j'appris, vers trois heures du matin, qu'un navire avait échoué devant le port de Wimereux, et que des soldats du 40e de ligne venaient de débarquer. Je me présentai à eux; ils me proposèrent de les guider jusqu'à Boulogne : je refusai, parce que j'étais fatigué. M. Mésonan s'écria alors : Il n'y a pas de fatigue qui tienne, il faut marcher. Un autre, c'est le colonel Parquin, m'a menacé de son sabre en disant : Marchons. J'ai été obligé de les suivre. Nous nous sommes dirigés sur Boulogne. En passant près de la colonne, on a crié : *Vive la colonne!* Quand on m'a renvoyé, on m'a recommandé de ne pas regarder derrière moi.

Le témoin déclare, comme le précédent, que l'accusé Montholon lui a offert de l'argent. Il reconnaît le prince et MM. Montholon, Montauban, Parquin et Mésonan.

M. DE MONTHOLON. Le prince a offert au témoin une pension de 1200 fr. comptant, indemnité de la perte qu'il pourrait faire de son emploi, mais ce n'est pas moi qui lui ai fait cette offre,

M. DE PONTÉCOULANT, membre de la Cour. Monsieur le président, nous n'entendons pas la moindre chose. Il serait, je crois, nécessaire pour la prochaine séance de prendre quelque mesure d'acoustique dans la disposition de la salle, car voilà le moment où nous devons peser dans nos consciences les dires des témoins et les réponses des accusés; et, je le déclare, il est impossible à la plus grande partie des membres de la Cour de bien les entendre. On nous traduit bien ces déclarations, mais cela ne suffit pas pour exercer notre mission de jurés. Il faut voir, entendre les témoins et les accusés. Je remets cette observation à M. le chancelier.

M. LE PRÉSIDENT. M. de la Chauvinière répétera dorénavant toutes les dépositions des témoins.

L'ACCUSÉ PARQUIN. Le témoin n'a pu me reconnaître, puisque j'étais en queue de la colonne et lui en tête.

MONTAUBAN déclare qu'il n'a pas forcé le témoin à marcher.

M. FRANCK-CARRÉ, procureur général. Témoin, n'avez-vous pas remarqué qu'un des accusés portait une bourse à la main?

LE TÉMOIN. Oui, monsieur.

L'ACCUSÉ ORNANO. Ce fait est faux, car c'est moi qui avais à la main le sac dont parle le témoin.

BATAILLE. Pendant tout le trajet j'ai donné le bras au général Montholon, qui marchait difficilement; il avait une canne à la main et non une bourse.

MONTAUBAN. J'affirme également que ce n'était pas le gégéral Montholon qui avait le sac d'argent.

MÉSONAN. J'ai eu le sac entre les mains, et je l'ai donné à Ornano.

On reprend l'audition des témoins.

COISY, voltigeur au 42e de ligne, était de faction devant le poste de la place d'Alton. Le lieutenant Aladenize est, dit-il, arrivé; il était en grande tenue. Le prince venait de l'autre côté de la rue. Le lieutenant a crié : *Aux armes!* Plusieurs de ceux qui faisaient partie de l'escorte du prince se détachèrent en nous priant de le suivre. Le lieutenant nous assura qu'il était envoyé par notre colonel, et que le gouvernement était changé. Le sergent commandant le poste répondit qu'il ne remettrait le poste que sur les ordres du commandant de place. Le lieutenant s'est alors adressé à moi et à trois hommes du poste, mais nous lui avons répondu que nous ne connaissions que notre chef. Puis, la colonne s'est dirigée vers le quartier. Quelques minutes après, j'ai entendu du tumulte et des cris de *vive l'Empereur!*

Ils revinrent sur la place. Le prince avait mis son chapeau au bout de son épée et criait : *Vive l'Empereur!* La populace était avec eux. Aladenize nous a de nouveau engagés à les suivre; nous avons refusé.

ALADENIZE. Je ne veux point retirer aux hommes du poste l'honneur d'avoir fait leur devoir; cependant ils me prêtent des propos que je n'ai pas tenus. Il n'est pas vrai que j'aie dit que le gouvernement était changé. Ce moyen eût été imprudent; il aurait pu donner l'éveil. Il fallait se présenter sous l'apparence d'une forme légale. Je n'avais pas de hausse-col, qui est le signe du service, et c'est peut-être ce qui a décidé le sergent à me résister. Le témoin ajoute qu'au retour de la caserne je me suis détaché pour chercher à enlever les hommes du poste; il se trompe; car, si je n'ai pu les gagner auparavant, il n'est pas probable qu'après la conduite que j'ai tenue à la caserne, j'eusse fait cette nouvelle tentative.

PARQUIN. Je n'étais pas plus avec Aladenize qu'avec Mésonan.

MORANGE, sergent de grenadiers au 42e, qui commandait le poste de la place d'Alton, confirme la déposition du précédent témoin. L'officier, qui, dit-il, venait de déboucher par la rue de l'Ecu, se présenta à moi; je le reconnus pour le lieutenant Aladenize. Cet officier, qui était en uniforme, ne portait pas de hausse-col, marque distinctive de service. Je fus surpris qu'il vînt nous faire prendre les armes. « Suivez-nous, me dit-il, venez avec nous, voilà le prince. » Malgré mon refus, il me réitéra plusieurs fois sa demande.

SERRET, voltigeur au 42e, rend compte des mêmes faits. Il ajoute qu'Aladenize lui a dit tout bas que s'il voulait le suivre, il en serait bien récompensé et n'en aurait pas de regret.

ALADENIZE. Il eût été sans intérêt d'entraîner un homme individuellement.

FEBVRE, voltigeur au 42e. J'étais de faction devant la porte de la caserne lorsque j'ai vu arriver un officier du 42e qui tenait le sabre à la main et criait : *Voilà le prince ! aux armes !* J'ai prévenu le poste. Le prince et sa suite sont entrés dans la caserne. Je n'ai pas su ce qui s'est passé. Notre sous-lieutenant Maussion étant survenu, le lieutenant Aladenize l'a embrassé en l'engageant à se joindre à lui et à crier *vive l'Empereur!* Jamais, a-t-il répondu, *vive le roi toujours!* En cet instant, un grenadier de la troupe lui a porté un coup de baïonnette qu'il a paré avec son sabre. J'ai vu à la porte de la caserne un officier tenant un chapeau rempli de pièces de cinq francs. Il en jetait en disant aux bourgeois de crier *vive l'Empereur !* et les bourgeois ont crié *vive l'Empereur !* (On rit.)

PERSIGNY. Nous protestons tous contre cette assertion qu'il y aurait eu de l'argent jeté au peuple pour faire crier *vive l'Empereur !*

MONTAUBAN. J'ai offert cinquante francs de mon argent à un homme du peuple pour aller me chercher une barque : eh bien ! il me les a refusés.

Le témoin ajoute qu'Aladenize a paré un coup de baïonnette destiné au sous-lieutenant Maussion.

GENDRE, voltigeur au 42e, fait une déposition identique.

ALADENIZE. Je n'ai pas tenu les propos que me prêtent

ces deux témoins. Je déclare m'en rapporter, au reste, à la déclaration de M. de Maussion, parce que tous ces gens-là me font dire des choses par trop stupides.

RISUK, sergent au 42e, dépose :

Le 6 août, vers cinq heures et demie du matin, j'étais dans ma chambre en train de m'habiller; j'entends crier : *Aux armes!* je regarde par la croisée qui donne dans l'intérieur de la cour de la caserne; je vois un officier du 42e, dont je ne distinguais pas d'abord la figure, et que j'ai reconnu ensuite pour le lieutenant Aladenize. Je me suis hâté de m'habiller et de descendre avec mon fourniment, croyant que c'était un accident qui était arrivé en ville. Je vis la moitié dela compagnie qui était déjà formée dans la cour. Je voulus m'approcher de ma compagnie; il y avait une troupe armée qui portait l'uniforme du 40e de ligne, ayant à sa tête plusieurs officiers supérieurs. Un de ces officiers, que j'ai su être le prince, me donna la main en me disant : « Bonjour, brave ! je te nomme officier. » Je répondis : « Je suis content de ma position; je veux rester avec mes chefs. » Je me suis approché de ma compagnie; le lieutenant Aladenize, qui avait pris le commandement des deux compagnies, fit porter les armes et battre au drapeau. Le prince s'est avancé et a fait un assez long discours. J'étais trop éloigné pour l'entendre; seulement j'ai entendu à la fin que le prince disait : « Nous allons monter à la ville haute, et de là nous marcherons sur Paris. » J'ai remarqué que le drapeau était surmonté d'un aigle. Je me suis douté de suite, en voyant l'aigle, que c'était quelque chose contre le gouvernement.

Le lieutenant Aladenize demanda le sergent-major Clément; il le chercha partout; on le fit venir. Le lieutenant le présenta au prince avec moi et le sergent Chapolard, et dit : « Voilà un sergent-major qui mérite de l'avancement. » Le prince le regarda et lui dit : « Je vous nomme capitaine, et je vous donne la croix que j'ai portée moi-même. » Il voulut défaire sa croix: mais il ne pouvait y parvenir, et un officier lui dit : « Vous allez déchirer votre uniforme. » Le prince dit : « Vous n'êtes pas moins chevalier de la Légion d'honneur, » et nomma aussi officiers les autres sous-officiers. Nous avons tous refusé, et nous sommes retournés à la compagnie.

Le sous-lieutenant de Maussion est arrivé; le lieutenant Aladenize alla au-devant de lui. Ils sont restés assez longtemps ensemble ; je n'ai pu entendre ce qu'ils disaient, mais j'ai vu à leurs gestes qu'ils n'étaient pas du même avis.

Dans cet instant, le capitaine Puygellier arrivait ; le prince s'est porté sous la voûte de la caserne avec d'autres officiers pour entourer le capitaine. Lorsque j'ai vu cela, je me suis détaché avec quatre grenadiers pour porter du secours au capitaine ; je l'ai saisi par le bras ; nous avons réussi à le ramener à nous jusqu'à l'entrée de la voûte de la caserne. Là, le prince a dit au capitaine : « Je suis le prince Louis ; je viens ici.... » Le capitaine ne l'a pas laissé achever ; il lui a dit : « Je ne vous connais pas ; vous venez ici comme un traître ; je vous engage à vous retirer. » Là-dessus, le lieutenant Aladenize a dit au capitaine : « *Vous allez faire une boucherie.* » Le capitaine a répondu : « *Tant pis ! nous en ferons une s'il le faut.* » De là nous les avons repoussés jusqu'à la porte de la caserne. En ce moment, . Laroche, capitaine des voltigeurs, et M. Ragon, sous-ieutenant des grenadiers au 42e de ligne, sont venus à la aserne. Le prince et sa troupe revenant sous la voûte jus-'à l'entrée de la cour de la caserne, le capitaine ayant le abre nu, cria : « Grenadiers, à moi ! *Vive le roi !* » Aussitôt e prince Louis a tiré un coup de pistolet sur le capitaine ; il 'a manqué, et la balle a atteint un grenadier à son rang. uand le coup de pistolet a été tiré, j'ai entendu une voix ssez forte qui a dit : « Plus de feu ! » Nous les avons re-oussés et nous avons fermé la porte de la caserne. Le capi-aine a fait battre la générale, a distribué des cartouches et envoyé des détachements à leur poursuite.

CHAPOLARD (Antoine), âgé de quarante-deux ans, sergent de enadiers au 42e de ligne, en garnison à Boulogne-sur-Mer.— e 6 du mois d'août, vers cinq heures et demie du matin, 'étais à m'habiller dans une chambre lorsque j'entendis rier aux armes. Je me hâtai de descendre, et je vis dans la our de la caserne les deux compagnies réunies en armes. l y avait près d'elles plusieurs officiers supérieurs et des sous-fficiers portant l'uniforme du 40e. Le premier que je vis, 'est le lieutenant Aladenize. Cet officier, me voyant, me rend par la main et me présente au prince en disant : « Prince, voilà un ancien militaire à qui il faut une paire 'épaulettes ! » Il me fait passer devant le front de la com-agnie, et là le prince me dit : « Je vous fais capitaine de renadiers ! » Je refusai formellement, croyant que cela n'é-ait pas dans mon devoir. Je dis aux grenadiers : « On cherche à vous induire en erreur; je prends le commandement de la compagnie, ne faites que ce que je vous commanderai ! » Les grenadiers me le jurèrent. Le prince revint une seconde fois. Je me retournai au moment où le capitaine Col-Puygellier criait : « A moi, grenadiers ! » J'allais avec la compagnie à son secours, lorsque j'entendis la détonation d'un coup de pistolet ; je ne puis dire par qui il a été tiré ni pour qui il était destiné.

L'ACCUSÉ ALADENIZE. Il y aurait beaucoup de choses à dire sur la déposition; mais je me contente de la démentir depuis le commencement jusqu'à la fin, ne voulant pas d'accusé devenir accusateur. Je déclare que la déposition est en grande partie fausse.

PLUSIEURS MEMBRES DE LA COUR. Dans quelles parties?

ALADENIZE. Le sergent n'a pas tenu le propos qu'il dit avoir tenu, en disant aux grenadiers d'obéir à son commandement. Il ne se le serait pas permis devant moi. Qu'il me démente.

LE TÉMOIN. Ce que j'ai dit est réel, je le jure sur l'honneur.

ALADENIZE. C'est vous qui avez réuni les grenadiers sur mon ordre. Vous disiez : « Grenadiers, aux armes ! » Vous saviez bien pourquoi.

Si vous étiez venu faire une déposition sincère, je me serais fait un devoir d'écouter de ma place et en silence. Je ne récuse rien des faits qui m'appartiennent ; mais quand j'entends un sous-officier, après avoir levé la main, ne dire que des faussetés.... (Rumeurs.) Du reste, vos antécédents sont connus et ceux qui me connaissent apprécieront vos dires et les miens.

M. LE PRÉSIDENT. Vous n'avez pas le droit d'insulter un témoin. J'ai beaucoup d'égards pour la position d'un accusé ; mais quand on est dans une position comme la vôtre, il faut ménager un témoin qui s'exprime sous la foi du serment.

Me FAVRE. Le témoin vient de dire tout à l'heure que c'était le grade de capitaine qu'on lui avait proposé. La Cour peut comprendre son intérêt à dénaturer la vérité.

LE TÉMOIN. Lorsque M. Aladenize me présenta au prince, c'était pour faire de moi un sous-lieutenant; mais lorsqu'il passa à la droite de la compagnie, le prince m'offrit les épaulettes de capitaine.

Me FAVRE. Au moment où le capitaine Col-Puygellier était forcé d'engager une lutte pour entrer, que se passait-il dans le quartier? Le témoin avait-il déjà fait comprendre aux soldats qu'ils étaient trompés?... Les compagnies ne criaient-elles pas *vive l'Empereur*, n'avaient-elles pas, alors, complétement oublié leur devoir? (Légers murmures.)

M. LE PRÉSIDENT. S'ils n'étaient pas dans leur devoir, ils en étaient sortis par le crime d'Aladenize.

Je demande au prince Louis s'il a offert un grade au témoin?

LOUIS BONAPARTE. J aurais déjà eu bien des choses à dire. Je regarde comme indigne de moi de répondre en ce moment. Pour tout ce qui regarde mes amis, je répondrai; pour ce qui ne regarde que moi, je garderai le silence.

GEOFFROY (Joseph), âgé de trente et un ans, grenadier au 42e de ligne, est introduit.

Ce temoin est celui qui a été atteint du coup de pistolet tiré par Louis Bonaparte à la caserne. Il raconte d'une voix faible, et dans les mêmes termes que les précédents témoins, les faits relatifs à l'invasion de la caserne. Il entendit le capitaine Col-Puygellier crier au secours, et le vit se débattre. Il courut à lui avec d'autres camarades, et au même instant il reçut un coup de pistolet.

M. LE PRÉSIDENT demande au prince Louis s'il n'a pas d'observation à faire.

LOUIS BONAPARTE. Je n'ai rien à dire, si ce n'est que je regrette vivement d'avoir, par hasard, blessé un soldat français, et que je suis heureux que cela n'ait pas eu de plus fâcheux résultat.

COL-PUYGELLIER (Pierre), âgé de quarante-sept ans, major au 42e de ligne, en garnison à Saint-Omer. Le 6 du mois d'août, après cinq heures et demie du matin, je me disposais à aller à la forêt de Boulogne, pour un travail stratégique, lorsque je rencontrai un de mes grenadiers qui allait travailler en ville, et qui me dit : « Il faut qu'il y ait du nouveau, car voici une troupe d'officiers du 40e qui se présente à la caserne. » Je lui ordonnai d'y courir tout de suite, de dire d'empêcher d'entrer, et d'annoncer que je le suivais. Comme j'étais en habit bourgeois quand je le rencontrai, je me hâtai de revêtir mon uniforme, lorsque presque en même temps entra le sous-lieutenant de Maussion; il m'apprit qu'il venait, dans la rue, d'être présenté au prince Louis-Napoléon, qui lui avait dit : « Je suis bien aise de vous voir; je suis des vôtres. » M. de Maussion, qui était aussi en habit bourgeois, me dit qu'il allait se mettre en costume, et que je le prendrais en passant pour aller à la caserne. Il était à peine sorti, que le sous-lieutenant Ragon entra à son tour, et me dit : « Le prince Louis est à la caserne, et Aladenize y a réuni nos deux compagnies. » Nous sortîmes. Tout cela n'avait pas duré deux minutes. M. de Maussion nous rejoignit en route, et, en cheminant, il proposa de prendre les derrières de la caserne.

En doublant un coin de rue qui longe la grande façade de la caserne, je fus arrêté par deux hommes vêtus en grenadiers, qui me dirent : « Capitaine, on ne passe pas ! » Je levai les yeux, et je vis sur leurs shakos le n° 40. Je passai outre, en leur répondant que ce n'était pas au 40e à faire la police. Ils me prièrent alors de parler au commandant ; et, en effet, en découvrant la porte de la caserne fortement occupée par des hommes qui l'obstruaient, j'arrivai près d'un chef de bataillon qui m'aborda et me dit : « Capitaine, soyez des nôtres ; le prince Louis est ici, votre fortune est faite ! » C'est du moins le sens de ses expressions, et je crois même pouvoir affirmer que c'en est le texte. Je mis le sabre à la main, et je dis : « Où est ma troupe? je veux la voir ! » On me saisit ; parmi les personnes qui me retenaient était un colonel, à qui je dis, en secouant mon sabre : « Vous le briserez ou je m'en servirai, car j'ai bon poignet. » Je passai à droite et à gauche pour arriver à la porte d'entrée ; et saisissant un des conjurés vêtu en grenadier, je lui dis : « Grenadier, si vous êtes homme d'honneur, apprenez donc qu'on vous porte à trahir ! — Non ! s'écria-t-on autour de moi, on ne trahit pas : *Vive le prince Louis !* » A mon tour je dis : « Je ne crierai pas ! Mais où est-il? »

Je me trouvais sous la porte d'entrée. Après avoir fait deux ou trois pas vers le môle, c'est alors que se présenta à moi un homme d'assez petite taille, paraissant avoir trente ans, portant moustaches, couvert d'un chapeau, portant de grosses épaulettes et un crachat. Il me dit : « Me voici, capitaine. Je suis le prince Louis. Soyez des nôtres, et vous aurez tout ce que vous voudrez ! » Je l'interrompis et lui dis : « Prince Louis ou non, je ne vous connais pas. Je ne vois en vous qu'un usurpateur. Napoléon, votre prédécesseur, avait abattu la légitimité, et c'est en vain que vous viendriez la réclamer. »

Il me parut interdit. Je profitai d'un moment de répit pour m'avancer vers ma troupe, mais on me serra de plus près ; je criai de manière à me faire entendre : « Assassinez-moi; mais je veux accomplir mon devoir! » On cria autour de moi : « Non, on ne vous assassinera pas! »

Au même instant, M. Aladenize, qui était dans l'intérieur de la cour, reconnut ma voix et cria : « Ne tirez point. » Il accourut à moi, et cria avec toute l'énergie possible : « Respectez le capitaine, je réponds de ses jours. » Je fis encore quelques pas. C'est alors que mes sous-officiers et grenadiers, me tirant par les bras et par les habits, m'arrachèrent des bras des conjurés.

A peine fus-je entre les deux troupes que les conjurés firent un mouvement rétrograde et se retirèrent jusque dans la rue. Mais comme je m'occupais des premiers soins à donner à ma troupe, à qui je disais : « On vous trompe! Vive le roi! » j'aperçus les conjurés, l'état-major en tête, rentrer à rangs serrés. Je me rappelle que, à la gauche de la ligne, sur ma droite à moi, était l'homme qui avait voulu me présenter au prince Louis, et de l'autre côté le général Montholon. Je m'avançai de quelques pas et, m'adressant directement au prince, je lui signifiai de se retirer, ou que j'allais employer la force. « Tant pis pour vous, » lui dis-je; et comme je prononçais ces derniers mots, faisant un mouvement sur ma troupe, j'entendis la détonation d'une arme à feu, et presque aussitôt je vis les conjurés faire un nouveau mouvement rétrograde.

Je les suivis de près et prudemment jusqu'à la porte, et dès qu'ils en eurent franchi le seuil, je la fis vivement fermer. Je criai : « Aux cartouches! »

On enfonça la porte du magasin qui était fermé; je distribuai des cartouches, on chargea les armes, et alors j'envoyai mes deux tambours, escortés de quatre grenadiers, battre la générale en ville. J'ordonnai au sous-lieutenant Ragon de se porter avec vingt grenadiers à la ville haute, d'y prendre les ordres du commandant de la place et de s'assurer du château. J'envoyai le sous-lieutenant de Maussion, avec vingt voltigeurs, s'emparer du port. Puis, j'assurai la garde de ma caserne, et avec le reste de ma troupe, je me portai vers la ville haute en traversant la ville aux cris de : *Vive le roi!* A la ville haute, je rencontrai le commandant de place et le procureur du roi. Le commandant de place m'ordonna d'aller au château : ce que je fis.

Voila tout ce qui m'est personnel dans ce qui s'est passé.

Me FAVRE. Je voudrais demander au témoin si, lorsqu'il était sous la porte de son quartier, s'efforçant d'arriver jusqu'à sa troupe, le lieutenant Aladenize n'a pas fait entendre ce cri : « Ne tirez pas ! c'est le capitaine ! »

M. LE PRÉSIDENT. Le témoin vient de le dire.

Le témoin répète la partie de sa déposition où se trouve l'incident relatif à Aladenize, et se retire.

DE MAUSSION (Ernest-Louis-Marie), âgé de vingt-trois ans, sous-lieutenant de voltigeurs au 42e, en garnison à Boulogne. Le 6 août, vers cinq heures et demie du matin, j'étais en bourgeois, me disposant à aller avec le capitaine Col-Puygellier lever un plan de la forêt de Boulogne, lorsque, au bas de la grande rue, j'aperçus, à vingt-cinq ou trente pas devant moi, un groupe d'hommes armés, revêtus d'uniformes portant le numéro 40. Ils étaient précédés d'un brillant état-major. Un des officiers vint à moi et me demanda : « N'avez-vous pas vu le prince ? » Sur ma réponse négative, il me dit : « Venez, je vais vous présenter à lui ! » J'ignorais quel était ce prince ; je lui fis observer que je n'étais pas en tenue convenable ; mais il insista, et je cédai. Le prince, auquel il me présenta, me dit : « J'espère que vous serez des nôtres. Je suis venu ici pour rendre à la France humiliée le rang qui lui convient. » Il me parla quelque temps ; je n'ai pas retenu tout ce qu'il me dit. Lorsqu'il eut fini, je me retirai et j'allai dire au capitaine Col ce que je venais de voir.

La déposition du témoin reproduit et confirme les détails de celle du major Col-Puygellier ; elle se termine ainsi :

En même temps qu'il ordonna au sous-lieutenant Ragon de se porter avec un peloton de grenadiers à la ville haute, le capitaine Col me chargea d'aller avec vingt-cinq voltigeurs m'emparer du port, afin de couper la retraite aux insurgés et de les empêcher de se rembarquer. Ayant trouvé le poste déjà occupé par les douaniers, je suis revenu. C'est alors que le commissaire de police me pria de lui prêter main-forte pour accompagner deux personnes qu'il venait d'arrêter, et qui étaient le général Montholon et le commandant Parquin. Je les accompagnai jusqu'à la sous-préfecture, et de là je les conduisis au château.

M. LE PRÉSIDENT. N'avez-vous pas été menacé de l'atteinte d'un coup de baïonnette ?

LE TÉMOIN. Lorsqu'un coup de pistolet fut tiré, qui atteignit un grenadier à la figure, quelques hommes firent mine de tirer sur nous, et peut-être aurait-on tiré, sans l'intervention d'Aladenize qui, se jetant entre eux et nous, cria :

« Si vous tirez, tuez-moi en même temps. »

Mᵉ BARILLON. Le témoin vient de dire que les conjurés, dans un certain moment, avaient fait mine de tirer. Entend-il par là dire qu'on l'a couché en joue, ou bien n'est-ce qu'une intention qu'il prête aux conjurés?

LE TÉMOIN. Je crois avoir remarqué que l'intention des conjurés était de tirer sur les officiers et sur la troupe, car le sergent-major Clément a détourné une arme qui était dirigée sur le capitaine.

Mᵉ BARILLON. Il n'y a pas eu de commandement de faire feu?

LE TÉMOIN. Je n'en ai pas entendu.

M. LE PRÉSIDENT. Pourriez-vous reconnaître l'individu qui vous a menacé d'un coup de baïonnette?

LE TÉMOIN. Non, monsieur.

*Déposition de Ragon Laferrière (Louis-François-Alexandre), âgé de trente ans, sous-lieutenant de grenadiers au 42ᵉ.*

A l'époque des événements de Boulogne, j'habitais à la caserne dans une chambre qui était séparée du quartier par une cour et une autre chambre occupée par les sergents-majors. Le 6 août, je me levais et m'habillais pour conduire les troupes se baigner, lorsque j'entendis dans la cour un bruit assez fort. Le grenadier Moreau, mon homme de confiance, vint me prévenir que le lieutenant Aladenize était dans la cour de la caserne avec beaucoup d'officiers et qu'il avait fait prendre les armes aux deux compagnies. Je pensai tout de suite qu'il s'agissait d'une insurrection, et je crus que, en pareille circonstance, il fallait prévenir le plus promptement possible le commandant du détachement. Je me rendis donc tout de suite chez le capitaine Col-Puygellier, qui demeurait à une petite distance de la caserne, et en revenant je prévins M. de Maussion, sous-lieutenant des voltigeurs, qui avait déjà connaissance de ce qui se passait. Le capitaine étant déjà habillé, nous allâmes ensemble à la caserne. Nous fûmes rejoints par le sous-lieutenant de Maussion. Arrivés à l'entrée de la rue de la Caserne, nous trouvâmes plusieurs factionnaires portant l'uniforme du 40ᵉ;

ils ne nous dirent rien et nous passâmes. Arrivés près de la porte de la caserne, nous rencontrâmes un soldat portant un paquet de papiers, qui arrêta le capitaine, en lui disant *On ne passe pas!* Le capitaine lui arracha les papiers et lui dit : « Grenadier, ce n'est pas ici votre place. » Ensuite nous continuâmes d'avancer, nous fûmes entourés d'un groupe d'officiers parmi lesquels je remarquai particulièrement un chef d'escadron qui dit au capitaine : « Soyez des nôtres, criez : *Vive l'empereur!* le prince est là. » Le capitaine a répondu : « Je ne connais pas le prince; où est-il? » Il a en même temps dégainé son sabre, et il fut aussitôt entouré de plus près par les hommes qui se trouvaient là.

Je me cramponnai au bras gauche du capitaine et suppliai le chef d'escadron de respecter un brave militaire qui avait servi son pays pendant trente ans. Tout en continuant d'avancer, nous nous sommes trouvés en présence du prince, qui venait à nous; il était revêtu d'un uniforme de colonel. Un officier a dit : « Voilà le prince. » Ce dernier a adressé la parole au capitaine Col-Puygellier, j'ignore ce qu'il lui a dit; j'ai entendu le capitaine lui répondre : « Je ne vous connais pas, je ne veux rien. » Nous avancions toujours; alors une voix partie d'un groupe cria : « Qu'on ne laisse pas avancer! » Aussitôt plusieurs hommes ont dirigé leurs baïonnettes contre nous, principalement contre le capitaine, et je pense qu'ils auraient fait feu si le lieutenant Aladenize ne se fût précipité vers nous, en disant qu'il fallait nous arrêter, mais ne pas nous tuer. Cette démonstration d'Aladenize nous a permis d'avancer. Plusieurs de nos sous-officiers, qu'il m'est impossible de désigner, ont dégagé le capitaine. En ce moment, le prince et ses partisans ont fait un mouvement pour se retirer. Ils sont revenus à l'instant même; un coup de pistolet a été tiré en ce moment contre le capitaine, d'après ce que je présume, par une personne portant l'uniforme de colonel, et que je crois être le prince; un de nos grenadiers a été blessé par ce coup. Aussitôt après, le prince et sa troupe se sont retirés, et on a fait fermer les portes de la caserne.

Le nombre des personnes qui accompagnaient le prince m'a paru être de cinquante environ. Les soldats étaient armés de fusils avec baïonnettes; les fusils de nos soldats n'étaient pas chargés.

Après le départ du prince et de ses partisans, j'ai été commandé pour divers services qui ne m'ont mis en contact ni avec le prince ni avec aucune personne de sa suite, si ce n'est lorsque je suis arrivé, vers sept heures du matin, sur la plage, avec huit ou dix grenadiers, suivis à quelques pas de gardes nationaux commandés par un officier décoré de juillet. J'ai vu à cent pas de moi, du côté de la mer, environ cinquante hommes armés de fusils pour la plupart. Des habitants de Boulogne que je ne connais pas sont venus me dire que ces hommes étaient disposés à la résistance. J'ai avancé malgré cela : une partie des hommes que je voyais s'est emparée d'un canot et l'a poussé à la mer; trente-deux environ sont restés sur la plage avec des fusils; je leur ai dit de se rendre, ce qu'ils ont fait sans difficulté en me livrant leurs armes. Je suis alors entré seul dans la mer jusqu'à mi-corps, en recommandant à mes dix hommes de ne faire feu que sur mon exprès commandement. Le canot était plein de monde; il avançait très-lentement vers un bateau à vapeur qui était en rade à cent cinquante pas environ. J'ai sommé ceux qui étaient dans le bateau de se rendre, ils n'ont pas répondu. Ils n'avaient pas de fusils, du moins ostensiblement. Au moment où je leur adressais ma sommation, des coups de feu sont partis. J'ignore s'ils ont été tirés par mes hommes, qui étaient à vingt pas en arrière de moi, par les gardes nationaux, qui étaient près de mes hommes alors, ou par ceux qui étaient dans le canot. Aussitôt après ces détonations, le canot a chaviré. Je me retournai et vis que des coups de feu étaient tirés par mes soldats et les gardes nationaux : je leur dis de ne pas tirer. Le feu a cessé presque aussitôt. J'ai vu rapporter du canot un colonel blessé. Je me suis occupé alors de ramener les prisonniers que j'avais laissés sur la plage. C'est en ramenant mes prisonniers, et à cent pas en allant du côté de la ville, sur le sable, que j'ai vu un homme revêtu d'un uniforme d'intendant expirant sur le sable, entouré d'une quinzaine de personnes que je ne connais pas. Je les ai engagées à le secourir, et me suis éloigné.

M. LAUNAY-LEPREVOST, sous-préfet de Boulogne, fait une déposition dont la prolixité est remarquable; nous en extrayons ce qui suit :

Le 6 août dernier, quelques instants avant six heures, je fus averti par mes domestiques qu'un capitaine de la garde nationale de Boulogne demandait à me parler avec les plus vives instances; il avait, dit-il, à me communiquer des choses de la plus haute importance. Quoique je fusse encore au lit, je donnai l'ordre de faire monter. C'était M. Dutertre, notaire. Il me raconta qu'il y avait dans la ville un état-major nombreux composé d'officiers supérieurs qui répandaient de l'argent et des proclamations; que l'on disait même qu'au nombre de ces officiers supérieurs devait se trouver le prince Louis-Napoléon Bonaparte. Pendant que M. Dutertre me faisait ce récit, je m'habillai à la hâte, et presque au même instant arriva l'un des commissaires de police de la ville, M. Bailly, qui me confirma la vérité des faits que venait de me faire connaître M. Dutertre. Je donnai alors à M. Bailly l'ordre de se transporter immédiatement à la haute ville de Boulogne, dans l'intérieur de laquelle se trouvait le château, où sont déposées les poudres et autres munitions de guerre, pour faire fermer les portes de cette haute ville et pour avertir le commandant de place. Je continuai de m'habiller à la hâte et je courus au quartier de la gendarmerie qui occupe une des ailes de mon hôtel : j'appelai les gendarmes aux armes, je leur ordonnai de monter immédiatement à cheval, puis d'attendre mes ordres sur l'esplanade vis-à-vis la sous-préfecture; *je* descendis immédiatement *moi-même* la grande rue, à l'extrémité de laquelle, vers la haute ville, est située la sous-préfecture. Lorsque je descendais les marches de l'escalier qui communique de la sous-préfecture à la haute ville, j'aperçus à trente ou quarante pas de moi, venant dans la direction opposée à celle que j'allais suivre, un groupe nombreux formé en cortége. De chaque côté se trouvait une haie d'hommes habillés en militaires. Au premier rang du cortége marchaient trois personnes en uniforme militaire. Au milieu de ces trois personnes s'en trouvait une plus petite que les autres, et qu'à la plaque placée sur sa poitrine, je pensai être le prince Louis-Napoléon Bonaparte. En arrière des trois premières marchait un autre rang d'officiers, au milieu duquel se trouvait le porteur du drapeau (c'était un drapeau tricolore surmonté de l'aigle impériale, et sur lequel se trouvaient écrits les noms des principales batailles remportées par les armées françaises). Voyant ce groupe venir à moi, je n'hésitai pas un instant à marcher moi-même à sa rencontre; je me plaçai au milieu de la rue qu'il devait suivre, et je le sommai au nom du roi de se séparer et d'abattre un drapeau qui n'était pas le drapeau national français. Il me fut répondu par les cris de *vive l'empereur! Je répétai* mes sommations en proférant *moi-même* le cri de *vive le roi!* et en agitant le chapeau que j'avais à la main; puis m'adressant à ceux que je croyais des militaires de la garnison, je leur dis, sans pouvoir me rappeler précisément des paroles que je prononçai, ce que je considérais comme le plus propre à les rappeler aux devoirs que, dans mon opinion, ils avaient violés. Cette scène avait un instant suspendu la marche du cortége. La personne qui se trouvait au milieu du premier rang donna l'ordre de se porter en avant et de me repousser.

Au mouvement que firent les deux ou trois militaires qui se trouvaient les plus rapprochés de moi, je quittai le milieu de la rue, et je me portai sur le côté droit en descendant, et ce fut en ce moment, à l'instant où le cortége continua sa marche, que je fus atteint dans la poitrine d'un coup de pied du drapeau, ou plutôt de l'aigle qui le surmontait; ce coup n'était pas porté avec une violence extrême: je ne fus point, comme quelques personnes l'ont dit, ébranlé sur le point de tomber; seulement, comme je parais le coup avec les mains, mes mains furent excoriées et reçurent quelques contusions; je me retirai alors, en annonçant aux personnes du groupe que j'allais réunir la garde nationale, et que dans un instant je les rejoindrais. Je continuai en effet ma route, en descendant la grande rue, tandis que le groupe marcha vers la colonne.

J'avais continué ma route en descendant la grande rue, et j'étais arrivé au poste appelé poste de la place d'Alton. Je trouvai ce poste sous les armes. Ils étaient commandés par le sergent Morange, je lui adressai la parole, et il m'assura, dès le premier instant, qu'il était fidèle et disposé à exécuter tous les ordres que je lui donnerais pour le service du roi. Sûr d'avoir ainsi un point de ralliement, je m'occupai de parcourir les rues les plus populeuses de la ville dans le voisinage du poste d'Alton, pour réunir les gardes nationaux à ce même poste et en former un noyau avec lequel il me serait possible de me porter à la suite des insurgés. J'adressai la parole à ceux des gardes nationaux que je rencontrais, je faisais appeler à leur domicile ceux dont je connaissais la demeure. Au bout de quelques moments, il y avait de quarante à cinquante gardes nationaux en armes réunis au poste de la place d'Alton. De son côté, le colonel de la garde nationale, qui habite la haute ville, y avait fait battre la générale; les gardes nationaux s'étaient réunis sur l'esplanade, et bientôt le colonel, qui lui-même était monté à cheval, me rejoignit au poste d'Alton, et me dit qu'il y avait des hommes prêts à marcher avec nous à l'entrée de la haute ville.

Nous marchâmes donc, et le groupe de gardes nationaux se grossissait, au fur et à mesure, de tous ceux qui accouraient pour se mettre sous les ordres de leur colonel. Nous parcourûmes ainsi la haute ville. Nous marchâmes vers la colonne au nombre de cent cinquante à deux cents gardes nationaux. La gendarmerie était chargée d'éclairer notre marche et de me faire connaître les démarches des personnes qui composaient le groupe. D'un autre côté, j'avais ordonné au lieutenant de gendarmerie, aussitôt qu'il aurait l'assurance que la route de Calais serait libre, d'expédier un de ses gendarmes à Calais, afin qu'il y donnât l'éveil, et que les autorités se missent en défense contre toute tentative.

Arrivés près de la colonne, un gendarme vint nous avertir que les insurgés étaient dans l'enceinte de la colonne, et que probablement ils allaient s'y défendre. La colonne est, en effet, entourée d'une enceinte avec fossé et rejet de terre; ce rejet de terre est surmonté d'une plantation assez touffue, dans l'intérieur de laquelle il eût été facile de s'embusquer et de se défendre.

Le colonel, averti de la présence des insurgés dans l'enceinte de la colonne, divisa son détachement de garde nationale en deux parties, afin de les cerner. Nous marchâmes alors aux cris de *vive le roi!* Avant de marcher, j'avais prié le colonel de faire passer en tête du détachement les vingt hommes de ligne qui étaient à ma disposition. Cet ordre fut entendu de la garde nationale, et le capitaine exprima aussitôt l'opinion que la garde nationale devait marcher en tête et ne devait céder à personne l'honneur de combattre les rebelles. Le colonel et les gardes nationaux furent unanimes pour appuyer le vœu de leur capitaine, et le détachement de grenadiers, qui était déjà en marche pour prendre la tête de colonne, revint à l'arrière-garde.

Nous entrâmes dans l'enceinte de la colonne; déjà les insurgés en étaient partis par le côté opposé à celui par lequel nous entrions.

Comme j'entrais dans cette enceinte, je vis descendre de l'intérieur de la colonne, entre deux individus en bourgeois et sans armes, l'officier porteur du drapeau qui tenait encore ce drapeau serré dans ses bras, et qui paraissait faire résistance pour ne pas le remettre.

J'étais accompagné de l'adjoint à la mairie de Boulogne, M. Dutertre-Delporte, et du colonel de la garde nationale. Le drapeau fut remis, soit à M. Dutertre, soit à moi, je ne saurais affirmer auquel de nous deux, par l'officier qui en était porteur.

Je dois dire que, quelques instants avant notre entrée dans la colonne, on m'avait apporté un pistolet à deux coups qu'on m'avait dit avoir été jeté du haut de la colonne par un des insurgés qui s'y trouvait. Ne pouvant pas demeurer chargé de ce pistolet, parce que j'étais en uniforme et que c'était pour moi une gêne, je le remis au domestique du colonel de la garde nationale, qui suivait son maître à cheval.

A l'instant où le drapeau me fut remis j'en brisai le manche, afin de pouvoir l'envelopper plus facilement. Le colonel s'entendit avec moi sur les moyens les plus propres à traquer les fuyards vers la plage. Je songeai alors qu'aucun engagement ne pouvait plus avoir lieu, puisque le groupe était débandé, je devais quitter la garde nationale et rentrer dans la ville pour y aviser aux mesures de précaution nécessaires, et pour faire marcher d'autres détachements sur les divers points de la côte. Je laissai donc la garde nationale continuer la poursuite, et je rentrai en ville avec deux gardes nationaux qui portaient le drapeau.

La population presque tout entière s'était portée sur la route de Calais, et partout, à notre retour, nous étions accueillis par des cris unanimes de *vive le roi!* Lorsque j'arrivai dans la ville, la garde nationale presque entière était sous les armes. Je ne crois pas exagérer en disant que douze cents ou treize cents gardes nationaux, sur les seize cents ou dix-huit cents dont se compose la garde nationale de Boulogne, étaient réunis. Partout se firent entendre les mêmes acclamations, partout nous fûmes accueillis avec le même enthousiasme.

M. le maire de la ville de Boulogne, pendant mon absence, s'était occupé de réunir les divers détachements de garde nationale, des douanes, tous les citoyens qui pouvaient être appelés. Je rentrai dans mon cabinet, j'expédiai les dépêches que j'avais à expédier, et je fis partir sur différentes directions les gardes nationaux qui se mettaient à notre disposition et des détachements de la douane.

Au bout d'une demi-heure environ, je vis arriver les premiers prisonniers. Pendant mon absence, le général Montholon et un officier supérieur qu'on m'a dit être le commandant Parquin, avaient été arrêtés sur le port de Boulogne par le commissaire de police Bergeret. Il paraît que ces deux messieurs, à l'instant où le groupe des rebelles se porta vers la haute ville, s'étaient séparés de ce groupe et avaient parcouru les rues de la ville de Boulogne, suivis, comme ils devaient naturellement l'être, par des ouvriers et des enfants, qui trouvaient extraordinaire de voir à cette heure-là (il était sept ou huit heures du matin) des officiers supérieurs en grande tenue parcourir les rues de la ville.

On m'a dit, mais je n'oserais affirmer le fait, parce que je n'en ai pas été témoin, que ces messieurs avaient répandu des proclamations dans divers quartiers de la ville. Toujours est-il qu'ils furent arrêtés par M. le commissaire de police Bergeret et conduits à la sous-préfecture pendant mon absence. Là, ils ont dû être désarmés par ordre de M. le maire et dirigés les premiers sur le château.

La poste aux chevaux avait aussi été occupée par ordre des insurgés; trois militaires avaient été expédiés sur ce point. Ils firent leur rentrée en ville pendant mon absence, avec l'intention sans doute de rejoindre le groupe le plus nombreux; mais ils furent arrêtés dans l'intérieur de la ville et conduits au poste. Dès huit heures, je crois, on vint m'avertir que le prince Louis avait été arrêté à la mer, à l'instant où il cherchait à se rendre à la nage à bord du paquebot; cet avis me fut donné par M. de Verville, inspecteur des douanes : je m'empressai de communiquer au gouvernement, par voie télégraphique, l'arrestation du prince, qui, en effet, arriva à la sous-préfecture dans une voiture dans laquelle il se trouvait avec M. le maire de Boulogne et deux autres insurgés. Cette voiture s'arrêta à la porte de mon hôtel. Afin de m'assurer de la manière la plus précise que c'était le prince qui avait été arrêté, je le conduisis avec M. le maire au château, où nous prîmes toutes les mesures nécessaires pour que les secours dont il pouvait avoir besoin lui fussent donnés, en même temps que nous prenions les mesures de précaution les plus propres à prévenir toute tentative d'évasion. Voilà, messieurs, les principaux faits qui sont venus à ma connaissance personnelle. Je connais tous les autres par des rapports qui m'ont été adressés; mais les témoins qui en ont une connaissance personnelle sont probablement présents à cette audience. Je me bornerai à répondre aux interpellations qui pourraient m'être adressées.

LE GÉNÉRAL MONTHOLON. Il est faux que j'aie distribué des proclamations et de l'argent.

M. LAUNAY-LEPREVOST. Ce fait m'a été rapporté; je n'en ai pas une connaissance personnelle; je me garderai de démentir ce qu'en dit le général Montholon.

PARQUIN. Je fais la même déclaration que M. Montholon. Je suis resté en ville avec lui; je me suis rendu au commissariat de police. Mon intention, en restant en arrière de la colonne, était de faciliter la fuite du prince.

LOMBARD. Je déclare n'avoir pas frappé à la poitrine M. le sous-préfet : il est possible que le drapeau l'ait touché; mais il ne lui a pas fait la moindre blessure.

M. LAUNAY-LEPREVOST. Le coup n'a pas été violent; j'ai même ajouté que je n'avais pas été, ainsi que quelques journaux l'ont rapporté, renversé ou quasi renversé par le coup.

Le témoin déclare que Forestier lui avait été signalé, dès longtemps avant l'événement, comme un agent de Louis Bonaparte.

FORESTIER. Comment aurais-je été signalé à M. le sous-préfet de Boulogne, puisque je n'avais pas paru dans cette ville avant l'événement?

M. ADAM, maire de Boulogne, rend compte des mêmes faits et presque dans les mêmes termes.

M. SANSOT, colonel de la garde nationale de Boulogne-sur-Mer. Le 6 août dernier, vers cinq heures et demie, six heures moins le quart, je fus éveillé par un adjudant de la légion qui m'apprit que le prince Louis Bonaparte venait de débarquer, qu'il était accompagné d'une nombreuse suite, qu'il était à la caserne, où il cherchait à enlever la troupe. Je donnai l'ordre à cet adjudant de faire battre la générale; il se rendit chez un tambour; ne l'ayant pas trouvé, il battit lui-même la caisse. En montant à cheval, ma première pensée fut que le prince avait dû s'emparer d'abord de la poste aux chevaux pour communiquer avec Paris. Je donnai l'ordre à mon domestique de se transporter chez le maître de poste pour lui défendre de donner des chevaux à aucun prix, à qui que ce fût. Mon domestique revint et me rapporta qu'il avait trouvé trois grenadiers à la poste aux chevaux, qui l'avaient menacé de croiser la baïonnette sur lui. J'envoyai un officier de grenadiers pour renouveler la défense; les grenadiers étaient partis.

Je me rendis sur l'esplanade, où la garde nationale devait

se réunir. Elle se réunit promptement. Lorsque je vis à peu près deux cents à deux cent cinquante hommes, je me mis à leur tête avec le sous-préfet, et nous marchâmes sur la colonne. On venait de me rapporter que le prince se retirait. J'envoyai un détachement de la garde nationale, commandé par un capitaine, par le Chemin-Vert, pour lui couper la retraite, tandis que je me portais sur le front de la colonne. A notre approche, ces messieurs s'enfuirent. J'envoyai vers les falaises une colonne commandée par un chef de bataillon. Je me portai au centre pour pouvoir communiquer avec les deux ailes. Par suite de ces dispositions, ces messieurs ne purent s'embarquer; ils furent pris.

Voilà ce que j'ai à dire sur les faits généraux.

Je dois ajouter qu'en arrivant à la colonne, nous ne trouvâmes que le drapeau. Le drapeau nous a été remis par un garde national. Je me dirigeai ensuite sur Wimereux, où je rencontrai plusieurs personnes qui venaient d'être arrêtées.

M. LE PRÉSIDENT. Le procureur général et les accusés ont-ils quelques observations à faire sur la déposition du témoin?

LE COLONEL SANSOT. Je demande, pour l'honneur de la garde nationale, à constater deux faits essentiels. Deux ou trois journaux ont imprimé que la garde nationale avait tiré sur des hommes désarmés, et en avait assassiné un au moment où il rendait son épée. Ces faits sont de toute fausseté. J'invoque, à l'appui de ce que j'avance, le témoignage du colonel Voisin. Cet accusé m'a fait appeler à l'hôpital. Je lui ai demandé ce qu'il voulait. Il m'a déclaré qu'il avait désiré me voir pour me dire qu'il n'en voulait pas à la garde nationale, qu'il reconnaissait qu'elle avait fait son devoir.

Un autre fait que je tiens aussi à constater, c'est que les journaux ont également dit que la garde nationale avait lâchement insulté des prisonniers. A cet égard, j'invoquai le témoignage de deux accusés. Je dois dire qu'en présence des prisonniers faits à Wimereux, au nombre desquels étaient MM. Bouffet de Montauban et Aladenize, et cinq ou six grenadiers portant l'uniforme du 40e, quelques gardes nationaux ont prononcé les mots *traîtres, trahison*. Je suis intervenu; j'ai dit alors aux gardes nationaux que ces messieurs appartenaient à la justice du pays, qu'on ne devait pas les insulter, que l'on devait respecter leur malheur; et aussitôt tous se sont tus. M. Montauban me remercia par un signe de tête.

Quand j'ai été confronté avec lui à la prison, il m'en a remercié de vive voix.

Voilà ce que j'avais à dire.

LE COLONEL VOISIN. J'aurai l'honneur de faire observer que lorsque j'ai effectivement fait appeler le colonel Sansot à l'hôpital, je voulais le remercier d'un service que je croyais qu'il m'avait rendu ou cherché à me rendre. Je saisis cette occasion pour lui dire que je ne rends pas toute la garde nationale de Boulogne responsable de la faute d'une vingtaine d'individus; car il y avait là des gens qui n'étaient pas dignes d'en faire partie. Si M. Sansot ne m'a pas compris ainsi, il faut l'attribuer à la faiblesse d'organe d'un homme qui est blessé de trois coups de feu. Je n'ai jamais voulu dire, je n'ai jamais pensé que la garde nationale qui a tiré sur nous, qui n'avions pas fait le moindre signe offensif, a fait son devoir.

M. LE PRÉSIDENT. Il est impossible de laisser passer sans observation les prétentions de l'accusé, qu'il n'y avait eu de sa part ni de celle de ses coaccusés aucun signe offensif. L'invasion à main armée de la ville de Boulogne, celle de la caserne justifient l'emploi de tous les moyens qui étaient à la disposition des citoyens pour réprimer ces crimes et en arrêter les auteurs. De plus, il résulte de déclarations formelles qu'avant que personne eût tiré sur le canot, un coup de pistolet est parti de cette barque.

LE COLONEL VOISIN. Je puis jurer devant toute la France qu'il n'est parti aucun coup de fusil ou de pistolet.

M. LE PRÉSIDENT. Dans tous les cas, il est un fait qui ne doit jamais être perdu de vue, c'est qu'une agression des plus coupables a eu lieu de la part des hommes que nous avons le malheur d'avoir aujourd'hui devant nous. Ils ne sont donc pas fondés à se plaindre des moyens de répression employés pour arrêter leur tentative et rassurer le pays.

La garde nationale a fait son devoir avec courage, avec énergie. Personne n'a le droit de l'en blâmer; tout au contraire, tout le monde doit l'en louer.

Me FERD. BARROT. Je demande à faire une observation de convenance.

Assurément les accusés ne veulent pas nier ou diminuer l'héroïsme qu'a pu déployer la garde nationale.... (Murmures sur les bancs de la Cour.) J'admets que la garde nationale a fait son devoir. Seulement, ce que constatent les accusés, c'est que lorsqu'ils ont été frappés, lorsque l'un d'eux a été tué, lorsque mon client, le colonel Voisin, a reçu trois balles dans le corps, ils ne faisaient pas de résistance. (Nouveau mouvement.) Il était tourné; il les a reçues par derrière, il était presque prisonnier. (Murmures, exclamations.) J'en suis bien fâché;... mais....

M. LE PRÉSIDENT. Je recommande un profond silence.... Vous avez la parole.

Me FERD. BARROT. Lorsque la parole a été coupée par des protestations comme celles que j'ai entendues, la défense n'est pas libre, et j'y renonce.

M. LE PRÉSIDENT. La parole n'a pas été coupée au défenseur. Il est possible que les termes dont il s'est servi aient excité des impressions plus ou moins vives; mais la parole n'a pas été coupée. Comme c'est moi qui donne la parole aux défenseurs et qui la leur maintiens, je déclare que non-seulement je n'ai pas coupé la parole à l'avocat, mais que je la lui conserve, que je la lui offre de nouveau.

(Me Ferdinand Barrot se rassied.)

Il y a une autre déposition, celle d'un témoin, d'un enfant âgé de treize ans, qui confirme le même fait.

LE COLONEL VOISIN. Le colonel n'était pas présent à cette scène; il était sur un autre point.

LE COLONEL SANSOT. La garde nationale n'a pas tiré sur des hommes désarmés, mais sur des hommes qui fuyaient.

M. LAUNAY-LEPREVOST. Je demanderai à la Cour de donner une explication très-importante sur ce fait-là, puisqu'on s'y arrête. On avait donné ordre de rentrer le paquebot dans le port, et comme plusieurs barques étaient sorties en même temps pour exécuter cet ordre, on a bien pu être trompé et croire que les conjurés s'enfuyaient. Dans cette conjecture, et pour les arrêter, on a fait feu sur ceux qui allaient rejoindre le paquebot. Quoi de plus simple. Mais, du moment qu'on s'est aperçu que c'étaient des Français, on est allé à eux, on les a retirés de l'eau, et plusieurs d'entre eux ont dû la vie à la garde nationale.

M. BERGERET, commissaire de police à Boulogne. Dans la nuit du 5 au 6 août, j'étais de service pour le départ du bateau à vapeur *la Cité de Boulogne*. Un marin vint me dire qu'on apercevait un bateau à vapeur à quelque distance du port. Comme nous n'attendions pas de paquebot, je ne fis pas attention à cette observation.

Pendant que j'étais occupé de l'embarquement, le gendarme Theis me demanda si j'avais reçu l'avis officiel que le général Montholon, les colonels Voisin et Delaborde et autres colonels avaient affrété à Londres, le 1er août, un bateau pour Ostende; que la marine était avertie et qu'elle exerçait une surveillance active sur la côte; je lui répondis que non, mais que j'exerçais la plus grande surveillance sur les personnes qui m'étaient signalées comme suspectes.

Entre cinq heures et demie et six heures, j'étais à peine couché, qu'un préposé des douanes vint sonner fortement à ma porte. Sur la question que je lui fis, il me dit que le prince Louis-Napoléon était à Boulogne; je m'habillai et descendis à la hâte, et je vis passer devant ma porte le général Montholon et le colonel Parquin, suivis d'un certain nombre d'ouvriers et d'enfants. Je les abordai et je les arrêtai au nom de la loi. Deux jours avant, le colonel Vaudrey et le comte Bacciochi étaient débarqués.

M. POLLET, lieutenant de port à Boulogne. Après avoir reçu de M. le maire l'ordre de m'emparer du paquebot *la Ville d'Edimbourg*, qui m'avait été signalé comme ayant fait le débarquement, j'armai un canot monté d'un pilote et de six hommes, plus de quatre employés de la douane armés. Pour ne point effrayer le capitaine de l'équipage du bâtiment, j'avais fait coucher les armes dans le fond du canot, d'autant plus que je craignais que le bâtiment, qui était près d'appareiller, ne coupât son câble ou le filât, et ne m'échappât.

A la sortie des jetées, je rencontrai un canot monté par deux messieurs et un ouvrier. Cet ouvrier me demanda de monter à bord de mon canot; lui ayant répondu que je ne pouvais l'admettre, il me dit qu'il était porteur d'ordres pour le capitaine, afin qu'il se rendît devant Wimereux; craignant qu'en arrêtant cet homme je ne perdisse du temps, je lui signifiai de rentrer dans le port; je continuai ma route. Je rencontrai le canot du paquebot, qui était à demi-distance entre le paquebot et la jetée, et qui me héla si j'étais pilote; lui ayant répondu que oui, il n'eut aucune méfiance de moi, et je me dirigeai à force de rames vers le paquebot. Ce même canot avait l'air d'attendre des ordres. Je montai à bord, suivi des employés et de mes canotiers, et je demandai à l'homme qui vint me recevoir s'il était le capitaine. Cet homme m'ayant dit que le capitaine était dans sa chambre, je l'engageai à monter sur le pont, invitation que j'ai été obligé de récidiver.

Le capitaine étant sur le pont, je lui dis en anglais: Rentrez de suite dans le port. Ce capitaine parut on ne peut plus surpris, et je fus obligé de lui récidiver mon invitation; je me servis pour cela d'un matelot anglais qui parlait parfaitement le français; je lui dis que j'étais le lieutenant du port et que j'exigeais qu'il rentrât. Il me demanda si j'avais des ordres, je lui répondis qu'il fallait à l'instant même rentrer. Le capitaine ne paraissant pas vouloir s'y décider, je lui signifiai que j'allais m'emparer de son bâtiment, et que, malgré lui, j'entrerais dans le port.

Le capitaine parut atterré, et me demanda s'il n'y avait rien à craindre pour lui. N'effectuant pas l'ordre que je lui donnai, j'ordonnai au maître de port de se placer au panneau de la machine, au pilote Wadaux de s'emparer de la barre, et au pilote Huret de passer devant pour lever l'ancre. Le capitaine voyant toutes ces dispositions ordonna de faire marcher le bâtiment.

Arrivé à deux cents mètres de l'entrée du port, la fusillade allant très-fort, et plusieurs balles tombant sur le bâtiment, par un mouvement de peur, le capitaine ordonna d'arrêter, car alors on tirait sur les hommes du canot qui avait chaviré. Je signifiai au capitaine que j'allais m'emparer de sa personne s'il ne continuait de se diriger sur le port; alors il fit marcher le navire, et, voyant des hommes à la nage, je chargeai le maître du port de rentrer le bâtiment, et je m'embarquai dans un canot monté par cinq hommes et deux gendarmes, pour me rendre vers les hommes qui étaient à la nage.

Je m'emparai premièrement de Louis Bonaparte, et ensuite d'un officier supérieur et de deux autres personnes qui avaient retiré leurs habits pour mieux nager. Je rentrai au port avec mes quatre prisonniers, que je remis entre les mains de M. le maire de la ville, qui ordonna de les conduire en douane.

Le gardien de la jetée m'a déclaré qu'avant que je sortisse du port un homme s'était présenté avec un air extrêmement pressé, et lui avait demandé avec instance un pavillon qu'il pût arborer au bout de la jetée. Le gardien l'ayant refusé, il a fait tout ce qu'il a pu pour entrer dans le logement de ce gardien; mais celui-ci ayant fermé la porte de son logement, l'homme prit sa cravate et fit au bout de la jetée des signaux qui étaient évidemment pour le paquebot. Je suppose que cet homme était le même qui était dans le premier canot que j'avais rencontré. Il était d'abord monté dans un bateau pêcheur ; mais le patron l'en avait fait descendre, sur l'avis d'une femme du peuple que c'était un révolutionnaire.

L'audience est levée à cinq heures.

TROISIÈME AUDIENCE. — 30 SEPTEMBRE.

L'audience est ouverte à midi.

L'audition des témoins continue.

LEJEUNE, entrepreneur de bâtiments à Boulogne, rend compte des circonstances de l'arrestation de Lombard, porte-drapeau du prince, arrestation qui a eu lieu dans la colonne de Boulogne. Je me présentai, dit-il, à l'accusé en lui disant : « Je te somme de me remettre ton drapeau et de te rendre prisonnier. » L'accusé tenait un pistolet à deux coups dont il me menaça. Je relevai vivement son bras et le saisis à travers corps en appelant à moi le sieur Noël. L'accusé tenait un pistolet à deux coups de chaque main. Je lui en arrachai un et Noël lui enleva l'autre. Il me supplia de ne point lui enlever l'honneur en lui ôtant son drapeau. J'ai pris le drapeau et je l'ai remis au sous-préfet. Ensuite je me suis dirigé du côté du rivage. Le prince venait d'être arrêté ; on me demanda ma capote pour le couvrir, je la donnai.

NOEL, maître maçon à Boulogne, a contribué avec Lejeune à l'arrestation de Lombard. Un individu lui a dit auprès de la colonne : « Crie *vive l'Empereur*, ou tu es mort. » Je lui dis en relevant son pistolet avec la main : « Malheureux ! veux-tu m'assassiner ; retire-toi, il en est temps, et ne joue pas ta tête. » Celui qui était derrière lui dit : « Allons-nous-en ; » et ils se retirèrent. Je m'élançai au haut de la colonne, et, m'emparant du drapeau, je dénouai le mouchoir qui le tenait fixé par le bas et un foulard qui le retenait au balcon. Le porte-drapeau dit : « Pour mon honneur, laissez-moi descendre mon drapeau. » A ce moment je vis un homme en uniforme qui nous ajustait du pied de la colonne. Je vis de loin le colonel et une partie de la garde nationale qui venaient vers la colonne, et je leur fis signe avec ma casquette. Plus tard, Lombard a été arrêté par Lejeune.

Me MARILLON. La déposition de Lejeune avait semblé accuser Lombard d'une menace violente ; la déposition de Noël l'a heureusement rectifiée. Le sentiment qui a dicté à l'accusé les paroles rapportées par Noël est un sentiment d'honneur militaire que tout le monde comprend, mais il ne voulait attenter aux jours de personne. Aussi s'est-il rendu lorsqu'on lui a promis que le drapeau serai respecté.

LOMBARD. Je n'ai ni menacé ni maltraité le témoin. Cela est si vrai que Lejeune m'a proposé de me sauver. Il m'a dit : Lieutenant, je comprends votre position, vous êtes un brave soldat; je vous sauverai si vous voulez. Alors j'ai répondu : Laissez-moi me constituer prisonnier entre les mains de l'autorité.

On introduit le témoin général Magnan, commandant le département du Nord. (Mouvement de curiosité.) Il dépose ainsi sur les faits relatifs à l'accusé Mésonan :

Le 28 mars dernier, M. le vicomte de Saint-Aignan, préfet du Nord, me donna avis que le docteur Lombard était à Lille, qu'il voyait des officiers de la garnison, et que probablement ce médecin, compromis dans les événements de Strasbourg, cherchait à les séduire. Le préfet me signala les officiers par leurs noms. Ces officiers se trouvant sous la protection de l'indulgence du roi, je ne les nommerai pas. Je pensai qu'il valait mieux prévenir le mal que d'avoir à le punir. Je fis venir ces officiers chez moi ; je leur fis comprendre leur faute, qui n'était encore que de l'étourderie, et qui, j'espère, n'aurait pas été plus loin. Je savais que l'un d'eux avait conduit le docteur Lombard sur les remparts de Lille, dans la citadelle; un autre, sachant que Lombard avait été compromis à Strasbourg, lui avait donné à dîner. Un autre, qui le savait aussi, l'avait reçu chez lui et n'avait pas craint de le conduire à la pension des officiers. Je dis que cette conduite était de nature à compromettre les officiers; ils furent sensibles à mes reproches; je les leur avais adressés durement. L'un d'eux se trouva mal chez moi.

J'avais rempli mon devoir; j'en rendis compte au ministre; je lui dis que ces officiers n'étaient encore que des étourdis, qu'aucun d'eux n'était coupable et ne le serait probablement devenu. Je demandai l'indulgence pour eux. Le ministre me répondit que le roi, malgré la conduite répréhensible de ces officiers, les couvrait de son indulgence.

Le 7 avril, M. le préfet du Nord m'écrivit que le commandant Parquin, compromis dans les événements de Strasbourg, était à Lille. Mon devoir était de veiller à ce que les officiers de la garnison n'eussent aucun rapport avec lui. Le commandant Parquin avait laissé à Lille une grande réputati on de bravoure; il était aimé et estimé des officiers de la garnison; mais je savais aussi que ces officiers blâmaient la conduite qu'il avait tenue à Strasbourg. Je leur ordonnai de ne voir ni recevoir le commandant Parquin.

A la même époque, le commandant Mésonan se trouvait à Lille. Je ne me doutais nullement qu'il fût partisan du prince Louis. J'avais connu le commandant Mésonan comme aide de camp du lieutenant général comte Bourke, pair de France, qui avait inspecté le régiment que je commandais à Brest en 1829. M. le comte Bourke avait eu pour mon régiment et pour moi de la bienveillance. J'avais conservé pour ses bontés une grande reconnaissance. Je n'avais pas vu le commandant Mésonan, son aide de camp, depuis 1829. Il était à Lille, il s'était présenté chez un de ses anciens amis, un ancien aide de camp du général Foix, le chef d'escadron Cabourg. Il fut accueilli comme un ami. Il se présenta aussi chez le colonel du 60e de ligne, un de ses amis. Quelques jours auparavant j'avais reçu ce colonel à la tête de son régiment. Le colonel du 60e lui dit : « Je ne puis pas t'offrir à « dîner, je dîne chez le général Magnan; le connais-tu? Va « le voir, il t'invitera sans doute. » Il vint. Je fus heureux de le recevoir; j'avais pour lui de l'attachement; c'était un homme honnête et aimé dans l'armée. Je l'invitai à dîner; il accepta. Ce jour-là, j'avais à dîner chez moi le préfet du Nord, le lieutenant général comte Corbineau, et quelques officiers supérieurs de la garnison. Je présentai le commandant Mésonan au lieutenant général et au préfet. Après le dîner, quelques parties s'organisèrent dans le salon, le commandant en fit une; la société s'écoula, le commandant partit.

Le lendemain (je n'ai pu me rappeler la date, mais c'était dans les premiers jours de mars, avant le départ de M. le le comte Corbineau), le lendemain, le commandant Mésonan se présenta chez moi pour me faire une visite de politesse. Je l'accueillis avec plaisir. Je lui parlai de sa position; je lui demandai ce qu'il avait fait depuis onze ans que je ne l'avais vu. Il m'exprima le désespoir profond qu'il éprouvait d'avoir été mis à la retraite, lui, me disait-il, qui avait rendu de si grands services au gouvernement en juillet; lui qui avait été aide de camp du comte Morin, commandant la place de Paris à la révolution de Juillet. Il me parla de ses services à Lyon, des dangers qu'il avait courus en exécutant les ordres du lieutenant général Aymar, à la tête des troupes, en attaquant les barricades dans le mouvement républicain qui eut lieu à cette époque. Il parla longuement; je l'écoutai avec bienveillance, avec une grande patience : il était malheureux, je lui devais ce dédommagement. Ce jour-là, il ne fut question d'aucune autre chose. Je l'ai plaint d'avoir été brusquement mis à la retraite. Je lui dis : « Mon cher commandant, vous êtes garçon, vous n'avez pas d'enfant, vous avez un peu de fortune. Vous êtes trop heureux d'être libre et maître de vous après avoir servi trente ans. » La conversation fut bienveillante, confiante, amicale.

Le commandant m'avait dit la veille qu'il allait à Gand. J'avais eu, quand j'étais en mission en Belgique, mon quartier-général à Gand. Le commandant m'avait demandé des renseignements sur quelques personnes de Gand; je les lui avais donnés. Il m'annonça qu'il partait pour Gand; je le crus. C'était dans le mois de mars.

Au mois d'avril, le commandant Mésonan revint à Lille; je n'y étais pas, j'étais en inspection trimestrielle. Le commandant se présenta plusieurs fois chez moi, il ne me trouva pas. Cependant, comme il ne m'avait parlé que d'amis qu'il allait voir à Gand et à Bruxelles, d'anciens amis de captivité, je trouvais étonnant qu'il revînt si souvent à Lille. J'en demandai la cause au commandant Cabour, qui me répondit que Mésonan avait une liaison à Lille. Je le crus.

Au mois de juin, j'étais à Lille, commandant par intérim la division en l'absence du lieutenant général Corbineau. Le commandant Mésonan vint chez moi. J'étais fort occupé. Je dois dire que je craignais qu'il ne me parlât encore de ses griefs. Je les avais écoutés une fois avec une grande patience; je ne voulais plus les entendre. Je lui dis : « Mon cher commandant, j'ai le capitaine Gueurel à dîner, faites-moi le plaisir de venir; vous trouverez ma femme et mes enfants, si un dîner d'enfants ne vous ennuie pas. » Il accepta. Après le dîner, nous fûmes à la promenade; il n'a été question de rien. L'heure où j'avais l'habitude d'aller à la préfecture étant arrivée, je quittai ces messieurs, qui devaient partir le lendemain, l'un pour Gand, l'autre pour Maubeuge. Alors le commandant Mésonan me remit une petite brochure, en me disant : « Mon général, lisez! » Je la mis dans ma poche.

Déjà, j'ai oublié de le dire, dans sa première visite, le commandant Mésonan, après m'avoir parlé de sa mise à la retraite au moment où il espérait, et avec raison, d'être nommé lieutenant-colonel en récompense de ses vieux et bons services, m'avait donné une petite brochure qui avait paru dans un journal. Je crus que c'était cette brochure qu'il me remettait; je n'y fis pas autrement attention.

Le lendemain, 17 juin, le commandant Mésonan, que je croyais parti, entre dans mon cabinet, annoncé comme toujours par mon aide de camp. Je lui dis : « Commandant, je vous croyais parti. — Non, mon général, je ne suis pas parti. J'ai une lettre à vous remettre. — Une lettre pour moi! et de qui? — Lisez, mon général. » Je le fais asseoir, je prends la lettre; mais au moment de l'ouvrir, je m'aperçus que la suscription portait : « A M. le commandant Mésonan. » Je lui dis : « Mais mon cher commandant, c'est pour vous, ce n'est pas pour moi. — Lisez, mon général. » J'ouvre la lettre et je lis : « Mon cher commandant, il est de la plus grande nécessité que vous voyiez de suite le général en question; vous savez que c'est un homme d'exécution et sur qui on peut compter; vous savez aussi que c'est un homme que j'ai noté pour être un jour maréchal de France. Vous lui offrirez cent mille francs de ma part, et vous lui demanderez chez quel banquier ou chez quel notaire il veut que je lui fasse compter trois cent mille francs, dans le cas où il perdrait son commandement. »

Je restai stupéfait, je fus comme anéanti, je ne trouvais en ce moment aucune parole à dire. L'homme que j'avais reçu chez moi, que j'estimais et dont je croyais être estimé, me remettait cette lettre à brûle-pourpoint, sans m'avoir jamais parlé du prince Napoléon, sans que, dans ma conduite ou dans mes discours, rien ait pu donner ouverture à une pareille communication.

Cependant, l'indignation que je ressentais se calma; je pris la lettre en tremblant, et je dis : « Commandant! à moi! à moi une pareille lettre! Je croyais vous avoir inspiré plus d'estime. Jamais je n'ai trahi mes serments, jamais je ne les trahirai. Mais vous êtes fou, commandant. Mon attachement, mon respect pour la mémoire de l'Empereur ne me fera jamais trahir mes serments au roi. » Le commandant était interdit, pâle, inquiet. Malgré mon irritation, j'en eus pitié. Je l'avoue, mon devoir, je ne l'ai pas fait, c'était d'envoyer au ministre de la guerre cette lettre dont on abuse aujourd'hui pour me faire passer pour un dénonciateur. J'ai dit au commandant : « Vous vous perdez, et en pure perte. Que voulez-vous? L'armée est fidèle, elle est dévouée, elle fera son devoir dans toutes les occasions. Une seule fois, elle ne l'a pas fait.

« C'est en 1815, l'empereur était malheureux et dans toute sa gloire ; et aujourd'hui...! » Le commandant fut embarrassé. Alors il me dit : « Général, vous manquez une belle occasion, une occasion de fortune. — La fortune, à ce prix, je n'en veux pas. Et vous, commandant, que j'aimais, que j'estimais, qui pouvez vivre heureux et tranquille avec votre retraite!... » Le commandant me cita alors des hommes que je ne veux pas nommer, qui, disait-il, étaient dans la conspiration.

Je lui dis que cela n'était pas possible ; que quand on servait un gouvernement, on devait le servir avec loyauté, avec honneur, et qu'on ne le trahissait pas. Puis, ayant pitié de cet homme malheureux, malgré le manque d'estime qu'il m'avait montré, je lui pris les mains et lui dis : « Commandant Mésonan, pour Dieu! par attachement pour moi, par honneur pour vous, renoncez à vos projets, je n'en dirai rien à personne. Partez pour la Belgique, restez-y ; dans quelque temps vous retournerez à Paris ; mais, pour Dieu! quittez Lille, et à âme qui vive je ne dirai rien de ce qui s'est passé ici. » Le commandant était ému ; il sortit en me disant : « Mon général, je pars ce soir. »

Cette scène se passait dans mon cabinet le 17 juin. Je jure devant Dieu et devant les hommes, je jure sur la tête de mes cinq enfants qu'il n'y eut pas un mot de plus ni un mot de moins, ce que j'énonce est l'exacte vérité, toute la vérité.

Qu'on ne dise pas, parce que je n'ai pas la lettre, que j'ai voulu me faire un mérite de mon rapport. Non, puisque je me suis compromis.

Le commandant partit. Je n'ouvris la bouche de ce qui s'était passé à qui que ce soit, pas même à ma femme. J'aurais eu trop de douleur qu'on sût qu'un homme me méprisait assez pour me faire une pareille proposition.

Cependant, malgré ma promesse, j'avais un devoir à remplir. Je rencontrai, le 20 ou le 22 juin, le brave commandant Cabour, un vieux soldat, un homme loyal. Je devais empêcher qu'il eût des rapports avec Mésonan. Je lui dis : « Connaissez-vous bien Mésonan? — Oui, mon général. — Depuis quand le connaissez-vous? — Depuis longtemps. — Eh bien! ne le recevez plus, ne le voyez plus! — Pourquoi, mon général, puisque vous lui donnez à dîner, et que vous le recevez chez vous? — Cela est vrai, mais je ne le recevrai plus. Voici ce qu'il a osé me proposer? » Le commandant Cabour fut anéanti.

C'est un devoir que j'ai rempli. Comme chef, je n'avais pas rendu compte au ministre de la tentative de subordination. Je me connaissais, je me sentais; mais si un subordonné était venu me dire qu'on lui avait fait une pareille proposition, à l'instant même j'eusse écrit au ministre. Je pouvais être généreux quand je n'engageais que ma position; mais pour un autre je ne l'eusse pas fait.

Je partis de Lille pour remplir les fonctions de mon grade. Elles sont grandes dans le département du Nord, qui a deux mille cinq cents hommes à fournir à l'armée. Je voyageais avec le préfet du Nord, dans sa voiture. Le préfet, homme loyal, homme dévoué, que je connais depuis quinze mois, et que je regarde comme un ami, me parla de ses craintes sur les projets du parti bonapartiste. Il me dit qu'on se remuait en Belgique, qu'on s'agitait en France, que le parti cherchait à gagner et les troupes et les habitants. C'était le 3 juillet. Par suite de ma confiance en M. de Saint-Aignan, je lui dis que je partageais son opinion, ses craintes, et je lui rapportai, à l'appui de mes craintes à moi-même, la scène qui s'était passée avec le commandant Mésonan dans mon cabinet, et ses propositions. Le préfet me dit : « Quoi! vous n'avez pas écrit? — Non, je n'ai pas écrit; je ne veux pas attacher mon nom à des procès politiques; je méprise toutes ces tentatives. » J'ai fait mon devoir; car, au milieu de tout cela, je remplissais mes devoirs militaires. Je donnai un ordre du jour, dans lequel je rappelais aux troupes, aux neuf colonels, aux treize places de guerre de la division, leurs devoirs envers le roi, envers le gouvernement de Juillet et envers la France.

Le préfet me dit : « Je vous demande la permission d'en informer le ministre de l'intérieur. » J'y consentis; un refus pouvait me faire soupçonner dans l'esprit du préfet. Je tenais trop à son estime pour ne pas transgresser ma promesse. Je l'autorisai, en le priant de ne pas rendre compte du contenu de la lettre, du fait qui s'était passé dans mon cabinet.

Le 4 juillet, le préfet écrivit au ministre de l'intérieur pour signaler Mésonan comme un agent du prince Napoléon. Le même jour, mon aide de camp vint chez moi pour son service, et m'annonça que le commandant Mésonan s'était présenté en mon absence. Je fus indigné. Je trouvai que le commandant rompait un ban que ma bienveillance lui avait indiqué, et j'avais lieu de m'en plaindre.

Dès ce jour mon devoir commençait. Je compris qu'un plus long silence devait me compromettre, me faisait coupable. Aussi je fis entrer mon aide de camp dans mon cabinet; je lui dis tout ce qui s'était passé. Mon aide de camp en fut consterné. Il savait, comme moi, que le commandant Mésonan avait un caractère simple, doux, modeste. Je lui dis d'envoyer chercher tout de suite le commandant de la gendarmerie. Le commandant de la gendarmerie étant venu, je lui dis : « Le commandant Mésonan est un agent du prince Napoléon, il est en ville; cherchez-le, sachez où il demeure, surveillez-le et rendez-moi compte. »

Je fus moi-même, le même jour 4 juillet, un mois avant le débarquement du prince à Boulogne.... (je fais cette remarque pour que vous voyiez bien que le gouvernement n'a pu être pris au dépourvu); je fus chez le procureur du roi, et lui signalai le commandant Mésonan comme agent du prince Napoléon. Je le priai de le faire surveiller, et je lui demandai si Osias, qui avait été arrêté à Lille pour distribution d'un livre intitulé : *Lettres de Londres*, n'avait pas signalé le commandant Mésonan comme auteur de cette distribution. Le procureur du roi me répondit que non, que rien n'indiquait qu'il eût des rapports avec les officiers de la garnison.

Rentré chez moi, j'étais dans mon cabinet lorsque le commandant Mésonan y entra. J'étais mécontent; je devais l'être. Je fus à lui irrité; je lui demandai par quel hasard il se trouvait à Lille, malgré la promesse qu'il m'avait faite. Il me dit : « Je viens me plaindre à vous de ce que vous me faites suivre en Belgique; un officier de gendarmerie me suit partout. » Je lui répondis : « Je ne vous fais pas suivre; mais vous m'aviez promis de ne pas revenir à Lille, et vous y venez quand je n'y suis pas. » Le commandant me fit quelques observations. « Avez-vous, lui dis-je, renoncé à vos projets? Avez-vous renoncé au parti dans lequel vous vous étiez jeté? » Il me répondit : « Non, je suis encore dans ce parti. Je renverserai le gouvernement ou je perdrai la tête. — Vous ne renverserez pas le gouvernement, et vous perdrez la tête; ou plutôt vous l'avez déjà perdue, car vous êtes fou. Partez. » Il sortit, et je ne l'ai plus revu.

Le lendemain, je partis pour faire une longue tournée. Partout les colonels me répondirent du bon esprit de leurs régiments; partout les commandants de place m'assurèrent qu'aucun agent bonapartiste n'avait fait de tentative sur les troupes, et que, dans tous les cas, on pouvait compter sur leur fidélité et leur dévouement.

A mon retour à Lille, je trouvai le lieutenant général commandant la division. Je n'eus plus à m'occuper de Mésonan et du parti bonapartiste.

Voilà, messieurs, ma déposition tout entière, ma déposition vraie.

J'ajouterai que le commandant Mésonan a déclaré que je m'étais plaint à lui de promotions qui avaient été faites dans l'armée; que j'avais le cœur ulcéré; que je lui avais ouvert mon cœur. Je repousse cette déclaration. Vous le savez, messieurs, on n'ouvre son cœur qu'à ses amis, et le commandant Mésonan n'était pas le mien. Certes, il eût pu l'être; mais je l'avais connu à peine huit à dix jours, et je n'étais pas assez lié avec lui pour lui ouvrir mon cœur.

D'un autre côté, je n'ai pu me plaindre au commandant Mésonan : pas une promotion d'officier général n'a été faite depuis la mienne. Ma carrière militaire a été tellement heureuse, qu'il n'y en a pas une pareille dans l'armée. La Restauration a eu beaucoup de bontés pour moi : elle me prit capitaine et me fit colonel ; elle me laissa, à Alger, colonel d'un régiment. Quand je revins d'Alger, le roi Louis-Philippe reçut mes serments et me fit commandeur de la Légion d'honneur ; trois ans après, j'étais officier général. Quand ma mission fut terminée, en Belgique, par la conclusion des affaires de ce pays avec la Hollande, le roi ne me laissa pas un seul jour en disponibilité. Je reçus le commandement d'une brigade. Plus tard, le roi me nomma au commandement le plus important de mon grade ; il me combla de ses bontés. Depuis dix ans, je n'ai jamais été aux Tuileries que pour remercier le roi de ses bontés pour moi. Et je me serais plaint ! Et à qui ? au commandant Mésonan ? C'eût été de l'ingratitude, et jamais l'ingratitude n'est entrée dans mon cœur. Je dénie l'assertion du commandant.

L'ACCUSÉ MÉSONAN. Je me renferme dans les dénégations les plus formelles. Je laisse à mon défenseur le soin de prouver la fausseté des allégations. Je ne parlerai pas davantage.

L'ACCUSÉ LOMBARD. Je prierai M. le chancelier de demander au général Magnan s'il est à sa connaissance, par suite des rapports qu'il a eus avec les officiers que j'ai vus à Lille, que j'ai fait quelque tentative de séduction, d'embauchage. Je prierai aussi de lui demander s'il n'est pas à sa connaissance que j'étais à Lille pour une affaire tout à fait étrangère à la politique; si, d'après les conversations qu'il a eues avec ces officiers, leur caractère connu, les réponses qu'ils lui ont faites, il est resté quelques doutes, dans son esprit, que j'aie fait faire quelques tentatives de séduction, d'embauchage.

M. LE GÉNÉRAL MAGNAN. Je dirai avec franchise qu'aucun des officiers que j'ai vus ne m'a dit que M. Lombard eût cherché à les séduire, à les gagner à Louis-Napoléon. Seulement, par induction, M. le préfet et moi avons pensé que le docteur Lombard, qui avait figuré dans l'affaire de Strasbourg, pouvait être à Lille avec de coupables intentions. Mais les officiers ne m'ont pas déclaré qu'il y eût eu de sa part tentative d'embauchage à leur égard.

Me DELACOUR. Quel est le jour où M. Mésonan est allé chez M. le général Magnan avec le capitaine...?

M. LE GÉNÉRAL MAGNAN. Le 15 ou le 17.

Me DELACOUR. Vous aviez dit le 22.

M. LE GÉNÉRAL MAGNAN. C'était alors une erreur.

Me DELACOUR. Je prie M. Magnan de répéter si c'est ce jour-là que Mésonan lui a fait des propositions.

M. LE GÉNÉRAL MAGNAN. C'est le lendemain du dîner que le commandant est venu chez moi me faire des propositions.

Me DELACOUR. Je demanderai à la Cour la permission de lire l'invitation de M. Magnan.

« Mon cher commandant,

« En vous invitant hier à dîner pour demain, j'avais oublié « que je dînais moi-même en ville; mais je compte que vous « serez assez aimable pour reporter à vendredi l'invitation « que vous aviez bien voulu accepter, dussiez-vous faire mai- « gre et maigre chère.

« Tout à vous d'estime et d'attachement vrais.

« MAGNAN. »

M. LE GÉNÉRAL MAGNAN. C'est possible; les dates m'ont échappé. Le commandant a dîné chez moi, avec le préfet du Nord, en mars (le lieutenant général était encore à Lille), et une fois en juin.

Me DELACOUR. Le 10 juin était un mercredi; l'invitation était donc reportée au vendredi?

M. LE GÉNÉRAL MAGNAN. Je ne dis pas non.

Me DELACOUR. Je demande à lire un certificat dûment légalisé, prouvant que le lendemain de ce dîner M. Mésonan est parti pour Lille.

« Je, soussigné, Janssens Vercruysse, hôtelier des Armes de France, demeurant à Courtrai, et directeur des messageries de Vandenpoel, Seghers et compagnie, de Gand, déclare, sur la présente, que le nommé Mésonan est arrivé, par la diligence partant de Lille pour Courtrai, à sept heures du matin, inscrit place du coupé, par le conducteur Colombier, le 13 juin 1840.

« Courtrai, le 27 septembre 1840.

« JANSSENS VERCRUYSSE.

« Vu pour légalisation de la signature de M. Janssens Vercruysse, hôtelier et directeur des messageries précitées, en cette ville.

« Courtrai, le 27 septembre 1840.

« VANDALE DERYCKER, *échevin.* »

M. LE PROCUREUR GÉNÉRAL. Quelle conclusion entendez-vous en tirer?

Me DELACOUR. Voici un autre certificat :

« Je, soussigné, directeur du bureau des messageries Vandenpoel, Seghers et compagnie, à Lille, certifie que mon registre des départs porte, à la date du 13 juin de cette année, le nom de M. de *Mésonan*, ainsi orthographié sur le livre : M. *Messonant*, pour le départ de Lille à Courtrai dudit jour, 13 juin, à sept heures du matin.

« En foi de quoi j'ai délivré le présent certificat, pour servir en tant que de besoin.

« Lille, le 22 septembre 1840.

« P.-L. PAQUET, MAZINGLIER.

« Vu, pour légalisation de la signature, le 22 septembre 1840, par le maire de Lille. »

M. LE PROCUREUR GÉNÉRAL. Cela n'a pas le moindre intérêt.

Mᵉ DELACOUR. Cela a un très-grand intérêt.

Voici une autre pièce :

*A M. Charles Delacour, avocat à Paris.*

Courtrai, le 27 septembre 1840.

« Sur votre demande, je vous remets un extrait de ma feuille, tel que vous m'avez demandé. Si, au besoin, il vous en fallait une pareille de l'administration du chemin de fer, il faudrait m'en écrire de suite, car les livres sont actuellement à Bruxelles, au ministère des travaux publics, et, pour avoir cela de suite, il faudrait faire le voyage à Bruxelles exprès. Donc, veuillez m'en écrire; au besoin, je pourrai y aller. D'ailleurs, je me rappelle très-bien que M. Mésonan est parti, avec un omnibus, de l'hôtel au chemin de fer.

« Recevez, monsieur, mes salutations.

« JANSSENS VERCRUYSSÉ. »

L'ACCUSÉ PARQUIN. Le général Magnan m'a signalé dans son rapport. Comme depuis vingt-cinq ans je n'ai passé que vingt-quatre heures à Lille, en revenant d'Allemagne par la Belgique, je désirerais que M. Magnan, qui commandait la division, eût la bonté de dire si, dans les rapports qu'il a reçus, il a entendu parler que j'aie causé avec aucun officier ou soldat de la garnison.

M. LE GÉNÉRAL MAGNAN. Je déclare que M. Parquin a traversé Lille ostensiblement. Je déclare également qu'il n'est pas à ma connaissance que M. Parquin ait vu personne à Lille; cependant il y avait des amis. Je déclare également que j'ai rendu compte au ministre que M. Parquin n'est resté que vingt-quatre heures à Lille; qu'il est descendu à l'hôtel de l'Europe; qu'il en est parti en présence de tout le monde, sans avoir fait autre chose que traverser la ville. Si M. Parquin le désire, je lirai la lettre écrite, à cette occasion, au ministre de la guerre.

PIEDFORT, portier à l'hôtel des Bains, à Boulogne. La veille des événements, une personne est venue, vers midi, à mon hôtel; elle a loué un cheval, est partie, et n'est revenue qu'entre cinq et six heures du soir. Elle attendait un autre individu qui devait arriver vers minuit ou une heure. En effet, vers minuit ou une heure, deux voitures de poste sont successivement arrivées. Un individu, descendu de l'une d'elles, alla trouver les deux personnes déjà à l'hôtel, et ces trois messieurs sortirent. Je ne les ai plus revus.

LEGRAND, marchand fripier, à Paris, a vendu un assez grand nombre de capotes et d'effets militaires, le 27 avril, à Forestier, qu'il reconnaît.

REGNIER, menuisier à Paris, déclare qu'il est à sa connaissance que Forestier a acheté cent mille cadres, pour renfermer et introduire en France des ardoises en porcelaine.

M. HENRI, ingénieur civil, à Paris. Depuis notre sortie de l'École polytechnique, en 1837, jusqu'à son départ pour Londres, Bataille s'occupait avec moi d'études de chemins de fer, en un mot, d'études relatives aux travaux publics. Au commencement de 1840, nos occupations s'étant un peu ralenties, M. Bataille écrivit sur ces mêmes questions. Il travailla à la même époque au *Capitole;* il n'y écrivit que sur la question d'Orient, et, en général, sur la politique étrangère.

J'ai toujours remarqué dans Bataille un jeune homme studieux, dévoué, plein de bonnes qualités. Ses opinions étaient fort modérées; elles se rapprochaient plus de l'opposition libérale que du parti napoléonien. Lorsque, dans les premiers jours de mars, M. Bataille partit pour l'Angleterre, il me dit qu'il allait s'y occuper d'affaires industrielles. C'est ce qu'il fit en effet, car il m'apprit qu'il était en rapport avec des capitalistes, et qu'il organisait une affaire de la nature de celle du chemin de fer de Paris à Rouen. Je lui demandai des renseignements qu'il promit de me donner un peu plus tard.

M. DURAT-LASSALLE, avocat à Paris, dépose. M. Parquin vint me consulter sur sa position militaire. Je pensai qu'on ne pouvait pas lui appliquer la réforme : il aurait fallu pour cela assembler un conseil d'enquête.

Me FERDINAND BARROT. Depuis l'affaire de Strasbourg, M. Parquin a fait un seul voyage en France, et l'accusation attribue à ce voyage un but d'embauchage. J'ai voulu, par le témoin, faire expliquer que c'est pour des intérêts particuliers que M. Parquin a fait ce voyage, dans lequel il ne s'est pas occupé de politique, mais qu'il a employé à régulariser sa position militaire.

M. LE PRÉSIDENT. Le défenseur ne tient pas à connaître la valeur des droits de M. Parquin, dont la défense avait été confiée à Me Lassalle; il tient à établir par votre témoignage qu'il est venu à Paris pour savoir auprès de vous les moyens de les faire valoir.

LE TÉMOIN LASSALLE. M. Parquin m'a parlé de sa position militaire et nullement des affaires du prince. Le 10 juillet, il m'a adressé de Londres un mandat pour mes honoraires, en réclamant toute mon activité pour son affaire, et, en même temps, en m'adressant pour M. Béchard, député, avocat aux conseils du roi, la provision nécessaire pour son recours au conseil d'État, contre la décision de la grande chancellerie de la Légion d'honneur. Ces faits me donnent la conviction qu'à cette époque M. Parquin ignorait complétement la tentative.

La liste des témoins est épuisée.

M. le président accorde la parole à M. le procureur général.

*Réquisitoire de M. Franck-Carré.*

M. Franck-Carré, procureur général, se lève, ainsi que ses substituts, et prend la parole en ces termes :

Messieurs,

Après les débats qui ont rempli vos dernières audiences, ne permettrez-vous pas au magistrat que son devoir appelle à soutenir cette accusation de se demander d'abord quelles peuvent être ici l'utilité de ses paroles et la nécessité d'une discussion? Rien n'a été contesté ni sur les faits qui constituent l'attentat, ni sur la part qui en est attribuée à chacun des accusés : l'intention, le but, les moyens, tout a été avoué. Dans les réticences, même que certaines positions commandaient, on a paru s'inquiéter moins du soin de cacher la vérité, que du point d'honneur qui défendait de la dire, et en produisant des excuses que pouvaient souffrir des situations moins désespérées, ce n'était pas du crime qu'on tentait de se justifier, mais de l'aveuglement qui l'avait conçu, et de la folle présomption qui l'avait entrepris.

Et comment eût-il été possible, messieurs, qu'il en fût autrement? Une violation du territoire à main armée, le peuple sollicité à la révolte par des distributions d'argent et des acclamations séditieuses, des tentatives réitérées pour ébranler la fidélité des soldats, des proclamations qui provoquent au renversement des institutions du pays, des ordres, des arrêts, des décrets qui supposent déjà l'exercice d'une dictature usurpée, ce ne sont pas là des actes dont l'évidence puisse être obscurcie, ou dont le caractère soit équivoque; les factieux avaient marché à découvert au milieu d'une population aussi surprise qu'indignée, et lorsque, après la déroute, presque tous les accusés, encore en armes, étaient arrêtés dans leur fuite, ceux-ci portant les marques distinctives des grades qu'ils avaient obtenus au service de la patrie, et qu'ils venaient de mettre au service de l'insurrection, ceux-là revêtus d'uniformes et d'insignes qui ne leur appartenaient point, et dont la révolte les avait décorés pour son usage, nul d'entre eux ne pouvait nier une culpabilité flagrante, et le concours qu'il avait prêté à une si criminelle entreprise. Il semble donc, messieurs, qu'il ne s'agisse plus que de mesurer pour chacun le degré de culpabilité qui lui appartient dans le crime de tous, et c'est là une appréciation où nous devrions peut-être hésiter à précéder votre haute justice, qui sait la faire avec autant de sagesse dans la fermeté que dans l'indulgence.

Mais nous comprenons, messieurs, que le procès ne doit point être réduit à ces termes : lorsqu'un effort a été tenté pour substituer un autre gouvernement à celui du pays, lorsqu'une ambition, si haute qu'elle n'aspire à rien moins qu'au souverain pouvoir, s'est manifestée par des actes formels, lorsque quelques hommes enfin ont cru pouvoir menacer d'une révolution nouvelle cette terre sillonnée déjà par tant de révolutions, suffit-il, devant cette Cour surtout, de constater les circonstances matérielles de l'attentat, et de provoquer contre ses auteurs un châtiment mérité? Ne faut-il pas encore rechercher quels avaient été les mobiles, quelle était la portée de cette agression, sur quels titres s'appuyaient des prétentions si vastes, de quelles influences et de quels moyens disposaient les hommes qui s'étaient bercés d'une si folle espérance? Vous prévoyez déjà, messieurs, les résultats de ses investigations; elles nous montreront jusqu'à quels humiliants mécomptes on a pu être abaissé par l'ignorance de la situation politique du pays; par l'inintelligence de ses vœux, de ses sympathies, de ses intérêts; par une spéculation aventureuse fondée sur de glorieux souvenirs, dont le culte bien compris condamnait toutes les témérités qu'ils ont inspirées.

Mais qu'il nous soit permis de rappeler d'abord les circonstances principales de l'attentat qui amène les accusés devant vous. La conduite de cette coupable entreprise et son dénoûment doivent être le point de départ de l'appréciation à laquelle nous essayerons ensuite de nous livrer.

Dans la nuit du 5 au 6 août, un bâtiment à vapeur, nolisé à Londres, apporte sur les côtes de France Charles-Louis-Napoléon Bonaparte. Un officier général, plusieurs officiers de grades divers l'accompagnent; il porte les insignes du commandement supérieur; la plaque de la Légion d'honneur brille sur sa poitrine. A sa suite marche un corps peu nombreux d'hommes armés qui paraissent appartenir au 40e de ligne, dont ils ont revêtu l'uniforme : au milieu du cortége flotte un drapeau que surmonte l'aigle impériale, et sur lequel sont inscrits à jamais les noms mémorables des principales victoires de l'Empire.

Ainsi, messieurs, c'est l'Empereur que l'on prétend faire revivre aux yeux de la France : ce sont les gloires de son règne que l'on évoque. Quels sont-ils donc ceux qui osent se promettre à eux-mêmes et promettre à la patrie de continuer, à vingt-cinq ans d'intervalle, et l'Empereur et l'Empire? Trouverons-nous parmi eux, verrons-nous accourir à leur rencontre quelques-uns de ces chefs illustres, de ces lieutenants du héros dont la gloire ne pâlissait pas à côté de la sienne, ou quelques-uns de ces sages qui portaient avec lui, dans le conseil, le lourd fardeau des affaires? Comptent-ils du moins dans leurs rangs quelques-unes de ces illustrations plus nouvelles qui s'élèvent pour remplir les places vides dans la phalange immortelle?

Vous avez sous les yeux, messieurs, la liste des conjurés; vous savez ce qu'ils ont été et ce qu'ils sont; et ce n'est assurément leur rien enlever de ce qu'ils ont pu considérer, les uns comme le prix de leurs vieux services, les autres comme les titres de leurs jeunes ambitions, que de leur refuser l'éclat de ces hautes renommées sur lesquelles peuvent reposer la confiance et l'espoir d'un grand peuple.

Ils s'avancent cependant vers la ville de Boulogne : trois ou quatre personnes seulement en sont sorties pour venir les joindre. Au nombre de ces auxiliaires de l'insurrection, se trouve le lieutenant Aladenize, qui sert dans le 42e régiment de ligne, et dont le concours, s'il en faut juger d'après les faits qui ont suivi, était, dans le plan de la conjuration, le plus énergique des moyens de succès qu'elle se fût préparés. La garnison de Boulogne se composait de deux compagnies d'élite détachées du 42e. Sur l'avis qui lui a été donné du prochain débarquement des conjurés, Aladenize est arrivé dans la nuit de Saint-Omer : il a appartenu pendant quelque temps à l'une des deux compagnies en face desquelles on va se trouver à Boulogne, et on espère que, par l'influence de son grade, il parviendra à les entraîner dans l'oubli du devoir, et à leur faire partager le crime de sa trahison.

Bientôt on entre à Boulogne : sur la place d'Alton se trouve un poste gardé par quelques soldats sous les ordres d'un sergent. En approchant de ce poste, Aladenize, qui précède de quelques pas le cortége de Louis Bonaparte, crie : *Aux armes!* Ce cri est répété par la sentinelle. Les soldats prennent les armes, et le sergent qui voit s'avancer des officiers généraux leur fait rendre les honneurs militaires. C'est alors qu'on l'invite à quitter son poste et à se joindre au cortége : Aladenize, qui lui avait dit en l'abordant : *Sergent, voilà le prince,* le sollicite avec instance : il se prévaut de l'autorité de son grade : *Je suis officier*, dit-il, *vous n'êtes que sergent, vous devez m'obéir*. Mais le sous-officier a compris qu'il s'agissait de quelque tentative criminelle ; les instances le trouvent inflexible, l'autorité du grade ne lui impose pas : il répond avec fermeté qu'il n'abandonnera son poste que sur un ordre du commandant de la place; il rappelle aux soldats placés sous ses ordres qu'ils ne doivent obéir qu'à lui, et il les retient dans le devoir malgré les efforts d'Aladenize, qui, ne pouvant séduire ou tromper leur chef, avait espéré les trouver plus dociles, et renouvelait auprès de chacun d'eux ses criminelles sollicitations. Un autre conjuré, le commandant Parquin, qui prend le titre d'aide de camp de Louis Bonaparte, s'était aussi approché du poste, et avait menacé le sergent de punition. *Si je suis puni*, avait répondu le soldat fidèle, *ce sera pour avoir fait mon devoir : je reste à mon poste.*

Cette première tentative d'embauchage, et cette courageuse résistance, suffisaient déjà pour donner à Louis Bonaparte et à ses affidés la mesure du succès qu'ils devaient attendre dans leur criminelle entreprise. Ils se dirigent toutefois sur la caserne, où ils vont éprouver de nouveau le degré d'influence que peut conserver un officier parjure sur des soldats trop intelligents pour qu'on les trompe longtemps, trop pénétrés du sentiment de l'honneur pour qu'on les égare jamais.

C'est encore Aladenize qui paraît le premier à la caserne ;

il s'y présente tenant à la main son sabre nu, et il s'écrie : *Voilà le prince ! aux armes ! aux armes !* Bientôt après arrive le cortége en faisant retentir les cris de : *Vive l'Empereur ! vive Napoléon !*

Aladenize fait battre le rappel; les soldats surpris prennent leurs armes et descendent dans la cour où on les range en bataille. Aladenize fait placer le drapeau des conjurés au centre des deux compagnies; il ordonne de présenter les armes et de battre au drapeau : ses ordres sont exécutés. Il profère à haute voix le cri de : *Vive l'Empereur !* et ce cri est répété à grand bruit par les hommes qui accompagnent le prince. Dans les deux compagnies qui ne comprennent pas encore ce qui se passe et ne savent pas ce qu'on leur demande, quelques voix répètent cette acclamation : malgré l'ascendant du grade et l'habitude de leur discipline, la plupart des soldats ne répondent que par le silence aux provocations d'Aladenize, comme aux discours que leur adresse Louis Bonaparte.

Cependant on a fait sortir des rangs les sous-officiers : on les présente à celui qui se donne pour l'héritier de Napoléon, et qui pour les séduire et les entraîner à sa suite, leur prodigue des promesses de grades et de décorations. Mais l'effet qu'il produit est loin de répondre à son attente : des sergents auxquels il vient d'annoncer qu'il les fait capitaines comprennent aussitôt qu'on les veut faire des instruments de complot; ils refusent nettement ces propositions coupables, et l'un d'eux, vieux soldat, annonce aux grenadiers qui l'entourent qu'il prend le commandement de la compagnie, et qu'ils ne doivent agir que par ses ordres.

Cependant les officiers ont été prévenus : le capitaine Col-Puygellier, les sous-lieutenants Maussion et Ragon-Laferrière se dirigent vers la caserne après avoir revêtu leurs uniformes. Vous savez, messieurs, quelles difficultés rencontrèrent ces trois officiers pour pénétrer jusque dans la caserne, et comment cette fermeté qu'inspire le sentiment du devoir les fit triompher de tous les obstacles. C'est par la force que le capitaine Col-Puygellier parvint à s'approcher de Louis Bonaparte, qui essaya, par ses discours, de l'entraîner avec lui.

Mais le capitaine l'interrompt, et parlant avec fermeté : « Prince Louis ou non, je ne vous connais point : je ne vois en vous qu'un conspirateur. Napoléon, votre prédécesseur, avait abattu la légitimité, et c'est en vain que vous voudriez la réclamer ici : qu'on évacue la caserne! »

Ces paroles parurent déconcerter, et celui auquel elles étaient adressées, et la plupart de ceux qui l'entouraient.

Les plus déterminés cependant, et parmi eux l'accusé Fialin, serrèrent de près le courageux officier, qui continuait à faire les plus grands efforts pour pénétrer jusqu'à sa troupe, et sa vie fut un moment menacée. M. Ragon-Laferrière ne l'avait pas quitté, et était exposé aux mêmes dangers; M. de Maussion, qui en avait été séparé par les mouvements d'une lutte commune, résistait de son côté aux instances d'Aladenize, qui cherchait à l'entraîner dans la révolte.

Il paraît cependant que quelques-uns des conjurés redoutèrent la responsabilité des violences odieuses qui devenaient imminentes. Aladenize lui-même, dont la trahison avait livré l'entrée de la caserne, sentit qu'il ne fallait pas que le sang de ses camarades égorgés retombât sur sa tête : on l'entendit crier : « Ne tirez pas! » et on le vit se jeter entre le capitaine et ceux qui le menaçaient. D'un autre côté, les soldats de la garnison restés dans la cour, au repos sur leurs armes, entendirent la voix de leur chef, et s'aperçurent du péril qui le menaçait. Plusieurs se précipitèrent aussitôt vers lui et l'arrachèrent des mains des conjurés. A peine eut-il paru sur le front de sa troupe que les assaillants firent un mouvement rétrograde qui les porta jusque dans la rue. Mais ils revinrent presque aussitôt sur leurs pas. Louis Bonaparte, le général Montholon, les principaux parmi les officiers, marchent à leur tête. Ils n'ont pas encore renoncé au projet d'entraîner les soldats; ils ne sont pas encore convaincus de l'inutilité de leurs efforts, et leurs dernières illusions ne sont pas dissipées. Le capitaine se porte au-devant d'eux, s'adresse à Louis Bonaparte, lui signifie de se retirer, et le menace, s'il s'y refuse, de l'y contraindre par la force. C'est alors qu'une détonation se fait entendre. C'est Louis Bonaparte, vous le savez, messieurs, qui vient de tirer un coup de pistolet. Il est certain que l'arme fut dirigée contre l'officier qui se montrait si énergique et si ferme dans l'accomplissement de son devoir, contre celui que les conjurés devaient considérer comme un invincible obstacle au succès de leur criminelle entreprise. La balle frappa un grenadier, qu'elle blessa grièvement.

Le sang venait de couler : c'est le sang d'un militaire français, et c'est le neveu de l'Empereur qui l'a versé volontairement. Ce coup pouvait devenir le signal d'un conflit meurtrier. Les fusils des soldats n'étaient point chargés ; ils n'avaient pas de cartouches dans leurs gibernes. Mais, armés de leurs baïonnettes, rangés sous le commandement de leurs chefs, qui tous alors avaient pénétré jusqu'à eux, ils pouvaient aborder avec confiance cette poignée de factieux qui étaient venus leur proposer le déshonneur et la trahison. Mais ceux-ci, effrayés de leur propre audace, précipitent leur retraite et abandonnent la caserne.

Parlerons-nous maintenant, messieurs, des efforts qu'ils ont encore tentés pour entraîner la population qui les entourait, et parmi laquelle ils jetaient des proclamations subversives dont ils cherchaient à seconder l'effet par des distributions d'argent? Dirons-nous comment ils se sont dirigés vers la ville haute dans l'espoir de s'emparer du château qui renfermait des armes, et comment ils ont inutilement essayé d'en enfoncer les portes, fermées à leur approche : *comment ils ont repoussé avec une indigne violence le sous-préfet qui venait, au nom du roi, les sommer de se disperser;* comment enfin ne trouvant de sympathie nulle part, et voyant, au contraire, se préparer partout autour d'eux une énergique résistance, ils se sont dirigés vers la colonne de la grande armée pour y planter leur drapeau. Que venaient-ils faire, messieurs, à l'ombre d'un monument élevé à de grands souvenirs, ces coupables auteurs d'une conspiration misérablement avortée, s'ils ne s'y réfugièrent pas comme dans une sorte de lieu d'asile où la religion de la gloire protégeât leur crime et leur fuite contre l'indignation publique !

Mais toutes les mesures avaient été prises pour qu'ils ne pussent pas échapper à la justice. Tous les dépositaires, tous les agents de la force publique se montrent jaloux de faire en sorte que les lois n'aient pas été impunément violées. Jamais le devoir ne fut mieux compris, jamais le dévouement et le zèle ne se manifestèrent avec une plus louable spontanéité, avec une harmonie plus heureuse de volontés et d'efforts.

Quelles attaques contre les institutions et le gouvernement du pays peuvent paraître redoutables, messieurs, lorsqu'on voit au premier péril le pays lui-même se lever pour les défendre ?

Bientôt, à l'approche de la garde nationale et de la troupe de ligne qui marchent contre eux en se disputant le poste du danger, les conjurés se dispersent et précipitent leur fuite.

Nous ne rappellerons pas, messieurs, comment tous sont successivement arrêtés, ou sur la plage ou dans la campagne.

Parmi les accusés, il n'en est pas un qui n'ait pris part à tous les faits que nous venons de rappeler. Tous ils ont occupé leur place dans le cortége armé qui s'est formé autour de Louis Bonaparte au moment du débarquement; tous ils ont envahi avec lui la ville de Boulogne.

Devant le poste de la rue d'Alton, que l'on croyait facilement enlever; dans la caserne où la séduction cherchait vainement des dupes et des traîtres, où la violence essayait vainement d'enchaîner le courage; aux portes de la ville haute, ébranlées à coups de hache; partout enfin, rangés en uniforme et en armes autour de leur chef, ils l'ont secondé de tous leurs pouvoirs; ils ont prêté à l'insurrection le concours le plus actif, fondant sur le succès de la révolte d'ambitieuses espérances, tous agissant dans la pensée de détruire les institutions du pays et d'élever sur leurs débris un gouvernement nouveau, tous obstinés jusqu'au dernier moment dans les efforts d'une tentative impuissante. Ils l'ont avoué, messieurs; bien plus, la plupart s'en font gloire, et nul ne voudrait faire croire qu'il ait pu faillir.

Sous le chef qu'ils se sont donné, ils se regardent enchaînés par le devoir militaire, et celui que la conspiration aurait trouvé infidèle serait à ses propres yeux un soldat qui aurait abandonné son poste.

Devrons-nous donc nous arrêter à rechercher à quel moment chacun d'eux a été initié aux projets de Louis Bonaparte et aux détails de l'entreprise où on allait l'engager? N'en est-il pas d'abord à l'égard desquels un silence absolu était impossible, et qu'on ne pouvait pas avoir la coupable pensée de compromettre à leur insu dans un attentat à main armée contre le gouvernement de leur patrie? Que le secret de la conspiration n'ait pas été abandonné à la tourbe des conspirateurs, qu'on n'ait pas cru devoir de confidences à des domestiques dont on allait cacher la livrée sous un uniforme, à des hommes à gages qu'on emmenait à sa suite et qui ont l'habitude de suivre leur maître sans demander où il va; cela est vraisemblable; nous le comprenons, nous n'hésitons pas à l'admettre. Mais qu'un officier général, des officiers supérieurs, des hommes pour lesquels on n'avait pas le droit de méconnaître ce qu'ils se doivent à eux-mêmes, aient été enlevés en quelque sorte, sous de frivoles prétextes, et jetés, les yeux fermés, dans une insurrection téméraire, cela n'est pas possible, messieurs, et nous ne craignons pas d'affirmer que cela n'est pas. Pour être amené à croire qu'on ait pu disposer ainsi de leur conscience et de leurs bras, il faudrait du moins qu'il fût reconnu qu'on les savait toujours prêts à tout, qu'il n'était pas d'extrémités auxquelles ils ne fussent d'avance résolus, et qu'entretenus dans un état permanent de conspiration, ils ne devaient jamais reculer devant les hasards et les périls de l'exécution. Qu'importe dès lors qu'on leur ait appris le lieu et l'heure où leurs vœux seraient réalisés, où l'occasion qu'ils attendaient leur serait offerte?

Il est certain d'ailleurs que, pendant la traversée, Louis Bonaparte a fait connaître à tous ceux qui l'accompagnaient son intention de débarquer à Boulogne, et sa volonté de renouveler la tentative dans laquelle il avait si tristement échoué à Strasbourg. Il est certain que chacun a trouvé sous sa main son uniforme, ses armes, son équipement, et que, sur l'ordre qui en a été donné, l'état-major, comme la troupe, s'est aussitôt costumé pour l'action. C'est donc au moins depuis ce moment que l'entreprise avait été sciemment acceptée, et que tous les complices s'étaient associés, sans réserve, à la pensée de leur chef. Nous ne savons, messieurs, si parmi eux il s'est trouvé un homme dont la raison plus mûre comprit tout le néant d'une ridicule illusion, et qui prévit l'inévitable issue d'une témérité sans exemple. Mais celui-là même n'a pas refusé son concours; et, lorsqu'au milieu du peuple et devant les soldats il marchait revêtu des insignes de son grade sous le drapeau de la sédition, il assurait aux factieux le plus énergique moyen dont ils pussent disposer. Le général Montholon ne pourra donc se disculper en invoquant son peu de confiance dans le succès, ou l'intention de prévenir les collisions violentes. Placé dans une situation élevée, il est plus coupable lorsqu'il en foule aux pieds les devoirs: les épaulettes d'officier général lui imposaient envers la patrie et envers le roi des obligations plus étroites, et son nom, recommandé par un pieux dévouement aux souvenirs de la France, ne devait pas être compromis dans une tentative sans portée contre les institutions qu'elle s'est faites. Il était de ceux qui avaient reçu la noble mission de guider l'armée dans les voies de la fidélité et de l'honneur. La conscience publique et la justice des lois prononceront un arrêt rigoureux sur le crime qu'il a commis en devenant le complice de ceux qui provoquaient des soldats à la trahison et à la révolte.

Moins élevés en grade, mais officiers en activité de service, Ornano et Aladenize avaient à remplir des devoirs analogues et les ont également violés. Le premier avait quitté son corps en vertu d'un congé. Il ne l'avait pas rejoint à l'expiration du terme qui lui avait été fixé, et son absence irrégulière avait duré assez longtemps pour qu'il dût être jugé comme déserteur. Son nom, toutefois, n'était pas rayé des contrôles. Il faisait encore partie du 3ᵉ régiment de dragons. Militaire, il ne devait pas se considérer comme affranchi de ses serments; citoyen, il ne pouvait jamais être dégagé de ses devoirs envers la patrie.

La conduite d'Aladenize est plus coupable et plus odieuse encore; il était, au moment de l'attentat, en activité de service sous le drapeau de son corps. Pour se rendre à Boulogne, où il sait que Louis Bonaparte doit débarquer, il abandonne le lieu de sa garnison. Instruit des projets criminels dont on va tenter l'exécution, il a promis sa coopération la plus active, et il tient largement sa promesse. Ce n'est pas seulement l'influence, c'est l'autorité même de son grade qu'il emploie pour détourner du devoir des soldats qui appartiennent à son régiment. C'est au nom de la hiérarchie et de la discipline que, traître et parjure lui-même, il leur prescrit la trahison et le parjure. Violation déplorable des lois les plus impérieuses de l'honneur! Crime le plus odieux peut-être et le plus funeste qu'un militaire puisse commettre! Que deviendraient les institutions et les lois, la sécurité publique et la liberté, si chacun de ceux qui sont préposés à leur garde croyait pouvoir, au gré de ses intérêts, de ses passions, de ses *principes personnels* (pour rappeler le langage de l'accusé), tourner contre le gouvernement du pays les armes qui lui ont été confiées? Un témoin rapporte que vous vouliez, Aladenize, briser votre épée quand vous avez vu que le succès ne répondait pas à vos espérances. C'était avant l'attentat qu'il fallait la briser et déposer en même temps vos épaulettes. L'armée du moins n'aurait point eu à regretter qu'il se soit rencontré dans ses rangs un officier capable de trahir aussi déloyalement ses devoirs. Nous ne redoutons pas, messieurs, que cet exemple unique devienne contagieux. Il importe toutefois qu'il soit énergiquement réprimé : les nécessités de la discipline militaire et les intérêts si chers aux pays d'un gouvernement national et d'une constitution libre, nous imposent l'obligation de provoquer contre Aladenize toutes les sévérités de votre justice.

Auprès d'Aladenize se placent naturellement Forestier et Bataille. Depuis langtemps, le premier était un des agents les plus actifs de Louis Bonaparte; c'est Forestier qui a distribué los brochures, embauché les hommes, acheté les uniformes; c'est lui qui, la veille de l'attentat, vint de Londres apporter à Bataille, rédacteur habituel du *Capitole*, l'ordre que celui-ci fit parvenir au lieutenant Aladenize. Tous trois, e jour même, à deux heures du matin, allèrent au-devant de l'expédition qu'ils secondèrent ensuite de leurs efforts.

Nous n'avons pas besoin, messieurs, de rappeler les faits qui concernent l'accusé Parquin, sa participation aux embauchages et sa présence dans les principales scènes de l'attentat; de le montrer à Wimereux forçant les douaniers à suivre le prince, et à la place d'Alton cherchant à intimider par ses menaces le sergent Morange : Parquin, commensal habituel de Louis Bonaparte, se tenait à ses ordres; il s'est peint devant vous en quelques mots quand il a dit qu'on ne l'*appelait pas au conseil, mais qu'il était un homme d'action.*

Comme lui, relaps de Strasbourg, les accusés Fialin et Lombard devaient se trouver à côté de lui sur la plage de Wimereux. Fialin est l'auteur d'une brochure publiée à Londres en 1837, et qui plus tard a été en partie reproduite par Laity. C'est Fialin qui a eu le triste courage de revendiquer comme un honneur les violences dont le capitaine Col-Puygellier et le sous-lieutenant Maussion ont failli être victimes. Lombard portait le drapeau : il en a frappé le courageux fonctionnaire qui, seul, voulait s'opposer à la marche des insurgés, et a plus tard arboré cet insigne de la révolte au sommet de la colonne.

Si la présence du colonel Voisin, dans tous les actes qui ont précédé l'attentat, n'est pas prouvée par les débats, au moins est-il impossible d'admettre, comme il le prétend, qu'il n'a joué dans l'agression du 6 août qu'un rôle purement passif. C'est lui qui a dirigé à l'avance le plan d'attaque; c'est lui qui a écrit les lettres qui devaient assurer l'exécution. Le haut grade que lui assignait l'ordre du jour devait être la récompense de son dévouement à l'insurrection. Vous partagerez, messieurs, le chagrin que nous éprouvons à trouver parmi les rebelles un militaire qui avait dignement servi son pays.

La vie aventureuse de l'accusé Bouffet est suffisamment prouvée par les titres mêmes dont il se pare. C'est un de ces hommes que Louis Bonaparte tenait toujours à sa disposition, et qui étaient prêts par avance à accepter toutes les missions qui leur seraient confiées. Nous n'avons pas besoin de rappeler la participation coupable de cet accusé à tous les faits de l'attentat.

Mésonan ne devait pas reculer devant la réalisation d'un complot auquel il s'était associé depuis longtemps. La Cour n'a pas oublié les menées de cet accusé à Lille, et l'audace de ces propositions que le général Magnan vient de retracer devant elle. Ce fait suffirait pour caractériser sa complicité, si bien attestée d'ailleurs par sa participation directe à l'attentat de Boulogne.

Galvani, de son propre aveu, s'est dévoué aux projets du prince dès qu'ils lui ont été révélés sur le paquebot, et il est prouvé qu'à la porte de la caserne il distribuait les proclamations de la révolte.

Nous ne devons point séparer Orsi, banquier de Louis Bonaparte; Conneau, son médecin; d'Almbert, son secrétaire, et Bure, son frère de lait. Ces quatre accusés ont pu expliquer, mais non excuser leur participation au complot, en alléguant le dévouement aveugle qui les attachait à leur chef.

Nous devons en outre faire observer que Conneau a imprimé lui-même à Londres les proclamations de Louis Bonaparte, et qu'il a été chargé des préparatifs immédiats du départ.

La présence du colonel Laborde à côté des accusés Montholon et Voisin fait assez comprendre quelle était l'importance de son rôle dans l'insurrection : il n'a reculé devant aucun de ses actes.

Le dénûment où se trouvait le capitaine Desjardins, et enfin, messieurs, les besoins de sa nombreuse famille, le livraient sans défense aux dangereuses provocations du commandant Parquin; elles lui attireront peut-être une indulgence que nous ne nous sentons pas le courage de lui disputer.

Nous nous bornons, messieurs, à ce résumé rapide des faits : nous n'insistons, il faut le répéter, ni sur les détails, ni sur les preuves, parce que la complicité dans l'attentat n'est pas niée et ne peut l'être par personne, parce qu'il ne nous paraît pas possible qu'une explication soit tentée pour faire disparaître, sous ce rapport, la culpabilité.

Que si nous demandons maintenant comment ces hommes et leur chef ont pu être amenés à courir les chances d'une entreprise qui partout a été accueillie avec un sentiment de surprise, presque d'incrédulité; que tout le monde aurait condamnée d'avance, non-seulement comme criminelle, mais comme insensée; dont il n'est personne enfin qui n'eût prévu l'inévitable dénoûment, les écrits publiés pour faire l'apologie de l'attentat de Boulogne suffisent pour faire comprendre, et les illusions dont ils se berçaient, et l'aveuglement dont ils étaient frappés. Déjà, messieurs, vous vous le rappelez, nous avons dû apprécier devant cette Cour les prétentions et les ressources, les vanités et les erreurs, de ce qu'on appelait alors, de ce que l'on nomme encore aujourd'hui le parti napoléonien.

Lorsqu'on a pu, dans une brochure, répandue avec profusion, se poser, en revendiquant une sorte de légitimité impériale, comme le tuteur nécessaire des intérêts, des libertés et de la gloire de la patrie; se vanter d'avoir rallié tous les partis dans les mêmes sentiments et dans les mêmes vœux; se présenter enfin comme soutenu par toutes les sympathies du peuple et de l'armée; on a donné la mesure de ce que pouvaient imaginer les fantaisies de l'ambition, de ce que pourraient oser les témérités de l'inexpérience. On s'était montré cependant sur le sol français. Un colonel, cette fois, avait livré son régiment qu'un instant il avait pu abuser, en séparant, pour conserver son influence tout entière, les soldats de leurs officiers. Quelle avait été l'issue? combien de temps avait-il fallu pour que celui qui rêvait un trône se réveillât dans une prison, dont une clémence aussi libre qu'elle était généreuse lui a seule ouvert les portes? Comment se fait-il qu'il n'ait point été désabusé? Vaincu sans combats, pardonné sans conditions, ne devait-il pas comprendre qu'on ne redoutait ses entreprises ni comme un péril ni comme une menace? Si la reconnaissance ne l'enchaînait pas, ne devait-il pas voir du moins que la prudence la plus commune lui faisait une loi de se renfermer désormais dans l'obscurité de la vie privée, et d'y échapper par l'oubli à la réprobation? Il n'en est pas ainsi, messieurs: on cherche le bruit et l'éclat; on s'efforce de glorifier l'échauffourée de Strasbourg, de conquérir en quelque sorte, dans l'opinion, une situation politique qu'elle s'obstine à refuser; on fonde à grands frais un journal, on répand de nouveaux écrits; et en même temps qu'on emprunte à la presse sa puissance, on renoue dans l'ombre des trames criminelles. Ce n'est pas sans indignation, messieurs, que vous avez vu celui qui ose se présenter, dans une de ses proclamations, comme ramenant sur la terre de la patrie la gloire et l'honneur exilés avec lui, descendre jusqu'à marchander, à prix d'argent, la fidélité d'un officier général. Mais où viennent donc aboutir toutes ces menées secrètes, tous ces efforts, toutes ces publications séditieuses? à la tentative de Boulogne, messieurs, c'est-à-dire à quelque chose de plus misérable encore que la tentative de Strasbourg.

On se plaint aujourd'hui de défections : on parle de ressources cachées, des raisons étendues et puissantes qui devaient promettre le succès? Mais à qui pense-t-on que ce langage puisse faire illusion? Est-ce au pays, qui sait bien qu'il n'appartient à personne de disposer sans lui de lui-même, et qui a manifesté si énergiquement le jugement qu'il portait sur la conjuration et sur les conjurés? Est-ce à vos complices eux-mêmes qui, de tous ces moyens rassemblés par l'influence, appréciés par la sagesse de leur chef, n'ont vu rien apparaître au moment décisif, rien qu'un lieutenant parti furtivement de sa garnison pour vous introduire dans une caserne, dont sans lui peut-être vous n'auriez pas franchi le seuil?

N'est-ce pas ici le lieu, messieurs, de montrer les misères de cette entreprise jusque dans la ridicule contradiction qui éclate entre les pompes du programme et les pauvres détails de l'exécution? Vous avez lu, messieurs, vous avez sous les yeux ces arrêtés, ces décrets, ces ordres du jour, où, par avance, on a dépassé le succès, et où déjà se trouve accomplie, consommée l'œuvre impossible que l'on a rêvée. On y a réglé la marche de l'armée victorieuse, distribué les commandements divers : celui-ci est placé à l'avant-garde, il commande la cavalerie tout entière; celui-là a sous ses ordres toute l'infanterie du centre; cet autre est chargé de veiller à l'arrière-garde; l'état-major est organisé; l'intendance militaire est établie; elle est en fonctions.... On n'a pas oublié le service de santé; et cependant, messieurs les pairs, cette puissante armée, elle a été tout entière soumise à votre justice; et quand elle a été dépouillée du déguisement dont on l'avait couverte, nous avons vu apparaître la livrée de la domesticité; puis, quand une ordonnance de non-lieu à suivre est venue licencier le gros de la troupe, tous ces soldats, redevenus des valets, se sont empressés de réclamer leurs gages par l'entremise des magistrats.

Parlerons-nous de proclamations menteuses, tristes parodies d'une langue inimitable, où se lisent à chaque ligne l'ignorance de la situation du pays et l'oubli de la dignité nationale; où celui qui reproche à nos institutions de ne pas protéger la liberté institue des commissions militaires pour juger ceux qui se permettaient de rester fidèles à leur devoir; où celui qui a fait pratiquer l'embauchage et distribuer l'argent pour acheter la trahison, *accuse notre gouvernement de corruption;* où un neveu de Napoléon annonce à la France *qu'il a des amis puissants à l'extérieur qui lui ont promis de e soutenir?* Comme si la France ne savait pas que l'étranger qui conspirerait contre son gouvernement conspirerait en même temps contre elle; où ce jeune homme, connu seulement par ces deux équipées de Strasbourg et de Boulogne, ose promettre de ne s'arrêter qu'après avoir repris l'épée d'Austerlitz.... L'épée d'Austerlitz! elle est trop lourde pour vos mains débiles! Cette épée, c'est l'épée de la France! Malheur à qui tenterait de la lui enlever! (Profonde sensation.)

Cependant, messieurs, le dictateur improvisé qui vient de débarquer à Boulogne au milieu de sa domesticité travestie, a déjà supprimé d'un trait de plume le gouvernement national fondé en 1830; un arrêt laconique, comme ceux du destin, mais heureusement moins irrésistible, décrète la déchéance de notre royale dynastie et la dissolution des deux Chambres. Et il faut que tout cela, messieurs, que toutes ces œuvres qu'on serait tenté d'attribuer à une imagination en délire soient signées du grand nom de Napoléon; il faut que tout cela figure dans la mise en scène d'une conspiration qui doit avorter devant les premiers soldats qu'elle tentera de séuire! Cette armée en ordre de bataille, cet état-major organisé, ce cortége presque triomphal, ces arrêtés, ces décrets qui ont déjà disposé des fruits de la victoire, tout cela vient aboutir à une impuissante manifestation, à une fuite, à une seconde prison. On devait alors demander à la justice des lois une garantie décisive contre les agressions réitérées d'une ambition si aveugle et si obstinée. Il devenait nécessaire de rendre à jamais impossibles ces entreprises à main armée, que ne pouvait tolérer la nation, quand elles n'auraient été que des insultes, et qui pouvaient si facilement amener des collisions sanglantes. La force du gouvernement de Juillet est dans la loi: c'est par elle seule qu'il protége tous les intérêts du pays; c'est par elle seule qu'il se défend contre les trames cachées, ou les violences ouvertes des partis. La justice, toujours calme et modérée, mais toujours ferme et puissante, est le seul appui qu'il invoque et sur lequel il lui convienne de se reposer. Certes, messieurs, nous déplorons les premiers ce crime renouvelé qui a placé notre gouvernement libéral et généreux dans la douloureuse nécessité de ce procès! Nous comprenons tout ce qu'il est dû de respect aux grands noms et aux grandes infortunes! Dieu nous préserve, nous ne dirons pas seulement de toute action, mais de toute pensée contraire à ce sentiment élevé! car nous nous sommes dit aussi avec douleur, en nous rappelant une énergique parole, que ce qui manquait trop souvent à notre pays, c'était le respect!

Oui, sans doute, un tel procès est une chose triste et regrettable; mais à qui faut-il l'imputer, de ceux qui attaquent par la force ou de ceux qui se défendent par la loi? Ce qui ébranle surtout ce respect salutaire dont nous parlons, c'est quand l'atteinte qui lui est portée vient de ceux-là mêmes qui devraient l'inspirer! Pour nous, messieurs, plus est vive l'admiration que nous avons vouée dans notre cœur à l'empereur Napoléon, au grand homme qui a rétabli l'ordre en France, et qui a porté si loin la gloire de nos armes, plus nous avons besoin de nous rappeler notre carectère de magistrat pour maintenir l'impartialité de notre jugement, en présence de cette ambition puérile qui deux fois a compromis ce grand nom dans les plus misérables échauffourées.

C'est véritablement là, messieurs, ce qui est douloureux pour les âmes élevées, pour ceux qui ont le respect des grandes choses et le culte des nobles souvenirs, c'est qu'un neveu de l'empereur, c'est qu'un Bonaparte soit devenu le triste héros des complots avortés de Strasbourg et de Boulogne! Voilà ce qu'on ne saurait trop déplorer : voilà ce qui, au regard de l'opinion publique, sinon aux yeux de la justice, aggrave le crime que nous poursuivons. Ainsi, à ceux qui nous demanderaient de respecter le nom qu'ils portent, nous serions en droit de répondre qu'avant tout ils doivent le respecter eux-mêmes; le nom de l'Empereur, sachez-le bien, appartient plus à la France qu'il ne vous appartient, à vous, et elle peut et doit vous demander compte et de l'acte qui constitue votre crime, et du procès même que vous faites subir à l'un des noms dont elle s'honore le plus. Elle en demandera compte aussi à vos complices; et puisqu'il est parmi eux des hommes que leur dévouement de soldats pour le grand capitaine a jetés dans les entreprises de son neveu, elle leur dira d'interroger leurs souvenirs, de comparer ce qu'ils faisaient autrefois et ce qu'ils viennent de faire, la gloire qu'ils partageaient alors et leurs humiliations d'aujourd'hui. N'ont-ils pas déjà senti dans leur conscience, n'ont-ils pas avoué par leur confusion, qu'ils ont compromis l'honneur de leurs vieilles épaulettes, et qu'ils ne pourraient trouver nulle part un juge plus indigné et plus sévère que Napoléon lui-même, si le bruit de ces tentatives sans portée, de ces témérités sans grandeur, de ces défaites sans combat, pouvait monter jusqu'à lui.

En résumé, messieurs, un mot suffit pour expliquer les illusions et les mécomptes, l'audace et les revers de ces quelques hommes, qui, groupés autour de Louis Bonaparte, composent le parti napoléonien.

Ils se sont imaginé que les grandeurs de l'empire et la gloire de l'Empereur étaient comme un patrimoine pour la famille de Napoléon; et le culte de la nation pour ces immortels souvenirs se transforme à leurs regards en un vœu populaire qui appelle cette famille à régner. Vingt-cinq années cependant se sont accomplies depuis que le trône élevé par la puissance d'un homme de génie s'est écroulé dans les débris de sa fortune; et ces vingt-cinq années ont été marquées par les efforts et par les progrès d'un grand peuple qui marchait vers la liberté avec le calme de la force et la sagesse de l'expérience. Récemment éprouvé par les malheurs de l'anarchie et par ceux que peut entraîner à sa suite l'esprit de conquête et de domination, il voulait des garanties pour ses droits; il voulait imposer à tous le respect de l'indépendance et de la dignité nationales; mais il savait les écueils, et n'ignorait plus à quel point les garanties de l'ordre pouvaient être compromises par le zèle de la liberté, et les conditions de la liberté par le tumulte des armes et les enivrements du triomphe. Au dedans, la liberté sous l'égide des lois respectées et puissantes; au dehors, une attitude ferme et digne qui ne menaçât, qui ne redoutât personne; c'est là ce qui était dans ces vœux; tel était le but vers lequel il s'avançait avec persévérance; il se montrait patient du présent sous l'empire d'une charte qui lui garantissait l'avenir.

Le jour où cette charte fut brisée par la main du pouvoir, le peuple rentra dans ses droits : il les soutint et les fit triompher par les armes; le monde sait l'usage qu'il fit de la victoire, et comment, en présence de la nation tout entière, debout et armée, un contrat solennellement accepté et juré est devenu la base inébranlable d'une dynastie nouvelle.

Dans ce moment où toutes les voix étaient libres, une seule voix s'est-elle élevée à l'appui des prétentions que l'on essaye de raviver aujourd'hui? Le grand nom du héros a-t-il valu un suffrage à son fils?

Et c'est, messieurs, dix années après cette grande révolution, l'un des événements les plus mémorables et les plus féconds de notre histoire, que, sans être découragé par le déplorable dénoûment de deux tentatives insensées, Louis Bonaparte vient proclamer jusque devant vous nous ne savons quel droit d'anéantir nos institutions par ses décrets, et de convoquer un congrès national pour organiser, à nouveau, le gouvernement du pays. Ce n'est plus aujourd'hui la légitimité impériale qu'il revendique ; ce n'est pas une restauration qu'il veut faire; c'est une dictature dont il se saisit de son chef, par devoir envers la patrie, et pour la conduire, sous ses auspices, à de meilleures destinées.

Mais en vérité, qui donc êtes-vous pour afficher de si extravagantes prétentions? Qui donc êtes-vous pour vous ériger en représentant de la souveraineté du peuple, sur cette terre où règne un prince que la nation a choisi, et auquel elle a remis elle-même le sceptre et l'épée? Qui donc êtes-vous pour vous donner en France comme un représentant de l'empire, époque de gloire et de génie, vous qui étalez tant de misères dans vos entreprises, qui donnez par vos actes tant de démentis au bon sens?

L'Empereur, apprenez-le, n'a pu léguer à personne le sceptre tombé de sa main puissante avant que ses destins fussent accomplis; sa gloire est l'héritage de la France, et, pour elle, les véritables représentants de l'Empire, ce n'est pas vous, ce ne sont pas les amis obscurs dont les hommages vous entourent, et dont l'ambition intéressée exalte la vôtre, c'est le génie de l'Empereur vivant encore dans nos lois, ce sont les hommes dépositaires de ses traditions, et qui, à la tête de nos armées ou dans les conseils, sont l'honneur de la patrie et l'appui de la royauté qu'elle a fondée de ses mains.

Nous avons été sévères envers vous, prince Louis; notre mission et votre crime nous en faisaient un devoir; nous n'oublierons pas toutefois que vous êtes né près d'un trône qui fut aussi national, que vous avez été élevé dans l'une de ces cours de l'exil, où l'on ne peut interdire à l'espérance de consoler l'infortune; où les regrets du passé s'adoucissent par les illusions de l'avenir.

Peut-être avez-vous eu le malheur de vivre jusqu'ici sur la

foi de quelques hommes trop associés à votre fortune, et qui prenaient pour des réalités les rêves de leur dévouement. Sachez enfin connaître cette France qui fut votre patrie, et d'où vous a banni une loi dont vous avez su trop bien justifier la prudence; appréciez ces institutions éprouvées déjà, qu'elle aime pour leurs bienfaits et qu'elle défend comme sa conquête. Deux fois coupable envers le pays, vous l'avez mis dans la nécessité d'invoquer contre vous les lois qui protégent son repos et sa sécurité. Traduit à la barre de la plus haute de ses juridictions, ne dites pas que vous êtes traîné vaincu devant les hommes du vainqueur. C'est une prétention devenue triviale parmi les factieux, et qui n'a jamais re levé ni justifié personne. Il ne suffit pas de nier la justice pour l'abolir, ni de braver, pour s'absoudre, la loi qui condamne.

Puissiez-vous reconnaître, au contraire, que la France a eu le droit de vous demander compte de son territoire violé, du sang français versé par votre main, et vous souvenir que le repentir atténue toutes les fautes et convient à toutes les conditions.

La séance est suspendue pendant vingt minutes. A la reprise de l'audience, la parole est donnée à Me Berryer, défenseur de Louis-Napoléon Bonaparte et du général Montholon.

## *Plaidoyer de Me Berryer.*

Me BERRYER. Tout à l'heure M. le procureur général s'est écrié : Voilà un triste et déplorable procès! et moi aussi je n'ai pu assister à ce grave débat sans qu'il s'élevât de douloureuses réflexions dans mon cœur. Quel n'est pas le malheur d'un pays où, dans un si petit nombre d'années, tant de révolutions successives, violentes, renversant tour à tour les droits proclamés, établis, jurés, ont jeté une si profonde et si affligeante incertitude dans les esprits et dans les cœurs, sur le sentiment et la constance des devoirs. Eh quoi! dans une seule vie d'homme, nous avons été soumis à la république, à l'empire, à la restauration, à la royauté du 7 août. Cette acceptation de gouvernements si rapidement brisés les uns sur les autres ne s'est-elle pas faite au grand détriment de l'énergie des consciences, de la dignité de l'homme, et je dirai même de la majesté des lois? (Vive sensation.)

Pardonnez-moi cette réflexion qui me saisit : chez un peuple où de tels événements se sont succédé, serait-ce donc vrai que les hommes qui ont le plus d'énergie, un sentiment plus élevé des devoirs, un respect plus profond pour la foi jurée, un sentiment plus religieux des engagements pris, une fidélité plus invincible aux obligations contractées, soient précisément les hommes les plus exposés à être considérés comme des factieux et de mauvais citoyens, et que l'on compte au nombre des citoyens les plus purs et les plus vertueux ceux qui, dans ces révolutions diverses, se sentent assez de faiblesse dans l'esprit et dans le cœur pour ne pas avoir une foi et un principe ? Et pour la dignité de la justice, quelle atteinte, messieurs, quand elle se trouve appelée à condamner comme un crime ce que naguère il lui était enjoint d'imposer comme une loi, de protéger comme un devoir !

Dans une telle situation sociale, les hommes d'État et les moralistes se peuvent affliger, ils se doivent alarmer ; mais les hommes de justice, juges et avocats, quand ils se trouvent jetés dans l'un de ces procès politiques, de ces accusations criminelles, où la vie des hommes est en jeu, se doivent armer de vérité et de courage, protester énergiquement, et avant d'accorder à la société ou au pouvoir les satisfactions, les vengeances qu'ils demandent, ils doivent se rappeler la part qu'ils ont eue dans les actions, les entreprises, les résolutions dont ils viennent requérir le châtiment. (Vive adhésion.)

Le devoir qui m'est imposé aujourd'hui, je l'ai rempli loyalement au début de ma carrière. En 1815, des ministres méconnaissant la véritable force de la royauté légitime, infidèles à son caractère auguste, poursuivirent devant les tribunaux les hommes débarqués en France avec Napoléon et échappés au désastre de Waterloo. J'avais adopté les principes politiques que j'ai défendus toute ma vie. J'étais ardent et sincère dans les convictions que le spectacle offert à mes yeux fortifie de jour en jour. Royaliste, j'ai défendu les hommes restés fidèles à l'Empereur. Pour sauver leur vie, j'ai fait la part des événements, des lois, des traités, des actes, des fautes mêmes du gouvernement, et les juges du roi ont acquitté Cambronne. Aujourd'hui, l'accusé qui a fait à mon indépendance et à ma bonne foi l'honneur de venir me chercher pour sa défense dans un parti si différent du sien, ne me verra pas faillir à sa confiance. Aussi, quoique les questions que soulève ce procès touchent profondément aux points fondamentaux de nos luttes politiques, veuillez croire, messieurs, que je ne les aborderai que sous le point de vue du seul pouvoir que vous soyez appelés à exercer ici, sous le point de vue judiciaire.

Le 6 août dernier, le prince Louis Bonaparte est parti de Londres sans communiquer ses projets, ses résolutions. Accompagné de quelques hommes sur le dévouement desquels il devait compter, il s'est embarqué, et à l'approche des côtes de France il les a fait armer ; il est descendu en France ; il a jeté sur le territoire ses proclamations et un décret proclamant que la maison d'Orléans a cessé de régner, que les Chambres sont dissoutes, qu'un congrès national sera convoqué, que le président actuel du ministère sera chef du gouvernement provisoire. Tous ces faits sont avoués ; vous êtes appelés à les juger ; mais, je vous le demande, dans la position personnelle du prince Napoléon, après les grands événements qui se sont accomplis en France et qui sont votre propre ouvrage ; en présence des principes que vous avez proclamés et dont vous avez fait les lois du pays, les actes, l'entreprise du prince Napoléon, sa résolution, présentent-ils un caractère de criminalité qu'il vous soit possible de déclarer et de punir judiciairement ? S'agit-il donc, en effet, d'appliquer à un sujet rebelle et convaincu de rébellion des dispositions du Code pénal ? Le prince a fait autre chose : il a fait plus que de venir attaquer le territoire, que de se rendre coupable de la violation du sol français : il est venu contester la souveraineté de la maison d'Orléans, il est venu en France réclamer pour sa propre famille les droits à la souveraineté ; il l'a fait au même titre et en vertu du même principe politique que celui sur lequel vous avez posé la royauté d'aujourd'hui. Dans cet état, il ne s'agit pas pour vous de vous prononcer entre les deux principes dont la lutte a si profondément agité et déchiré notre pays depuis cinquante années. Il ne saurait être question, pour la défense du principe qui domine aujourd'hui tous les pouvoirs en France, d'appliquer les lois existantes contre un principe contraire ; c'est votre principe même qui est invoqué. Deux mots d'explication.

Tant que les princes de la branche aînée de Bourbon ont

été assis sur le trône, la souveraineté en France résidait dans la personne royale; la transmission était réglée dans un ordre certain, invariable, connu de tous, maintenu au-dessus de toutes les prétentions rivales par des lois fondamentales contre lesquelles rien ne pouvait se faire qui ne fût nul de soi. Ainsi consacré par le temps, par les lois, par la religion, le droit souverain était à la fois le titre et la garantie de tous les droits des citoyens dans l'État; c'était le patrimoine du passé promis en héritage à l'avenir. La légitimité, elle n'est point en cause dans ce débat; mais en 1830, le peuple a proclamé sa souveraineté, il a déclaré qu'elle résidait dans les droits et dans la volonté de la majorité des citoyens; vous l'avez reconnue ainsi, et c'est ainsi que vous l'avez consacrée en tête de la nouvelle loi fondamentale.

On nous disait tout à l'heure : Depuis vingt-cinq ans la France poursuit sa carrière; elle veut le règne des lois, la défense et le maintien de ses institutions. Messieurs, n'est-ce rien que ce qui s'est passé en 1830, ou ne veut-on plus le savoir? N'est-ce rien que de changer tout le système des droits publics d'un pays? N'est-ce rien que renverser le principe des lois fondamentales et d'en substituer un autre? N'est-ce rien que de proclamer à la face d'un peuple intelligent et hardi des principes qui lui apportent l'exercice des droits de tous? N'est-ce rien, messieurs? Qu'a dit le prince Napoléon : « La souveraineté nationale est déclarée en France, et cette souveraineté de la nation comment se peut-elle transmettre? Comment cette délégation peut-elle être constatée, si ce n'est par une manifestation certaine, incontestable de la volonté nationale. » En votre présence, il dit : « Cette manifestation incontestable est la volonté des citoyens. Je ne la vois pas dans la résolution des 219 députés et d'une partie de la Chambre des pairs en 1830. (Sensation prolongée.)

« Le principe qui vous gouverne aujourd'hui, que vous avez placé au-dessus de tous les pouvoirs de l'État, c'est le principe de 91, c'est le principe qui régnait en l'an VIII, c'est le principe en vertu duquel j'ai fait appel à la nation pour qu'elle se prononçât régulièrement. Par les votes constatés sur l'adoption des constitutions de l'Empire, quatre millions de votes, en 1804, ont déclaré que la France voulait l'hérédité dans la descendance de Napoléon ou dans la descendance de son frère Joseph, ou, à défaut, dans la descendance de son frère Louis. Voilà mon titre. »

Le sénat, en 1814, a aboli cette hérédité; mais que s'est-il passé en 1815? Qu'a fait la Chambre des représentants? qu'a-t-on fait au Champ-de-Mai? Combien de votes recueillis sur l'acceptation de l'acte additionnel tendaient à renouveler encore la manifestation de la volonté du pays? Et depuis, messieurs, soyez de bonne foi, quand un système contraire, quand une souveraineté autrement basée a régné pendant quinze ans sur le pays, parmi ceux qui vont siéger, combien y en a-t-il qui, pendant ces quinze années, ont travaillé et se sont efforcés de rétablir le principe que le retour de la maison de Bourbon avait effacé de nos lois! Combien qui sont descendus jusque dans les engagements et la fièvre des partis, dans les ardeurs individuelles les plus passionnées, pour rétablir ce dogme de la souveraineté du peuple, pour remettre en vigueur cette protestation de la Chambre des représentants, dont, je n'hésite pas à le dire, j'ai entendu souvent beaucoup de ceux qui m'écoutent réclamer la consécration, comme le testament en quelque sorte de la nation française, comme l'acte auquel il fallait rendre la vie.

Vous l'avez fait en 1830; et pour un moment, messieurs, détournons la pensée du caractère des circonstances et des préparatifs de l'entreprise, nous verrons plus tard à quel moment et dans quels sentiments le prince Napoléon s'est élancé témérairement des côtes d'Angleterre sur les côtes de France. Ne pensons ici qu'au droit de juger, qu'au droit de régler par un arrêt des contestations de la nature de celle qui est portée devant vous; qu'à la possibilité, qu'en présence de vos principes de droit national, au nom du pouvoir établi, vous jugiez le débat entre ce pouvoir et celui qui se prétend de droit, qui, après tout, n'est pas un rêve. (Sensation.)

Est-ce donc un fantôme, messieurs, est-ce donc une illusion que l'établissement de la dynastie impériale? Ce qu'elle a fait retentit assez dans le monde et parle assez haut, non-seulement en France, mais chez tous les peuples de l'Europe. Non, ce ne fut pas un rêve que l'établissement de l'Empire.

L'Empereur est mort, et tout a fini avec lui. Qu'est-ce à dire? Cette dynastie fondée, établie, jurée au nom de la souveraineté nationale, est-ce à dire qu'elle ne promette de durée au pays que celle de la vie d'un homme? C'est ainsi qu'il vous faut attaquer les garanties mêmes du pouvoir que vous venez défendre pour repousser celui qui avait été fondé par la consécration de la volonté nationale, consécration unanime, plus éclatante que celle de 1830, par la nation appelée tout entière à émettre son vote.

Au moment où a succombé le dogme politique sur lequel l'Empire était fondé, qu'avez-vous fait? Vous avez relevé ce dogme, vous avez restitué cette souveraineté populaire qui a fait l'hérédité de la famille impériale. L'héritier est devant vous, et vous allez le juger, dans un pays où tous les pouvoirs de l'État sont sous le principe de la souveraineté nationale, vous allez le juger sans interroger le pays? Ce n'est pas une de ces questions qu'on vide par un arrêt. Un arrêt, des condamnations, la mort, les têtes qui tomberaient! mais vous n'aurez rien fait. Tant qu'un reste de sang se transmettra dans cette famille, la prétention d'hérédité, appuyée sur le principe politique de la France, se transmettra également. Vous aurez des supplices affreux, injustes, vous serez usurpateurs dans l'exercice de la qualité de juges, et tout cela aura été complétement inutile.

Voyons, messieurs, le véritable état de la question. Est-ce ici la matière d'un jugement? N'est-ce pas là une de ces situations uniques dans le monde et où il ne peut y avoir de jugement, mais un acte politique? Il faut défendre les pouvoirs, il faut maintenir l'ordre public, il faut préserver l'État de commotions nouvelles, de désordres nouveaux, je le reconnais, c'est gouverner. Mais juger dans des questions de cet ordre, prononcer un arrêt, c'est impossible! On aura beau dire, ce ne sont pas là des phrases qui viennent au secours de tous les factieux. Non, messieurs, dans le débat actuel, le droit d'hérédité a été établi, consacré par vous, dans un principe que vous avez posé. Ce droit d'hérédité est réclamé par un héritier incontestable, vous ne pouvez pas le juger. Il y a entre vous et lui une cause victorieuse et une cause vaincue, il y a le possesseur de la couronne et la famille dépossédée. Mais encore une fois, je le répéterai toujours, il n'y a pas de juges, parce qu'il n'y a pas de justiciables. (Vive agitation sur les bancs de la pairie.)

Juger, messieurs! mais il faudrait nier l'unité de la justice, sa majesté. Au milieu des révolutions qui ont tant fatigué notre pays, laissons quelque chose d'inaltéré, qui conserve sa sainteté dans la pensée des peuples. Le véritable caractère de la justice, messieurs, c'est l'impartialité. Vous venez ici pour juger. Mais y a-t-il un de vous qui se soit dit, en entrant dans cette enceinte : Je serai impartial, je pèserai les droits de chacun, je mettrai dans la balance la royauté de Juillet et la souveraineté transmise par la constitution de l'Empire ; je serai impartial. Mais vous n'avez pas le droit de l'être, vous êtes aujourd'hui un pouvoir du gouvernement, une révolution ne peut s'opérer qu'en vous brisant. Par ce fait, la Chambre des pairs et la Chambre des députés sont dissoutes. (Agitation.)

Vous venez défendre le gouvernement dans la latitude de vos pouvoirs, si vous ne pouvez être impartiaux sous l'empire d'un droit politique consacré, que voulez-vous être juges ? Que restera-t-il de l'unité sainte de la justice, si vous couvrez les besoins du gouvernement du manteau de la justice. Songez-y, quand tant de choses saintes et précieuses ont péri, laissez au moins la justice au peuple, afin qu'il ne confonde pas un arrêt avec un acte du gouvernement.

Vous venez juger, et pourquoi ? pour protéger le gouvernement, pour le défendre, pour venger un affront, une attaque qui le menace, qu'il a reçue. Des actes récents qui se sont exercés sur le premier des accusés, sur le prince lui-même, ne manifestent-ils pas quelle inconséquence il y a de la part du gouvernement à vous appeler aujourd'hui à juger ? On a parlé de reconnaissance, j'y repondrai ; mais, en attendant, je vous dis : En 1836, on a appliqué au prince Napoléon les maximes professées par nos ministres : « En pareille matière, il n'y a que de la politique et pas de jugement. » Et dans un autre instant, un ministre disait encore : « Les formes judiciaires ne sont qu'une comédie solennelle. » N'y a-t-il pas aujourd'hui une flagrante inconséquence à venir poser des principes contraires ?

Vous parlez de reconnaissance ! N'a-t-il pas été interdit au prince de mettre le pied sur le territoire français ? N'y a-t-il pas une loi qui le défend ? Et pourquoi cela ? Parce qu'il est en dehors du droit commun, parce qu'il ne peut être traité comme les autres. En 1830, à deux reprises différentes, j'ai demandé que cette loi fût abolie pour rendre hommage à ce grand dogme politique de la souveraineté nationale ; vous avez fait une loi tout opposée à ce principe pour mettre le prince hors du droit commun. Et d'ailleurs, encore, n'était-il pas mis hors de ce droit, quand vous exigiez d'un État voisin qu'il chassât le prince, alors auprès de sa mère mourante ? (Vive sensation.)

Vous diriez donc : Oui, nous n'avons pas de droits, point de patrie, de liberté pour lui, mais nous avons des lois pour qu'il reçoive la mort. Voilà ce qui révolte la raison, le bon sens, la logique, la justice, en un mot toutes les idées du droit. Que si les principes que vous avez consacrés, que si les actes les plus solennels de votre gouvernement mettent en dehors de la juridiction de la Chambre des pairs le prince Louis-Napoléon, que si vous voulez être juges, au moins jugez humainement les choses humaines. Rendons-nous compte des circonstances au milieu desquelles a éclaté l'entreprise de Boulogne. Je ne fais ici ni de la politique, ni de l'hostilité, je prends des faits incontestés.

Le pouvoir en France est aujourd'hui confié à un ministère dont l'origine est récente. Ce ministère a lutté avant de se constituer pendant plusieurs années dans une ardente et vive polémique.

Il a gémi profondément sur la politique qui avait été suivie au nom du gouvernement de la France à l'égard de l'étranger ; il a vu de la timidité, je ne veux pas me servir d'un autre mot, dans toutes nos relations avec les États de l'Europe; il a gémi de ce délaissement de la Belgique jusque dans la question du Luxembourg ; il a gémi, le ministère qui gouverne aujourd'hui, de l'abandon d'Ancône sans condition, il a accusé l'exigence funeste qui nous avait aliéné la Suisse et le sentiment d'attachement qu'elle avait depuis tant de siècles pour la France, il a accusé cette politique désolante qui, renfermant toute la pensée de la France dans les intérêts matériels, dans les calculs des besoins privés, frémissait à l'idée de guerre, et laissait effacer la grande influence de la France sur les Espagnes devant l'influence ennemie de l'Angleterre. (Très-bien.)

Qu'est-il arrivé? A peine ce ministère a-t-il touché le pouvoir, qu'il a senti l'état politique de l'Europe, qu'il a vu se préparer et s'ourdir des plans injurieux pour sa dignité, menaçants peut-être pour ses intérêts ; qu'il a vu se préparer quelque chose comme la réunion de presque tous les États de l'Europe contre la France isolée et rejetée du congrès et des transactions des rois. Il s'est alarmé d'une pareille situation. Il a senti qu'il fallait affranchir cette France dévouée à l'égoïsme, à l'individualisme, du joug matériel qui éloignait toute pensée de sacrifice; qu'il fallait d'autres sentiments dans cette fière et glorieuse patrie. Il a voulu réveiller des souvenirs, et il est allé invoquer la mémoire de celui qui avait promené la grande épée de la France depuis l'extrémité du Portugal jusqu'à l'extrémité de la Baltique. Il a voulu qu'elle fût montrée à la France, cette grande épée qui avait presque courbé les Pyramides, et qui avait preque entièrement séparé l'Angleterre du continent européen. Toutes les sympathies impériales, tous les sentiments bonapartistes ont été profondément remués, pour réveiller en France cet esprit guerrier. La tombe du héros, on est allé l'ouvrir, on est allé remuer ses cendres pour le transporter dans Paris et déposer glorieusement ses armes sur un cercueil.

Vous allez juger, messieurs; est-ce que vous ne comprenez pas ce que de telles manifestations ont dû produire sur le jeune prince? Est-ce dans cette enceinte, où je vois tant d'hommes décorés de titres qu'ils n'ont pas reçus avec la vie, qu'il me sera interdit de dire ce que cette grande provocation au souvenir de l'Empereur a dû remuer dans le cœur de l'héritier d'un nom héroïque?

Soyons hommes, messieurs, et comme hommes jugeons les actions humaines. Faisons la part de toutes choses. Jusqu'où a-t-on été? Sous un prince qui, dans d'autres temps, avait demandé à porter les armes contre les armées impériales, et à combattre celui qu'il appelait l'usurpateur corse, on a senti un tel besoin de réveiller l'orgueil de ce nom en France, et les sentiments qui sont liés au souvenir de l'Empire, que le ministre a dit: « Il fut le légitime souverain de notre pays. » (Mouvement d'assentiment.)

C'est alors que le jeune prince a vu se réaliser ce qui n'était encore que dans les pressentiments des hommes qui gouvernent. Il a vu signer le traité de Londres; il s'est trouvé au milieu des hommes qui ourdissent ce plan combiné contre la France, et vous ne voulez pas que ce jeune homme, téméraire, aveugle, présomptueux tant que vous voudrez, mais avec un cœur dans lequel il y a du sang, et à qui une haine a été transmise, sans consulter ses ressources se soit dit: « Ce nom qu'on fait retentir, c'est à moi qu'il appartient! C'est à moi de le porter vivant sur les frontières! il réveillera la foi dans la victoire. » Ces armes, qui les déposera sur son tombeau? Pouvez-vous disputer à l'héritier du soldat ses armes? Non, et voilà pourquoi, sans préméditation, sans calcul, sans combinaison, mais jeune, ardent, sentant son nom, sa destinée, sa gloire, il s'est dit: « J'irai et je poserai les armes sur sa tombe, et je dirai à la France: Me voici.... voulez-vous de moi? » (Vive sensation.)

Soyons courageux! disons tout avant de juger. S'il y a eu un crime, c'est vous qui l'avez provoqué par les principes que vous avez posés ; par les actes solennels du gouvernement; c'est vous qui l'avez inspiré par les sentiments dont vous avez animé les Français, et, entre tout ce qui est Français, l'héritier de Napoléon lui-même.

Vous voulez le juger, et pour déterminer vos résolutions, pour que plus aisément vous puissiez vous constituer juges, on vous parle de projets insensés, de folle présomption.... Eh! messieurs, le succès serait-il donc devenu la base des lois morales, la base du droit? Quelle que soit la faiblesse, l'illusion, la témérité de l'entreprise, ce n'est pas le nombre des armes et des soldats qu'il faut compter, c'est le droit, ce sont les principes au nom desquels on a agi. Ce droit, ces principes, vous ne pouvez pas en être juges. (Vive adhésion.)

Et ici je ne crois pas que le droit au nom duquel était tenté le projet puisse tomber devant le dédain des paroles de M. le procureur général. Vous faites allusion à la faiblesse des moyens, à la pauvreté de l'entreprise, au ridicule de l'espérance du succès ; ou bien, si le succès fait tout, vous qui êtes des hommes, qui êtes même des premiers de l'État, qui êtes les membres d'un grand corps politique, je vous dirai : Il y a un arbitre inévitable, éternel, entre tout juge et tout accusé; avant de juger devant cet arbitre et à la face du pays qui entendra vos arrêts, dites-vous, sans avoir égard à la faiblesse des moyens, le droit, les lois, la constitution devant les yeux : « La main sur la conscience, devant Dieu et devant mon pays, s'il eût réussi, s'il eût triomphé, ce droit, je l'aurais nié, j'aurais refusé toute participation à ce pouvoir, je l'aurais méconnu, je l'aurais repoussé. » Moi, j'accepte cet arbitrage suprême, et quiconque devant Dieu, devant le pays, me dira : « S'il eût réussi, je l'aurais nié ce droit ! » celui-là je l'accepte pour juge. (Mouvement dans l'auditoire.)

Parlerai-je de la peine que vous pourriez prononcer? Il n'y en a qu'une si vous vous constituez tribunal, si vous appliquez le Code pénal : c'est la mort ! Eh bien ! malgré vous, en vous disant et en vous constituant juges, vous voudrez faire un acte politique ; vous ne voudrez pas froisser, blesser dans le pays toutes les passions, toutes les sympathies, tous les sentiments que vous vous efforcez d'exalter ; vous ne voudrez pas le même jour attacher le même nom, celui de Napoléon, sur un tombeau de gloire et sur un échafaud. Non, vous ne prononcerez pas la mort ! (Bravo, bravo !)

Vous ferez donc un acte politique, vous entrerez dans les considérations politiques, vous mettrez la loi de côté. Ce n'est plus ici une question d'indulgence, c'est la raison politique qui déterminera le corps politique.... Pourrez-vous prononcer selon vos lois la détention perpétuelle? Une peine infamante! Messieurs, j'abandonne tout ce que j'ai dit. Je laisse de côté l'autorité du principe politique; je ne parle plus de l'impossibilité de prononcer sans que le peuple soit convoqué et ait prononcé entre le droit constitué par vous et le droit consacré par les constitutions de l'Empire et renouvelé dans les Cent jours; je laisse de côté les considérations prises de ce qu'a fait votre gouvernement, je ne parle plus des sentiments si naturels, si vrais qui repoussent la condamnation; et je me borne à dire que vous ne jetterez pas une peine infamante sur ce nom. Cela n'est pas possible à la face du pays; cela n'est pas possible en ces jours et en ces temps.

Une peine infamante sur le nom de Napoléon, serait-ce là le premier gage de paix que vous auriez à offrir à l'Europe? (Vive sensation.)

Sortez des considérations générales du devoir et du législateur, et redevenez hommes, et croyez que la France attache encore un prix immense, un honneur immense aux sentiments naturels de l'homme.

On veut vous faire juges, on veut vous faire prononcer une peine contre le neveu de l'Empereur, mais qui êtes-vous donc? Comtes, barons, vous qui fûtes ministres, généraux, sénateurs, maréchaux, à qui devez-vous vos titres, vos honneurs?

A votre capacité reconnue sans doute, mais ce n'est pas moins aux munificences mêmes de l'Empire que vous devez de siéger aujourd'hui et d'être juges.... Croyez-moi, il y a quelque chose de grave dans les considérations que je fais valoir.... Une condamnation à une peine infamante n'est pas possible. En présence des bienfaits de l'Empire, ce serait une immoralité.

En présence des engagements qui vous sont imposés par les souvenirs de votre vie, des causes que vous avez servies, de vos serments, des bienfaits que vous avez reçus, je dis qu'une condamnation serait immorale! et il y faut penser sérieusement; il y a une logique inévitable et terrible dans l'intelligence et les instincts de peuples, et quiconque, dans le gouvernement des choses humaines a violé une seule loi morale, doit attendre le jour où le peuple les brisera toutes sur lui-même. (Ce discours est suivi d'une assez longue agitation.)

*Discours de M. de Montholon.*

M. DE MONTHOLON se lève et lit d'une voix très-faible quelques lignes que répète ensuite M. de la Chauvinière, sur la demande de plusieurs membres de la Cour. Les voici :

« Messieurs les pairs,

« J'étais en Angleterre, où des intérêts de famille m'avaient appelé.

« J'y vis souvent le prince Napoléon ; souvent il me confia ses pensées sur l'état de la France, son projet de convoquer un congrès national, son espérance de rendre un jour aux Français l'union politique que l'Empereur avait si glorieusement fondée.

« Toutes ses idées manifestaient un ardent amour de la France, un noble orgueil du grand nom qui lui a été transmis, et je retrouvais en lui un vivant souvenir des longues méditations de Sainte-Hélène.

« Mais jamais il ne m'a parlé d'entreprises prochaines, de préparatifs pour une expédition en France.

« Lorsque, croyant aller à Ostende, je me trouvai à bord du paquebot que montait le prince, et qu'il me fit connaître sa détermination, j'ai pu lui soumettre quelques observations ; mais il était déjà trop tard !

« Je n'ai pas quitté le neveu de Napoléon, je ne l'ai pas délaissé sur la côte de France.

« J'ai reçu le dernier soupir de l'Empereur. Je lui ai fermé les yeux. C'est assez expliquer ma conduite. Je me vois sans regret accusé aujourd'hui pour avoir pris une résolution dont la bonne opinion que j'ai des hommes me persuade que chacun de vous, messieurs les pairs, eût été capable. »

M^e^ BERRYER, se levant. La défense de M. de Montholon se borne à ces seuls mots : « Je n'ai pas voulu délaisser sur la côte de France le neveu de l'Empereur, dont j'avais reçu le dernier soupir, et à qui j'avais fermé les yeux. »

Je n'ajoute qu'un mot pour répondre à l'objection qui consiste à dire : Est-il possible que M. de Montholon n'ait rien connu de la détermination prise par le prince Louis ?

Le prince Louis l'affirme, il l'a déclaré dès les premiers

moments ; il n'y a pas un fait, pas une circonstance dans l'instruction suivie devant vous, qui indique qu'il y ait eu entre le grand général Montholon et le prince Louis-Napoléon d'autre conversation que les conversations générales dont il vous parle. Dans l'absence de tout indice à cet égard, je dépose sur le bureau de la Cour des lettres écrites par M. de Montholon, le 2 et le 3 août, pour des affaires importantes à Paris, qui constatent qu'il croyait en effet se rendre en Belgique, et que sous très-peu de jours il pensait être revenu à Londres.

M. LE PRÉSIDENT. L'accusé qui vient après M. de Montholon est l'accusé Voisin. Son défenseur m'ayant fait connaître qu'il désirait que son plaidoyer fût remis à demain, je demanderai si le défenseur de l'accusé Mésonan est prêt.

Me DELACOUR. Si la Cour voulait me permettre de ne prendre la parole que demain ?

Me BERRYER. La défense s'est divisé les plaidoiries. Me Ferdinand Barrot est le défenseur de quatre des accusés, et sa défense embrasse un système qu'il est indispensable de présenter à la Cour avant d'examiner les faits qui concernent chacun des accusés et la position de ces hommes dévoués au système impérial. La Cour comprend la nécessité qu'il y a à ce que le développement général de ce système de défense lui soit présenté avant tout débat postérieur.

M. LE PRÉSIDENT. Je ne refuserai pas cet espèce de délai réclamé dans l'intérêt de la défense.

L'audience est levée à 4 heures 1/2.

## QUATRIÈME AUDIENCE.

### *Plaidoyer de Me Ferdinand Barrot.*

*Pour les accusés Voisin, Parquin, Desjardins et Bataille.*

Me FERDINAND BARROT. Messieurs les pairs, le procès qui vous occupe renferme d'assez hauts enseignements pour qu'il soit utile de les recueillir et d'en prendre acte au nom des des idées d'avenir.

D'une part, les princes reconnaissent que de notre temps ils relèvent de la souveraineté nationale, et qu'ils doivent compter relativement à leurs droits avec les révolutions qui les ont compromis ou effacés.

D'une autre part, vous, comme juridiction, vous vous êtes résolûment saisis d'un de ces débats qui jusqu'à présent s'agitaient et se vidaient dans l'arène du fait et non dans le prétoire de la loi. C'est là un acte grand et solennel, et dont vous apprécierez toutes les conséquences, et vous voilà prêts sans doute, messieurs les pairs, à engager juridiquement tout ce contentieux des dynasties que le mouvement social, dans sa marche, a pu laisser derrière lui.

Il est donc convenu que dorénavant en France nous jugerons ceux qui furent d'institution divine ou d'institution nationale, peu importe, nous ferons passer le droit qu'ils invoquent, les prétentions qu'ils soutiennent sous le niveau de la loi commune; et cette résolution de la part d'un des trois pouvoirs de l'État aura poussé plus avant que jamais dans les voies populaires notre droit politique.

Du reste, messieurs, j'ai voulu seulement retenir, au bénéfice des doctrines avancées, le résultat de votre décision, et je me hâte d'abandonner de grandes thèses qui appartenaient à une position à part dans ce procès, position à laquelle il a été admirablement pourvu; et, disons-le, la dignité, l'honneur, la liberté d'un prince qui s'appelle Napoléon, qui a dans les veines le même sang que l'Empereur, valaient bien d'être défendus par l'une des plus puissantes paroles des temps modernes; disons encore que le zèle, l'éclat de la défense ont témoigné que cette cause pouvait, en France, aller à toutes les convictions.

Maintenant, messieurs, je dois ramener votre attention à une tâche moins élevée; je n'emprunterai rien aux doctrines transcendantes du droit public. Il ne m'appartient pas, comme à l'orateur que vous avez entendu à votre audience d'hier, d'aller bâtir l'aire de ma cause au-dessus des régions de la loi commune. Je viens défendre de simples accusés que n'abriterait pas suffisamment l'exception invoquée par le prince; je viens défendre de simples accusés qui sont citoyens, qui se le rappellent, qui comptent à la loi et à votre justice. C'est donc le procès en lui-même, le procès dans ses conséquences judiciaires que je viens débattre devant vous.

L'accusation a donné à l'entreprise de Boulogne un caractère qui ne lui appartient peut-être pas. C'est, nous a dit l'accusation, une tentative insolente d'usurpation; le prince, oubliant que le droit qu'il invoque a été effacé par deux révolutions successives, est venu sur le territoire français redemander une couronne et un sceptre. Il a tiré son épée, élevé son drapeau, appelé à lui le désordre et l'anarchie. C'est une spéculation puérile; c'est le résultat d'une ambition sans portée et sans patriotisme; et M. le procureur général, en le vouant à la colère des lois, s'efforçait hier, dans le réquisitoire que vous avez entendu, dont nous gardons toute l'impression, de la vouer en même temps au mépris de tous. Plus est formelle cette imputation, plus est irrité le besoin de la repousser. Le prince a déjà protesté, et proteste encore de toute l'énergie de son âme contre une pareille interprétation de ses actes.

Assurément, messieurs les pairs, je ne viens pas glorifier l'acte de Boulogne; mais enfin je viens lui restituer une pensée. Vous le verrez, c'est une pensée généreuse qui a donné issue à une erreur que je déplore. Il y avait assurément beaucoup d'habileté, mais aussi quelque injustice de la part du ministère public, à représenter l'entreprise du prince comme un fait d'égoïsme personnel. Est-il donc bien vrai que le prince Louis-Napoléon, en posant le pied sur le territoire français, soit venu réclamer les droits d'une dynastie et redemander un sceptre et une couronne? Eh mon Dieu! messieurs les pairs, qu'il me soit permis de le dire : quelle est donc la pauvre ambition que de notre temps peuvent tenter un sceptre et une couronne? Hélas! vous le savez tous; c'est un lourd et dangereux fardeau; vous le savez tous, et je le comprends : c'est un fardeau que l'on n'accepte et qu'on ne supporte que par le sentiment d'un impérieux et irrésistible devoir.

Ce ne sont donc pas ces joyaux de la souveraineté qu'ambitionnait le prince Louis Bonaparte; M. le procureur général n'a pas bien inventorié la succession impériale, s'il n'y a vu que ces choses : en cherchant à côté, au-dessus, il y aurait trouvé la gloire nationale, nos frontières reculées, le pays respecté partout et donnant son avis à haute voix dans les affaires du monde : n'est-ce rien? Oh! pourquoi aujourd'hui parler de gloire : il n'en est pas temps encore; mais si un jour l'insulte faisait soulever la nation, alors ce serait bien le moment de rappeler le bruit de ces temps de fièvre héroïque, où nous allions frapper à toutes les capitales de l'Europe : alors, messieurs, héritiers ou non, saisissons-nous de cette part oubliée de la succession impériale.

Mais allons donc plus avant. Il y a dans la succession impériale, dont le prince entendait se porter héritier, des ressources qui vont mieux peut-être aux idées positives de ce siècle. Notre régime de liberté, au milieu des avantages qu'il comporte, a des misères auxquelles il faut pourvoir et des nécessités menaçantes. Il y a des esprits qui s'effrayent de cette arène toujours ouverte, où, depuis cinquante ans, les systèmes politiques luttent sans trêve et sans merci, trônant tour à tour, prétendant chacun à son rang apporter la forme normale et définitive, puis tous s'épuisant en efforts, et un jour, par hasard ou par raison, tombant sous la violence.

Lorsque ces hommes, messieurs les pairs, voient les systèmes déchus se reformer derrière la révolution qui les a repoussés, s'organiser et prendre des positions patentes et puissantes dans toutes les voies de la société, ils appréhendent qu'il n'y ait là, pour cette dernière, des causes incessantes de désordre et de ruine, et redoutent que sous la guerre intestine de cette république des partis, la base sociale ne vole en éclats. Ils pensent que ce qu'il faut aujourd'hui, c'est restaurer le pouvoir, l'autorité, la loi. Ils se montrent préoccupés des destinées du pouvoir en France; ils voudraient le voir marcher en avant et au centre des institutions, afin qu'il n'absorbât point la force qui lui est propre, dans les débats de ses limites chaque jour contestées ; ils ne veulent pas que le pouvoir et la liberté vivent, pour ainsi dire, coude à coude, car il y a à chaque pas, dans les voies politiques, des passages trop étroits pour qu'ils puissent s'y présenter de front.

Que faut-il donc mettre entre le pouvoir et la liberté ? c'est là une recherche à laquelle les esprits dont je parle se livrent avec ardeur. Que faut-il donc mettre pour trouver la distance utile qui doit exister entre le pouvoir et la liberté? La force, l'énergique et sévère loi, on l'a essayé : c'est trop, et ce n'est pas assez. Ce qu'il faut y mettre, c'est mieux que l'autorité, le respect de l'autorité; c'est mieux que la loi, le sentiment de la loi : il faut qu'on croie à l'autorité, aux institutions, à la loi; il faut que l'on comprenne que la loi c'est l'épée et le bouclier du droit!

Cet état de choses, messieurs les pairs, sans repos et sans lendemain, a occupé les longues méditations du jeune prince Louis-Napoléon, et, dans les études de son exil, il recherchait dans les traditions de l'Empire les éléments de force morale qui assurent au pouvoir le respect et la confiance des peuples.

Après cela, que le prince Napoléon soit venu sur le territoire de France demander l'héritage qu'il croyait lui appartenir, qu'il se soit trompé sur sa qualité d'héritier, il ne faut pas refuser au besoin de son honneur qu'il y avait au-dessus du fait de nobles et utiles pensées, au nom desquelles il voulait consulter le grand dogme duquel il pensait que relevaient toutes les résolutions publiques de notre temps.

En définitive, lorsqu'il est venu sur le sol français, il n'y est pas venu dans le but d'une spéculation puérile, comme celle que lui attribuait M. le procureur général. Ce n'est pas l'héritage d'un sceptre et d'une couronne qu'il est venu demander, mais l'héritage des lourdes pensées que l'Empereur avait écrites dans son testament politique de Sainte-Hélène.

Messieurs les pairs, le fait que vous avez à juger est au nombre de ceux qu'on ne qualifie justement et sûrement que le lendemain. Qu'il réussisse, c'est une révolution; qu'il échoue, c'est un crime. Le succès relève de l'histoire; la défaite, vous le voyez, relève des menaces de la loi.

Enfin, messieurs les pairs, Louis Bonaparte est un prince français; le canon de la bienvenue a tonné à sa naissance, et nous nous sommes tous inclinés devant son berceau. Aussi, moi qui le défends, vous qui l'accusez, vous qui le jugez, nous serons tous heureux au fond de notre âme de pouvoir lui rendre ce témoignage, qu'il n'a pas, ainsi qu'on nous le disait hier, outrageusement manqué à la gloire du nom qu'il porte.

Il n'est pas venu dans un intérêt personnel tenter une révolution. Il est venu demander à son pays le droit d'y vivre; et, en échange, il apportait des idées, des principes d'ordre, de nationalité, de stabilité sociale, qu'il voulait jeter dans les voies tumultueuses de notre civilisation.

Maintenant, je passe à une autre partie de ma tâche, je vais défendre le colonel Voisin.

Parmi tous les accusés, vous avez distingué assurément ce brave militaire que M. le procureur général semblait accuser avec regret et sur lequel il n'a pu s'empêcher de laisser tomber quelques paroles bienveillantes. Voisin est un soldat de l'Empereur, vous le savez, vous le connaissez tous, vous savez tous quelle a été sa vie.

Il est entré en 1799 dans l'artillerie comme simple canonnier; il a acquis tous ses grades sur le champ de bataille, et j'ai là, messieurs, la feuille de ses états de service.

Ma meilleure défense serait de lire cette page où je trouve des faits glorieux, de nombreuses campagnes, de nombreuses blessures. Ce fut à Austerlitz qu'il reçut le grade de lieutenant. Je parle de ce fait, messieurs les pairs, parce que l'un de vous, un illustre général, pourra se rappeler qu'il était alors colonel du 5e lanciers, dans lequel servait le lieutenant Voisin, et qu'il le proposa pour la croix d'honneur. Le lieutenant Voisin ne voulut pas accepter à la fois le grade et la décoration : c'était une des nobles abnégations de ce temps-là.

Il y a encore un fait, messieurs les pairs, qu'il faut signaler à votre attention : c'est un des faits héroïques dont parlaient jadis les bulletins de la grande armée. En 1813, Voisin était alors lieutenant-colonel. C'était en Italie; l'armée française devait occuper la ville de Livourne. Les Anglais étaient débarqués pendant la nuit sur la plage. Il s'agissait d'assurer le passage par lequel notre artillerie devait se rendre à Livourne. Un corps d'Anglais allait occuper un pont qui occupait la route. Le lieutenant-colonel Voisin comprit de quelle importance il était de s'emparer de cet étroit passage avant l'ennemi : suivi de douze dragons, il chargea l'avant-garde du corps ennemi; mais bientôt, c'était au détour d'une route, il vit devant lui cinq ou six cents Anglais échelonnés en pelotons nombreux. Il poussa sa vigoureuse charge jusqu'au dernier peloton; pendant ce temps, l'artillerie s'était emparée du pont et tirait sur l'ennemi. Les douze dragons furent tués ou blessés, Voisin eut son cheval tué sous lui et reçut une blessure à la tête.

Ce fait d'armes est écrit tout entier sur les états de service du colonel Voisin. Je me sens heureux de le rapporter. Il me semble que cela doit réveiller en vous de vieux, de glorieux souvenirs, et le cœur me bat en pensant que ces souvenirs peuvent être des leçons pour nos jeunes soldats.

A la restauration, le lieutenant-colonel Voisin, qui avait été un des derniers serviteurs de l'Empire, qui avait salué l'Empereur au moment où il se rendait sur la côte de France, pour aller de là toucher la côte de Sainte-Hélène, Voisin resta fidèle à ses affections; il ne voulut pas prendre du service; et ce ne fut qu'en 1830 qu'il consentit à rentrer dans les rangs de l'armée. En 1831, il fut nommé colonel du 3e régiment des lanciers. Beaucoup d'entre vous, messieurs les pairs, ont connu ce régiment, et savent à quel degré de discipline le colonel Voisin avait su l'amener : quelques généraux qui siégent dans cette Chambre ont pu apprécier l'aptitude du vieux militaire. Et cependant c'est après trente ans de service qu'en 1837 on vient tout à coup briser dans ses mains une épée que certes il était encore en état de soutenir. Était-il donc trop vieux? Vous le voyez, et vous connaissez son énergie. Mais je ne sais quelle calomnie avait terni la gloire du vieux militaire, je ne sais quelle imputation odieuse, sourde d'abord, était venue éclater et le surprendre au milieu de la sécurité que lui assuraient ses longs et glorieux services.

Accusé d'un fait que démentait toute sa vie, il demanda un conseil d'enquête. Il voulait qu'on lui rendît l'honneur, le patrimoine du soldat. On lui répondit avec dédain, on repoussa ses justifications; puis, comme il insistait, on lui rejeta à la face ces paroles : « Vous êtes fou! » Oui, fou d'honneur! Et aujourd'hui, blessé, assis sur le banc de votre Cour, il n'a qu'une pensée, le noble soin de son honneur; et à ce moment, le colonel Voisin est heureux peut-être que le crime qui l'amène devant vous lui donne une juridiction aussi solennelle qui lui permette de donner de haut, et en face du pays, un démenti à ceux qui ont calomnié sa vie; et maintenant qu'il a, par ma voix, protesté contre les odieuses imputations dont il a été victime, il voudrait borner là sa défense, et me dirait de m'asseoir; mais il faut que je continue : le colonel Voisin doit répondre à une bien autre accusation.

Il est allé au mois de mai 1840 à Londres pour ses plaisirs et pour ses affaires; il vous l'a expliqué lui-même. Il pourrait en justifier si votre audience comportait de pareils détails.

Le colonel Voisin vit le prince et se dévoua à sa personne ; il entra dans ses espérances : il eut, non pas la confidence, mais une vague indication de ses projets futurs. L'exilé pense toujours à la patrie, et l'exilé parlait constamment au colonel Voisin de sa patrie, qu'il voulait revoir; il lui parlait de ses projets, dont il espérait plus tard la réalisation.

Le défenseur soutient que son client n'a pas eu connaissance des projets du prince avant le débarquement, et après l'avoir suivi jusqu'au moment où les insurgés essayèrent de se rembarquer, il ajoute :

Voisin, joignant ses efforts à ceux des amis qui entouraient le prince, essaya de lancer à la mer le canot qui pouvait le sauver; mais déjà le lieutenant du port s'était emparé du paquebot. Les prisonniers devaient tomber nécessairement au pouvoir de l'autorité; il était certain, à ce moment-là, que la justice serait saisie de cette tentative, et cependant le colonel Voisin reçut deux balles par derrière. Il se tourna alors, et, présentant sa poitrine, il dit : « Ce n'est pas ainsi que meurt un soldat »; et une balle vint le frapper au milieu de la poitrine.

Il y a eu entre la Cour et moi un incident que je regrette. Je me suis laissé entraîner à un mouvement que je n'ai pas bien calculé. Je n'avais pas pensé que l'on pût invoquer le droit de la guerre et le consacrer solennellement pour l'usage de nos luttes intestines. Hélas ! messieurs, cela est vrai, on a usé du droit de la guerre, on a accompli un devoir, mais un devoir bien cruel. Ce que je voulais vous faire comprendre, c'est qu'il y a dans les blessures reçues par le colonel Voisin un châtiment déjà bien dur; ce que je voulais dire, c'est que votre justice, votre indulgence au moins, doit lui tenir compte de cette peine horriblement cruelle, pour un soldat français, de voir des balles françaises effacer, pour ainsi dire, les généreuses traces qu'avaient laissées sur son corps les blessures de vingt batailles. (Sensation.)

En 1813, l'Empereur passait une revue. Un jeune lieutenant de ses chasseurs à cheval se présenta sur le front de bandière d'un régiment d'infanterie. Trois fois l'Empereur passa devant lui, l'interrogeant du regard comme il savait interroger; enfin le jeune lieutenant s'enhardit et adressa la parole à l'Empereur: « Sire, dit-il, j'ai vingt cinq ans d'âge, onze années de service, onze campagnes, douze blessures; cela vaut bien la croix; je la demande, on me la doit. » L'Empereur répondit: « Assurément, et je ne veux pas qu'on me fasse crédit plus longtemps. » Et de sa main il attacha la croix sur la poitrine du jeune lieutenant. Ce lieutenant, c'était Charles Parquin.

Il a de bien beaux états de service; mais les bulletins, les ordres du jour de la grande armée en contiennent bien davantage. Hier, M. le général Magnan vous disait combien était grande la réputation du commandant Parquin, combien il était estimé et aimé des anciens officiers.

Il n'y a qu'un seul fait que je veux citer dans cette vie glorieuse. Je ne veux pas m'occuper de ces drapeaux enlevés à l'ennemi ; je ne veux pas même vous parler de la vie du maréchal duc de Raguse, sauvée sur un des champs de bataille du Portugal ; je veux vous parler d'un fait qui doit vous toucher. Devant Leipsick, au mois d'octobre 1813, un de nos maréchaux était engagé dans un gros d'ennemis ; sa vie était menacée ; le capitaine Parquin se précipite sur l'ennemi, à la tête de quelques soldats, et délivre le maréchal de France. Il est assis parmi nos juges, et si je le nomme, ce n'est pas que je veuille troubler le devoir de sa conscience par le souvenir d'un service rendu ; non, messieurs, si je prononce ici son nom, c'est que je veux vous faire comprendre qu'il a été donné à Parquin de conserver à la France l'une des plus pures gloires de notre époque. Que M. le maréchal duc de Reggio me pardonne si j'abrite sous la gloire de son nom l'infortune du vieux soldat. (L'émotion qu'éprouve le défenseur l'empêche pendant un instant de continuer son discours.)

M. LE MARÉCHAL DUC DE REGGIO. Le fait est vrai. (Vive sensation.)

Me FERDINAND BARROT. La parole de M. le maréchal est un moyen de défense dont je m'empare. Je pourrais vous citer encore quelques-uns de ces faits glorieux que comprend le vie de Parquin. Il m'en racontait plusieurs qu'il croyait utiles pour vous le faire connaître. Je lui demandais pourquoi ils n'étaient pas sur ses états de services ; il me fit observer qu'il n'y avait plus de place. Il aurait fallu faire des feuilles de services tout exprès pour les hommes de cette nature.

Lors de la restauration, Parquin sortit des rangs de l'armée : ses opinions bonapartistes ne lui permettaient pas d'y rester. Plus tard, en 1819, il comparut devant la Cour des pairs, accusé de conspiration bonapartiste. En 1836, lorsque le prince tenta sur Strasbourg ce que récemment il a tenté sur Boulogne, Parquin était à Paris ; il était au service. Le prince l'appela ; il se rendit auprès de lui. Il faut que je vous dise ce que c'est que le dévouement de Parquin. Lorsque dans cette enceinte, vous l'avez entendu déclarer qu'il était l'aide de camp du prince, et qu'à ce titre il devait lui obéir, il n'a pas cherché là un moyen de défense désespéré : c'était le cri de sa conscience. Je suis dégagé du service militaire ; j'ai quitté mon grade, j'étais libre ; je suis allé me mettre au service du prince Louis Bonaparte, en Angleterre.

Ce dévouement s'explique parfaitement chez Parquin. En 1819 ou 1820, il était allé habiter au château qu'il possédait, lui vieux soldat, auprès d'Arenenberg. Là, il connut la reine Hortense. Vous savez quelle était son irrésistible bonté; elle accueillit le serviteur de l'Empereur. Dans cette illustre famille, Parquin n'entendit plus parler que des souvenirs de l'Empire, des douleurs de l'exil et de ses espérances. Il s'identifia avec qui l'avait accueilli. La reine Hortense avait deux fils, l'un de huit ans, l'autre de six. Ils étaient frappés de la proscription qui a pesé si cruellement sur leur vie. Quel était leur crime! ils étaient les neveux de l'Empereur, de l'Empereur dont nous glorifions aujourd'hui la mémoire. Ce crime l'attacha davantage au jeune prince.

Parquin commença dès lors une vie d'abnégation et de dévouement. Il a tout quitté pour le prince qu'il avait adopté; c'était l'affection suprême de son cœur. Il avait une fille unique. Vous savez combien ces hommes de bronze aiment tendrement lorsque l'amour paternel s'est une fois glissé dans leur cœur. Eh bien! il la quitta sans hésiter, à l'appel du prince, en 1836; et aujourd'hui il ne comprend pas qu'on lui fasse un crime de son dévouement, et quand il dit qu'il est aide de camp du prince, qu'il a obéi à ses ordres, il ne pense pas qu'on puisse le condamner. C'est là une conviction si bien arrêtée chez lui qu'il y a quelques jours encore il écrivait à M. le chancelier: « Monsieur le chancelier, je suis aide de camp du prince; je suis parfaitement dans la position de Drouot et de Cambronne, qui avaient accompagné l'Empereur à son retour de l'île d'Elbe comme aides de camp, et que le conseil de guerre a acquittés. Je demande ma mise en liberté immédiate. » Il attend encore la réponse. (Mouvement.) Ce moyen de défense, il exige que j'y insiste; je ne voudrais pas manquer à la mission qu'il m'a donnée.

Tout cela vous explique pourquoi le commandant Parquin est sur ces bancs.

Faut-il maintenant que je recherche quelle a été sa participation plus ou moins active au fait de Boulogne? Faut-il que je recherche s'il a été initié aux résolutions du prince? Non; cela est inutile. Il vous a déclaré qu'il n'était point appelé dans le conseil; on savait qu'il était homme d'action, et que le jour où on l'appellerait il serait prêt, toujours prêt. Le prince lui aurait dit: « Parquin, il faut que tu ailles là, tu seras tué, mais j'avancerai d'un pas, » Parquin y serait allé.

Il y a un autre fait. Parquin était un *bon compagnon;* les anciens officiers savent que près de lui ils trouvèrent toujours une assistance assurée. Il y avait à Paris un autre capitaine, le capitaine Desjardins; c'est un autre de mes clients. Le capitaine Desjardins avait été mis en 1838 à la retraite. J'ai aussi pour lui de beaux états de services. Parti simple soldat, il est devenu capitaine et a été décoré de la croix d'officier de la Légion d'honneur. Il a sept ou huit blessures, a fait un grand nombre de campagnes. Il a servi autant qu'il pouvait servir; en 1838 il a demandé sa retraite. Cette retraite lui assurait 1360 francs de pension; il avait une femme et cinq enfants. Il demanda un emploi; les emplois sont tellement disputés aujourd'hui qu'il n'en obtint pas; il était dans la misère la plus profonde. Sa femme tomba malade; dans cette famille, pendant tout le temps de cette maladie, on ne prit qu'un seul repas par jour afin de trouver des ressources pour pourvoir aux besoins de la malade. (Vive sensation.) On ne put suffire à ses besoins, et la misère plus que la maladie emporta la pauvre mère de famille.

(L'accusé Desjardins ne peut cacher son émotion, et est obligé d'essuyer avec son mouchoir les larmes qui inondent son visage.)

Ce fut dans ces circonstances, messieurs les pairs, qu'il s'adressa à Parquin, qui lui dit: « Allez voir le prince Louis Bonaparte; il est généreux, il viendra à votre secours: on vous emploiera comme secrétaire. Le prince publie des brochures, vous copierez. » Parquin expédia donc le capitaine Desjardins à Londres. Le capitaine vit le prince, s'attacha à lui; puis un jour il est devenu justiciable de la Cour des pairs par une participation qu'il ne comprend pas lui-même à la tentative de Boulogne.

Hier, M. le procureur général a prononcé une parole dont je m'empresse d'invoquer le bénéfice. Il vous a dit qu'il n'insistait pas et que Desjardins était promis à votre indulgence.

Desjardins pleurait, ce vieux soldat; vous l'avez vu, il pleurait à l'espérance, à la certitude d'être rendu à sa pauvre famille. C'est une espérance que votre arrêt ne démentira pas.

Je n'ai pas encore fini; j'ai encore à défendre le jeune Bataille, bon et loyal jeune homme qui n'a pas, lui, d'anciens souvenirs, qui n'est pas ce qu'on appelle une *vieille moustache*, mais qui a le cœur chaud et chez qui s'exalte l'espérance.

Bataille a été élève de l'École polytechnique; c'est un titre qui ne manque jamais de recommander celui qui le porte à l'estime et à la bienveillance. A sa sortie de l'École, Bataille se livra avec assiduité, avec succès, à des études industrielles. Je ne puis pas entrer dans le détail de toutes les entreprises dans lesquelles il a été employé; seulement hier un témoin vous a déclaré que toute sa vie, depuis sa sortie de l'École polytechnique, avait été consacrée aux études de ponts suspendus ou de chemins de fer: il est ingénieur civil.

Il paraît qu'il y a quelque temps l'emploi vint à lui manquer; il se livra alors à l'étude d'une question politique qui est à l'ordre du jour : c'était la question d'Orient, question dont tout le monde parle, que peu de gens, comme c'est l'ordinaire, ont étudiée à fond.

Bataille, au contraire, en parlait peu et l'étudiait beaucoup; il l'étudiait sur les cartes, dans les livres; il comprenait les intérêts divers qui pouvaient se donner rendez-vous sur ce terrain; il était le partisan de la question d'Orient, comme il vous l'a dit, au point de vue de l'alliance avec la Russie. Je ne viens pas assurément développer devant la Cour le système de mon jeune client; seulement je dois dire que ses idées sur la question d'Orient étaient tellement bien étudiées que des personnages fort importants, et l'on pourrait l'attester au sein de la Chambre des pairs, lui ont conseillé de les écrire et de faire un mémoire.

Le mémoire fait, il y avait une tentation toute naturelle de le publier. Bataille chercha longtemps; il s'adressa d'abord au *Journal des Débats*; l'Orient rentrait dans le département d'un des rédacteurs du journal, on ne laissa pas de place à Bataille. Il y avait un autre journal qui traitait très-savamment cette question d'Orient et qui était au point de vue de mon client, celui de l'alliance russe; c'était le *Capitole*. Il s'y présenta. Ce fut une bonne fortune pour le journal; on y accueillit ses articles. Il a donc écrit dans le *Capitole*. On le lui reproche aujourd'hui, et voyez à quoi tient la destinée! car voilà un lien que l'accusation a trouvé entre les antécédents de Bataille et l'entreprise de Boulogne. Voyez donc par quel malheureux hasard il a trouvé place prise au *Journal des Débats*.... De là sa destinée. Combien de grands événements n'ont pas de causes plus raisonnables!

Quoi qu'il en soit, Bataille fut amené par la nécessité de ses études et de ses affaires industrielles à faire un voyage à Londres. Là, il désira, il faut le dire, d'être présenté au prince Louis-Napoléon. Le prince l'accueillit avec son affabilité ordinaire. Bataille le trouva penché sur les mêmes études, cherchant aussi, lui, les spéculations politiques. Ils se trouvèrent d'accord sur cette question d'Orient, et le prince lui mit le doigt sur les pages des Mémoiresde Sainte-Hélène où le grand homme traite la question, et la traite avec des prévisions qui ne se réalisent que trop aujourd'hui. Ce fut une affiliation toute naturelle entre le jeune Bataille et le jeune prince. Ce fut un lien qui le rattacha davantage aux souvenirs de l'Empire, et insensiblement il se laissa aller, il se laissa en quelque sorte envahir par la pensée politique du prince qui trouvait pour porte dans son esprit cette belle et grande question d'Orient qui avait été l'idée de sa vie, l'objet de ses études de chaque jour.

Voilà, messieurs les pairs, comment des rapports s'établirent entre le prince et Bataille ; ils mirent cette idée politique qui en embrasse tant d'autres en communauté. Le jeune Bataille se dévoua au jeune prince, qui devint pour lui un de ces hommes auxquels on engage sa vie entière. Ce n'est pas ici une rodomontade; nous les avons vus dans la prison : ils ont tous, ces hommes-là, pour la personne du prince, une affection véritable, un dévouement absolu, un respect profond. Le jeune Bataille ne put pas résister à cette séduction par laquelle d'autres avant lui avaient été entraînés.

Le défenseur soutient que Bataille ne s'était pas rendu à Boulogne par suite des ordres du prince, mais uniquement pour ses plaisirs. Les circonstances ont voulu qu'il s'y soit trouvé au moment de l'entreprise du prince, voilà sa seule faute, son seul crime.

Maintenant je me hâte. J'ai fini. Je n'ai pas voulu vous entretenir longuement de chacun de mes clients; je sais avec quel soin vous étudiez dans les pièces de la procédure le caractère de chacun, et je m'en rapporte à la sagesse de cette étude. Il y a là de vieux soldats qu'ont entraînés leurs souvenirs, et de jeunes hommes qu'ont séduits leurs espérances.

Je termine par une considération. Ordinairement on repousse votre juridiction, parce que c'est une juridiction politique, parce que vous êtes des hommes politiques. C'est une raison pour moi de l'accepter avec confiance et sécurité.

Effectivement vous avez été tous, ou à peu près tous, avant d'être les hommes et les soutiens du gouvernement, les hommes d'une conviction politique, et je pourrais distinguer, en cherchant bien, les diverses couches d'illustrations que le flot révolutionnaire, en passant, a laissées sur votre institution. C'est précisément parce que vous êtes des hommes politiques, que vous ne vous effrayez pas outre mesure des espérances, des résolutions, des ardeurs, des impatiences des hommes de parti; c'est précisément parce que vous êtes des hommes politiques que vous savez mesurer la peine à l'utilité sociale de cette peine, et qu'alors votre haute raison sait dans la distribution de la justice accorder beaucoup d'indulgence.

L'ACCUSÉ PARQUIN. Je demande la permission d'ajouter une parole à celles que vient de prononcer mon défenseur.

Messieurs les pairs, j'avais promis à une illustre princesse expirant sur la terre d'exil de ne pas quitter son fils dans la position difficile où le sort l'avait placé. Voilà ce qui explique ma récidive. J'ai rempli ce pieux devoir. Et si, du haut du ciel où l'ont fait monter sa religion, ses vertus et ses bienfaits, la reine Hortense jette un regard ici-bas et voit avec douleur son fils devant vous, je serai aperçu, je l'espère, moi qui partage l'infortune de ce jeune prince, qui, depuis de longues années, m'honore de son amitié, et à qui j'ai voué tout le dévouement dont je suis capable.

M. LE PRÉSIDENT. La parole est au défenseur de l'accusé Mésonan.

Me DELACOUR retrace les faits principaux de la carrière militaire de Mésonan.

Le 9 mai 1809, il est fait lieutenant dans le 45e de ligne, et, après une action d'éclat, au siége de Flessingue, il est nommé capitaine provisoire par le général Monnet. L'ennemi s'étant emparé, dans la nuit du 14 au 15 août, du fort de la coupure, M. de Mésonan y accourut avec une partie de sa compagnie, s'élança le premier dans le fort, et en resta maître. Tel est, messieurs, le début de sa carrière, que M. de Mésonan annonçait devoir rendre si brillante par son courage et des connaissances spéciales, si rares à cette époque parmi les officiers de l'armée. Mais le sort de la guerre et la fatalité qui dispose de tous, fit tomber le lendemain même M. de Mésonan entre les mains des Anglais, et il expia sur los pontons, jusqu'en 1815, par une captivité dont l'histoire conservera le souvenir comme une tache honteuse au nom d'un peuple civilisé, les premiers exploits qui avaient signalé son jeune et brillant courage. Rentré en France à cette époque, il ne put être confirmé dans son grade de capitaine, par suite de la perte qu'il fit, dans les prisons d'Angleterre, de la pièce originale constatant sa nomination.

Vous vous rappelez tous, messieurs les pairs, cette époque fameuse où l'héroïsme d'une population soulevée tint pendant six jours la France entière en suspens, et fit douter de la victoire à une armée remplie des sentiments de ses devoirs. A cette époque, messieurs, les dangers étaient réels, et l'on connaissait alors tout le prix des serviteurs fidèles et dévoués. Une voix pourrait s'élever au milieu de vous, qui dirait que pendant des heures entières le découragement a présidé aux délibérations, qu'on a agité la question d'évacuer la ville; et cette voix ajouterait, si la modestie ne lui faisait un devoir de silence, qu'un avis plus courageux a prévalu; et cet avis, messieurs, en pacifiant la ville de Lyon, et bien d'autres peut-être, a illustré à jamais un de vos collègues et de nos juges. A cette époque donc, messieurs les pairs, il fallait trouver des hommes capables de faire face à de si grands périls, et l'officier qui s'élançait par le chemin des Étroits, protégé de la rive gauche de la Saône par une seule pièce d'artillerie, méritait peut-être que, deux ans plus tard, la religion égarée d'un ministre ne le rayât pas des cadres de l'armée active.

C'est l'irritation naturelle provoquée par cette mesure, qui, venant réveiller dans le cœur des vieux soldats les affections d'un autre âge et les souvenirs d'une époque glorieuse où les services étaient toujours récompensés et jamais méconnus, l'a jeté dans une voie au bout de laquelle il devait, après quarante ans de fatigues, ne trouver que ma faible voix pour défendre le fruit modeste de tant de travaux et de courage.

L'avocat cherche à établir que la mesure ministérielle en conséquence de laquelle M. de Mésonan a été mis à la retraite a été arbitraire, injuste; il explique ensuite les relations de son client avec le principal accusé.

M. de Mésonan, vous le savez, a répondu par le dévouement le plus cordial aux premières ouvertures du prince, et ce dévouement ne s'est pas démenti un seul instant depuis, ni dans ses actes ni sur ses lèvres. Vous connaissez sa franchise : elle est égale à son courage et à sa modération. M. de Mésonan n'a rien nié; c'eût été indigne de son caractère.... Il a dû seulement, dans l'intérêt de la vérité et de sa cause, démentir hautement d'étranges allégations : vous comprenez, messieurs, qu'il s'agit de la déposition de M. le général Magnan.

Constatons d'abord ce qu'il y a d'invraisemblable dans cette offre toute crue d'argent, faite de la part d'un prince qui avait le plus grand intérêt sans doute à connaître le personnel de l'armée, à un général dont le nom devait repousser une pareille insulte. Ces offres-là ne se font d'ordinaire qu'à ceux qui ont été amenés à cet état de déconsidération où tout est permis vis-à-vis d'eux. Et M. de Mésonan n'avait aucune raison de penser qu'il pût en agir d'une façon aussi cavalière avec M. le général Magnan.

C'était là l'injure la plus cruelle qu'un honnête homme pût recevoir. Quel devait donc être le premier mouvement du général, après une proposition de cette nature? N'était-ce pas de chasser indignement de chez lui celui qui venait de s'oublier en sa présence jusqu'au point de lui faire un pareil affront? Le général Magnan l'avait si bien senti, qu'il avait déclaré d'abord devant M. le conseiller que, l'indignation le gagnant, il avait jeté M. de Mésonan *à la porte*. C'est là en effet le premier mouvement de l'homme d'honneur, que rien ne peut maîtriser et vaincre au moment où l'honneur vient de se trouver offensé dans ce qu'il a de plus délicat, et l'on comprend assez que les choses ont dû se passer de la sorte, si en effet M. de Mésonan a poussé l'oubli des convenances jusqu'à venir ainsi, dans le cabinet d'un général, offrir une prime à sa trahison.

Eh bien! messieurs les pairs, les choses ne se sont point passées ainsi, et vous avez entendu hier la seconde version donnée par M. le général Magnan. Il ne s'agit plus, comme dans la première déclaration, de cette indignation qui le gagne, et qui le fait s'emporter à des actes de violence à notre égard. Nous ne sommes plus jetés à la porte, et la susceptibilité si vive de M. le général Magnan s'est convertie tout à coup en une douceur remarquable. Il nous prend affectueusement les mains, il nous presse, il nous conjure de renoncer à nos coupables projets : il ne veut pas nous perdre, il veut nous convertir, et celui que nous venions ainsi d'insulter, selon lui, de la manière la plus grave, cherche à faire couler dans notre cœur le miel de la persuasion; mais là ne s'arrêtent pas les invraisemblances ou plutôt nous commençons à aborder les preuves frappantes des illusions que s'est formées M. le général Magnan, jusqu'à ce que nous arrivions enfin à vous parler des certificats que nous avons eu l'honneur de produire devant vous dans la séance d'hier.

Le général a déclaré devant M. le chancelier qu'il lui avait été fait une offre de 100 000 fr. de la part du prince, et de 300 000 fr. à déposer chez un banquier, dans le cas où il viendrait à perdre son commandement, 400 000 fr. en tout. Voilà sa déclaration bien circonstanciée; et cependant, messieurs les pairs, M. Cabour-Duhay, à qui M. le général Magnan fit ses confidences quelques jours après la prétendue proposition qui lui aurait été faite, déclare, dans sa déposition reçue par M. le chancelier, tenir du général qu'il lui avait été promis une somme de 600 000 fr., le bâton de maréchal de France, et, en cas de mauvaise fortune, une rente de 15 000 fr.

Vous voyez, messieurs les pairs, comme le chiffre se gonfle; il ne s'agit plus de 400 000 fr. seulement, mais bien de 600 000 fr. et de 15 000 fr. de rente, ce qui représente un capital de 900 000 fr. Encore version semblable, et la grande connétablie de France va être rétablie en faveur de M. le commandant du département du Nord.

Le défenseur cherche à faire ressortir, de l'hésitation même du général Magnan sur la fixation des dates du dîner qu'il a donné à Mésonan, la preuve de la vérité des dires de son client. Il ajoute :

Que signifie donc de la part du général Magnan cette inexplicable hésitation qui lui fait tantôt fixer l'époque de ce dîner au 22 juin et tantôt au 17?

Nous avons conservé, sans doute par une inspiration de la Providence, la lettre d'invitation de M. le général Magnan, signée et datée par lui, et dont nous avons eu l'honneur de donner lecture à la Cour.

Il résulte de cette lettre que nous avons dîné chez lui le 12 juin; c'est donc, d'après son propre aveu, le 13 juin, c'est-à-dire le lendemain de ce dîner, que nous avons dû lui faire les propositions qui ont révolté son honneur.

Et cependant, messieurs, nous avons eu l'honneur de vous donner également lecture d'un certificat délivré par M. le directeur des messageries de Lille, constatant que le 13 juin, à sept heures du matin, nous sommes partis pour Courtray, et pour répondre d'avance à une objection qui pouvait nous être faite par M. le procureur général, que nous aurions pu revenir le jour même de Courtray à Lille, nous avons produit comme dernière preuve, un certificat de l'hôtelier des Armes de France à Courtray, constatant qu'aussitôt après notre arrivée dans cette ville, nous sommes parti par le chemin de fer pour nous rendre à Gand.

Il ne reste donc plus qu'une dernière version au général, c'est de prétendre qu'après les propositions infâmes que nous lui aurions faites, il aurait poussé l'oubli de tout ressentiment jusqu'à nous admettre amicalement à sa table. Vous jugerez, messieurs les pairs.

M. le général Magnan a fait longuement l'éloge, dans la séance d'hier, de son dévouement aux institutions du pays. C'est un éloge sur lequel il s'est arrêté avec complaisance.

Vous me permettrez, messieurs les pairs, de faire à ce sujet un rapprochement qui m'inspire un sentiment pénible. C'est M. le général Magnan, qui notoirement a été mis en non-activité en 1831, pour la conduite ambiguë qu'il a tenue dans les événements de Lyon, qui se trouve aujourd'hui notre accusateur, nous qui, dans cette ville, et trois ans plus tard, avons versé modestement le reste de notre vieux sang pour la cause de l'ordre. Quant à notre éloge, il se trouvera dans d'autres bouches que la nôtre, et nous avons pensé qu'il ne nous manquerait pas dans cette enceinte, quand il s'agirait de prononcer sur notre sort.

Vous connaissez les services rendus, en 1834, par M. de Mésonan à la cause de l'ordre, et si ces généreux services, oubliés par le ministre d'alors, n'ont été payés à ce brave militaire que par une disgrâce injuste, il convient que le souvenir en soit rappelé devant une justice comme la vôtre, qui s'exerce, dans sa sphère, par les considérations les plus élevées.

Au moment où mes dernières paroles retentissent dans votre enceinte, peut-être que le premier coup de canon qui doit mettre l'Europe en feu a déjà retenti au delà des mers. Laissez-nous, messieurs, avec la liberté, la disposition de notre vieux sang français, et s'il faut marcher à la frontière et repousser l'invasion, vous verrez si M. de Mésonan se tient encore solidement en selle, et s'il avait raison de réclamer, il y a trois ans, contre sa mise à la retraite. Le jour est bien près peut-être où nos divisions intestines devront disparaître devant la gravité des événements, et où la France aura besoin de tous ses jeunes défenseurs et de tous ses vieux soldats.

Me BARILLON. L'accusé Persigny demande à la Cour la permission de lui soumettre quelques explications personnelles.

L'ACCUSÉ PERSIGNY. Messieurs les pairs, il y a sept ans que les études approfondies sur la grande époque consulaire et impériale opposée dans mon esprit à l'époque actuelle, me vouèrent aux idées napoléoniennes. Ce culte vous explique mon dévouement à l'illustre race qui personnifie ces idées et au noble prince qui en est ici le représentant.

Pour assurer le triomphe de ces idées, qui promettaient dans ma pensée la gloire, la grandeur et les libertés de mon pays, je n'ai pas hésité à me faire le soldat d'un homme, d'une famille.

A une époque où il n'y a en France ni véritable autorité, ni véritable liberté, où les pouvoirs sont également impuissants, faute d'une personnification vivante des grands intérêts du pays....

M. LE PRÉSIDENT. Je ne puis laisser passer ces expressions.

L'ACCUSÉ PERSIGNY. J'ai voulu dire que l'autorité n'était pas assez forte et la liberté pas assez étendue. Je crois que c'est là une doctrine, messieurs les pairs, que vous partagez en partie.

M. LE PRÉSIDENT. Prenez garde à vos paroles; n'en prononcez pas qui aggravent votre position.

L'ACCUSÉ PERSIGNY. Je vous assure que ce n'est pas mon intention.

M. LE PRÉSIDENT. Vous vous êtes déjà trompé; vous pouvez vous tromper encore.

L'ACCUSÉ PERSIGNY, continuant. A une époque où tout le monde veut commander et personne obéir, je suis fier d'avoir compris l'obéissance et engagé ma liberté dans le but d'assurer et d'agrandir les libertés de mon pays. Je suis fier d'avoir pris la devise de ce généreux roi de Bohême, qui vint mourir à Crécy pour la cause de la France, cette devise modeste, mais qui a aussi sa grandeur : *Je sers*.

L'idée napoléonienne qui fut l'expression la plus sublime de la révolution française, qui rattache les siècles passés au nouveau siècle, qui du sein de la démocratie la plus agitée fit surgir l'autorité la plus gigantesque, qui remplace une aristocratie de huit siècles par une hiérarchie démocratique accessible à tous les mérites, à toutes les vertus, à tous les talents, la plus grande organisation sociale que les hommes aient conçue : l'idée napoléonienne qui, prodigue d'égalité, veut aussi assurer aux peuples les plus grandes libertés, mais ne leur en accorde la jouissance complète qu'après les avoir étayées de solides institutions, associant ainsi les doctrines de liberté aux doctrines d'autorité; l'idée napoléonienne qui marche à la tête des voies industrielles que sa glorieuse épée débarrasse de toutes entraves, et appelle l'Europe à une vaste confédération politique ; l'idée napoléonienne, enfin, cette grande école du dix-neuvième siècle, légitimée par le génie, illustrée par la victoire, sanctifiée par le martyre ; l'idée napoléonienne, vous la connaissez, messieurs les pairs, car vous avez servi à ses triomphes, vous qui fûtes les compagnons de la gloire de l'Empereur.

Il faudrait une voix plus éloquente et plus digne de faire entendre ici la parole napoléonienne pour vous en dérouler les magnifiques grandeurs. Ce n'est donc pas à un humble soldat de cette idée à s'en faire l'apôtre devant un si illustre auditoire. A lui seulement, comme à tout citoyen, de pleurer et de gémir sur les malheurs qui ont renversé son Empire. A lui, comme à tout soldat, de verser des larmes sur la grande calamité de Waterloo !

Sénateurs de l'Empire, dites-nous, quelle n'aurait pas été la grandeur de la France sans les désastres de 1814 et 1815 ? Que ne seriez-vous pas, vous-mêmes aujourd'hui ? Rappelez-vous, en effet, le rôle qui vous était assigné par les constitutions impériales ; songez à celui qu'elles vous réservaient....

M. LE PRÉSIDENT. Tout cela me paraît complétement étranger à votre défense. Il ne s'agit pas de savoir quelle aurait été la grandeur de l'Empire sans la catastrophe de 1815.

L'ACCUSÉ PERSIGNY. Permettez-moi de développer mes idées, d'expliquer la cause qui m'a fait agir. La Cour pourra l'apprécier.

M. LE PRÉSIDENT. Continuez, mais en vérité vous ne servez pas votre cause.

L'ACCUSÉ PERSIGNY, reprenant. Songez à celui qu'elles vous réservaient, quand les esprits, si longtemps distraits des préoccupations intérieures par les bulletins de nos victoires, se fussent enfin reportés, à la paix générale, sur les débats de nos assemblées. Mais pensez surtout à ce rôle mille fois plus grand encore qui vous était destiné sous les successeurs du premier Napoléon, quand le génie du grand empereur, descendant avec lui dans la tombe, vous eût légué l'héritage de son pouvoir.

Serait-ce à ce triste devoir de juger et de punir les victimes de nos discordes sans fin que seraient consacrées vos lumières ? Non, non, de tels débats n'agiteraient pas cette enceinte. Arbitres des destinées du monde, ce sont des rois vaincus que vous verriez à cette barre venir implorer le nouveau sénat romain!

Mais pourquoi se laisser aller à la pensée de tant de grandeurs, quand on songe à cette loi impénétrable de la destinée qui traduit devant vous comme un criminel un prince même du sang impérial, lui qui devrait siéger aujourd'hui le premier parmi vous pour prendre conseil de votre sagesse, ou marcher à la tête de nos armées à quelque grand dessein de la patrie!

Hélas! pourquoi la France ne sut-elle pas repousser l'étranger de son sein? Pourquoi les pères de la patrie ne surent-ils pas mourir sur leurs chaises curules? Pourquoi n'allèrent-ils pas au-devant de Varron au lieu d'aller implorer Annibal?

Mais pas de vaines récriminations! L'histoire de tous les peuples est souillée de quelques pages funestes. Le grand peuple de l'antiquité, le peuple modèle dans l'histoire du monde, les Romains ne virent-ils pas leurs légions passer sous le joug des Samnites? et l'or du Capitole ne paya-t-il pas le poids de l'épée de Brennus? Il est d'ailleurs, comme a dit l'Empereur, des événements d'une telle nature qu'ils sont au-dessus de l'organisation humaine. Oublions donc les grandeurs passées, puisqu'il faut forcément jeter les yeux sur les misères présentes!

Messieurs les pairs, s'il est un sentiment commun et parmi les juges et parmi les accusés, c'est un sentiment pénible qu'inspire à tous les cœurs le triste spectacle de nos agitations depuis dix ans. Comment des divisions funestes, des partis infatigables, détruisent-ils sans cesse les germes de notre prospérité? comment la voix de la France, cette voix puissante qui jadis faisait trembler l'Europe, est-elle étouffée par les cris de la place publique?

En vain, le langage officiel de la politique jette chaque jour à la face du pays les grands mots de factions insensées, d'ambitions coupables! Ce n'est pas en flétrissant les effets qu'on détruit les causes. Au fond de ces résistances incessantes doit être une moralité. Il faut la chercher dans notre histoire.

Quand la France impériale succomba, l'Europe entière liguée contre nous ne fut animée que d'une seule pensée : affaiblir la France. Cette pensée devait être impraticable. Enlever nos départements militaires, s'emparer de nos forteresses ou les détruire, ouvrir sur tous les points de nos nouvelles frontières des passages préparés pour de nouvelles invasions, nous entourer enfin d'une ceinture de fer, rien de ce que peut la stratégie moderne ne fut épargné pour nous soumettre. Et ce n'était point encore assez. Pour rassurer l'Europe effrayée au souvenir de nos victoires, il fallait jeter parmi nous un principe éternel de division et de faiblesse ; il fallait frapper la France au cœur.

Illustre et malheureuse maison de Bourbon, vous deviez servir d'instrument à cette politique. Le génie de la diplomatie étrangère, toujours si fatal à la France, avait compté vos destins et les nôtres. Dans ses calculs, dynastie étrangère aux nouveaux intérêts, aux nouvelles idées, aux nouvelles gloires de la France, vous deviez soulever contre vous ces nouveaux intérêts, ces nouvelles idées, ces nouvelles gloires ; quoi que vous puissiez faire, vous deviez apparaître toujours à la masse inquiète de la nation comme la déléguée de la victoire étrangère, et cette situation éveillant des méfiances continuelles, excitant les classes les unes contre les autres, devait détruire l'esprit public et donner enfin raison à l'Europe de cette France terrible qui avait osé prétendre à l'empire du monde !

Aussi, messieurs les pairs, écoutez lord Castelreagh....

M. LE CHANCELIER. Accusé, je suis forcé de vous répéter que ce n'est pas là une défense. Ce que vous lisez est une véritable brochure, et la Cour n'est pas ici pour entendre la lecture d'une brochure. Venez donc au fait.

M. PERSIGNY. C'est ma défense....

Qu'ai-je besoin, messieurs les pairs, de dérouler devant vous le triste tableau de la situation de la France ? Cette situation, ne la connaissez-vous pas mieux que moi ? N'en êtes-vous pas les premières victimes ? C'est en vain que vous comptez parmi vous tant de noms célèbres.

M. LE CHANCELIER. Accusé, je ne peux pas vous laisser continuer sur un pareil ton. Parlez de votre affaire.

L'ACCUSÉ. Je proteste contre votre décision, monsieur le président. J'ai mis dans mes paroles toute la modération possible, et si la Cour m'avait écouté, elle aurait pu s'en convaincre.

M. LE CHANCELIER. Avez-vous des conclusions ? prenez-les.

L'ACCUSÉ. Je n'en prends pas. Je proteste ; voilà tout ce que je puis faire.

M. LE PRÉSIDENT. Votre défenseur s'expliquera pour vous. La parole est à Me Barillon, défenseur de Bouffet-Montauban, Lombard, Conneau et Persigny.

### *Plaidoyer de Me Barillon.*

Le défenseur fait un exposé rapide de la vie de Lombard et Persigny, antérieurement à leurs relations avec Louis Bonaparte. Il essaye ensuite de justifier leur dévouement à sa personne. Il ajoute :

Messieurs, j'arrive à une dernière considération qui domine le procès, et qui me dispensera de vous fatiguer par de longs discours.

Que reproche-t-on aux accusés Lombard, Conneau et Persigny? On leur dit :

« Vous étiez tellement attachés au prince qu'il n'est pas vraisemblable que vous ayez ignoré ses desseins; par conséquent, vous l'avez accompagné avec préméditation, et dans la folle et ridicule pensée de renverser un gouvernement. »

Messieurs, je sais qu'on n'a rien négligé pour réduire ce procès aux mesquines proportions d'un procès correctionnel; qu'on a voulu déverser le ridicule à profusion. Je sais enfin toute la logique du réquisitoire : il lui a été plus facile de tourner tout en ridicule que de répondre à des arguments.

On vous a dit que quelques-uns des hommes qui avaient accompagné le prince s'étaient affublés du costume militaire; mais que sous ce costume, on retrouvait les galons de la domesticité. On aurait pu pousser les investigations plus loin, et on aurait retrouvé, sous les galons de la domesticité, d'anciens soldats couverts d'honorables cicatrices. Il ne faut pas, messieurs, que ceux-là mêmes qui ont eu le bénéfice d'un acquittement anticipé restent sous le coup de la trop grande sévérité d'un réquisitoire. Nous nous sommes présentés avec une poignée d'hommes, dites-vous? S'il y a quelque chose en faveur de mes clients, c'est l'exiguïté du nombre. La tentative aurait-elle donc été moins coupable à vos yeux, si, faisant appel non à notre droit, mais à notre force, nous nous fussions présentés en grand nombre? Je le répète, notre excuse est dans l'exiguïté du nombre. Étant en petit nombre, l'affaire était honorable, car elle était tentée par des hommes honorables, des hommes qui avaient honorablement servi le pays....

M. LE PRÉSIDENT. Je ne puis vous passer l'expression d'*affaires honorables;* un attentat n'est jamais honorable.

Me Barillon explique sa pensée.

J'arrive, continue l'avocat, au dernier de mes clients, que j'ai besoin de défendre contre les insinuations du ministère public, au colonel Bouffet de Montauban. L'accusation n'a qu'un seul grief contre M. de Montauban : c'est la vie aventureuse de cet officier qui est le meilleur argument de la défense. Cette vie aventureuse explique sa position et son existence à Londres, et comment il a été entraîné dans l'entreprise.

M. Bouffet de Montauban est un de ces jeunes Français qui, à l'époque de notre gloire militaire, s'arrachèrent au collége pour les champs de bataille, avant d'avoir terminé leurs études. Il alla rejoindre son régiment en Italie, dans lequel il s'était engagé en qualité de fourrier. Son avancement fut rapide, et il le dut à cette circonstance qu'il fut attaché au prince Eugène Beauharnais, vice-roi d'Italie. Le prince le plaça dans un régiment de chasseurs italiens : il fit un rapide chemin ; il devint successivement sous-lieutenant, lieutenant et adjudant-major. Telle était la situation de M. de Montauban à l'ouverture de la glorieuse et fatale campagne de Russie ; il prit part à cette expédition ; il fut blessé en combattant avec honneur. Lorsqu'en 1814 il reçut son congé, il avait bien raison de reposer ses membres brisés.

Au retour de l'île d'Elbe, il fut un des premiers à se présenter à la rencontre de l'Empereur, et fit partie du bataillon sacré. Après les Cent jours il fut licencié avec l'armée de la Loire ; vous savez, messieurs, quelle était la qualificatien donnée alors à ces glorieux débris.

M. Bouffet de Montauban alla chercher un asile à l'étranger : de là vient sa vie aventureuse. Il ne pouvait rester en France où il était opprimé, il alla chercher ailleurs la carrière des armes puisqu'il ne pouvait la trouver dans sa patrie ; il alla en Colombie, de là sa vie aventureuse. Les guerres sanglantes de ce pays lui permirent de se distinguer ; il devint aide de camp de Bolivar et colonel, et, s'il eut un regret, ce fut de ne pas avoir acquis cette position au service de la France.

Lorsqu'il s'est embarqué, mon client ignorait les projets du prince. Messieurs, on vous l'a dit, le prince seul connaissait le but de l'expédition. Croyez-vous donc que Napoléon, lorsqu'il confia sa fortune au brick *l'Inconstant*, eût dit à l'avance à ses soldats le but de son voyage ? Non. Si Napoléon eût échoué dans son entreprise, si on eût traduit à la barre tous ceux qui l'avaient accompagné, auriez-vous pu dire qu'ils savaient le but de l'expédition! Auriez-vous pu les condamner?

Une voix éloquente vous l'a dit hier : Jugez humainement les choses humaines. Demandez-vous si le neveu de l'Empereur a pu faire autrement que Napoléon avait fait dans la circonstance qui le ramena aux Tuileries.

Je dis que le prince Louis n'a pas dû dire à l'avance quel était le but de l'expédition; il devait compter que ceux qui l'accompagnaient céderaient à son influence; et, comme Cambronne et ses compagnons, les accusés, entraînés par le prince, seront acquittés.

M. DE MONTAUBAN. Ce que mon avocat a dit est la vérité; si j'avais su qu'il s'agissait d'une expédition militaire, j'aurais revêtu mon uniforme de lancier que j'ai toujours conservé, et non une capote d'infanterie, lorsque jamais je n'ai servi dans cette arme.

### *Plaidoyer de Me Nogent-Saint-Laurent pour le colonel Laborde.*

Le colonel Laborde est un ancien officier de l'île d'Elbe, c'est assez dire qu'il ne vous présentera pas une défense sans vraisemblance et sans courage; une telle défense, il la répudierait comme indigne de lui.

Le colonel Laborde ne renie ni ses sympathies ni son dévouement : c'est un homme d'honneur qui est incapable de mensonge ou de faiblesse. Parti soldat, il y a plus de trente ans, il est arrivé, par son courage et sa conduite, au grade de lieutenant-colonel.

Après avoir raconté la vie militaire de M. Laborde, l'avocat rappelle qu'il y a dix-huit mois il fut privé tout à coup de son commandement de la place de Cambrai.

Depuis lors, dit-il, il vivait dans la banlieue de Paris de sa retraite. Une circonstance le fit passer en Angleterre, à la recherche de sa femme qui y était allée utiliser ses talents; le colonel fut présenté au prince et reçu comme devait l'être un ancien adjudant-major de la vieille garde. Le prince l'engagea à l'accompagner à Ostende, il accepta; mais, comme vous l'ont dit MM. de Montholon et Voisin, le colonel Laborde ignorait le but de l'expédition. Et, l'eût-il su, vous n'avez pas ici à juger un complot, mais un attentat. Laborde accepte aujourd'hui la solidarité de l'acte contre lequel il a protesté dans le paquebot et à votre audience; mais il l'accepte pour s'associer à la destinée du prince.

Le colonel Laborde est un homme qui ne recule jamais; aussi dans la campagne de France le vit-on, avec six cents hommes, exterminer douze cents Autrichiens.

Cambronne le désigna pour faire partie du bataillon de l'île d'Elbe, avec lequel il revint en France pour continuer à servir son pays.

L'avocat cite une lettre des plus honorables adressée pendant le siége d'Anvers à M. Laborde par le général Schramm, dans laquelle il le désignait sur sa demande pour commander le bataillon d'assaut.

Messieurs, dit M. Saint-Laurent en terminant, j'en appelle à votre justice; déjà vous avez renvoyé les subalternes, vous ne leur avez pas demandé compte d'une obéissance passive; faites plus, pardonnez à ceux qui n'ont pu oublier la religion des souvenirs.

*Plaidoyer de Me Favre pour Aladenize.*

Me FAVRE, défenseur d'Aladenize, prend la parole. Officier dans l'armée, dit-il, Aladenize a mis son épée au service d'une cause que l'événement a condamnée. Aussi, ce n'est pas seulement d'attentat, c'est de trahison qu'il est accusé, de trahison! Faute immense pour un militaire dont les antécédents sont purs, et qui a déjà eu l'honneur de verser son sang pour l'indépendance et la liberté de son pays. Croyez-le, messieurs, et permettez-moi de le dire, ce cœur dont vous avez jugé l'élan dans les fugitives impressions des interrogatoires, n'est pas celui d'un traître; et certes, au sein de cette assemblée qui a une si haute expérience des révolutions politiques, il ne se peut que l'on n'apprécie la fatalité des entraînements qui l'ont égaré.

Souffrez donc, messieurs, qu'à la mesure de mes forces, j'essaye de vous prouver comment Aladenize a pu se trouver à la suite et sous les ordres d'un homme qui se trouve aujourd'hui devant vous comme un criminel. Messieurs, je ne veux pas humilier Aladenize par des paroles lâches; je ne veux pas non plus l'exalter au delà de ses mérites; ce qui le trouble et l'agite, ce ne sont pas les sévérités provoquées contre lui, c'est la crainte d'une condamnation par suite de laquelle il serait mis à l'ordre du jour de l'armée et dégradé devant elle. Ah! vous lui épargnerez, j'en suis sûr, cette honte, car, je vous le demande, sa faute mérite-t-elle une si terrible punition? N'aurez-vous pas d'indulgence pour un si jeune et si bouillant courage? Aladenize est un officier de Juillet : quand le peuple se leva en armes en 1830, il combattit dans ses rangs; il fut blessé.... Il entra dans l'armée : pour lui la révolution nouvelle n'était pas seulement l'affranchissement du peuple, c'était aussi la réhabilitation de la France : il la voyait, libre enfin des engagements de 1815, planter sur les rivages du Rhin son drapeau, et jeter aux peuples de l'Europe l'exemple de sa glorieuse émancipation. Je n'ai pas à vous dire comment furent trompées ses espérances. Cette voûte retentit encore des mâles accents d'une voix puissante qui vous retraçait hier la coupable pusillanimité de ce système indigne d'une grande nation.... (Murmures sur quelques bancs.) Ajoutez que, sans être mauvais citoyen, on peut frémir de douleur à la vue de tant de faiblesse, on peut rougir de honte.... (Bruit) en entendant les défis de l'Europe.... A ceux qui se préoccupent du soin, de la dignité du pays, de sa grandeur, à ceux qui voudraient que le nom français fût partout le plus puissant et le plus respecté, comme il est le plus généreux, il est permis de s'affliger et de se reporter vers les époques de notre histoire.... (Interruption.)

Ces sentiments, messieurs les pairs, étaient ceux d'Aladenize. Dans sa sphère modeste, il supportait impatiemment les misères du présent, et il appelait de tous ses vœux un avenir qui pût réaliser ses rêves de grandeur nationale. C'est vous dire assez qu'il appartenait à l'avance à quiconque se présenterait à lui en flattant ses sympathies. Dans une réunion d'officiers, jeunes comme lui, comme lui braves, comme lui inquiets et mécontents de la situation du pays, il a dû croire à la parole d'un homme qui se présentait, non pas seulement comme l'héritier d'un grand nom, mais comme....

PLUSIEURS PAIRS. On n'entend pas! Plus haut!

Me FAVRE. Aladenize ne s'est pas attaché au prince, mais au citoyen qu'il a cru appelé à ressusciter les libertés et l'indépendance du pays. (Réclamations sur quelques bancs.) Assurément, dans les événements de 1830....

M. LE PRÉSIDENT. Depuis les événements de 1830, la France n'a pas cessé d'être forte, puissante et respectée. La défense de l'accusé n'a pas besoin de pareilles allégations.

Me FAVRE. Je ne vois rien dans ma défense qui soit inconvenant.

M. LE PRÉSIDENT. Continuez.

Me FAVRE. Je serais désolé de m'être en quoi que ce soit écarté des convenances et du respect que je dois à cette assemblée. J'ai essayé d'exprimer quels étaient les sentiments d'Aladenize; et assurément quand j'ai dit qu'il s'agitait à la pensée que la France n'avait pas ses anciennes limites, je crois avoir dit quelque chose qui est dans la pensée de tous. Et en ajoutant que le prince, qui se présentait à lui, lui disait vouloir être l'élu du peuple, et lui faisait espérer qu'il aurait un jour la puissance de rendre à la France ses limites du Rhin, j'ai expliqué quelles étaient les illusions d'Aladenize.

ALADENIZE, se levant. J'approuve les paroles de mon défenseur.

Me Favre essaye de démontrer qu'Aladenize n'était pas instruit à l'avance du complot. Il a cherché à combattre les projets du prince; il lui a demandé sur quoi il pouvait s'appuyer, et le prince lui a dit: « Je compte sur vous, sur votre dévouement; il y a deux compagnies de votre régiment à Boulogne, il faut les enlever. » Aladenize avait quitté son régiment, abandonné son drapeau, et si vous pouvez comprendre quelle a été pour lui la violence irrésistible de l'entraînement auquel il a été exposé, vous comprendrez que, après cet acte qui était pour lui le passage du Rubicon, il ne pouvait plus reculer.... Il marche donc vers la ville, il essaye d'enlever le poste d'Alton, il échoue; il arrive à la caserne. Les deux compagnies étaient réunies dans la cour; le drapeau, placé au centre, était salué d'un roulement de tambour et d'acclamations, lorsque, à la porte de la caserne, se présente le brave capitaine Col-Puygellier. Le passage lui en est interdit; il est menacé, lui et les deux sous-lieutenants qui l'accompagnent; il s'écrie et une voix répond: « Ne tirez pas! » c'est celle d'Aladenize qui accourt. Une baïonnette était dirigée contre la poitrine du sous-lieutenant de Maussion, Aladenize présente la sienne. Le capitaine Col-Puygellier est l'objet d'une nouvelle tentative: Aladenize le couvre de son corps : « Respectez mon capitaine ! » s'est-il écrié. Et quand une collision est inévitable, que les armes sont baissées, c'est encore Aladenize qui se jette à la traverse et s'écrie de nouveau : « Ne tirez pas, car le premier coup de feu m'atteindra ! » Et alors il brise son épée.

M. le procureur général vous a dit qu'Aladenize avait reculé devant la responsabilité du sang qui allait être versé, et n'avait pas voulu aggraver sa position. Oh ! que M. le procureur général me permette de le lui dire, ici son zèle l'égare; il a mal apprécié les sentiments qui se sont pressés dans le cœur de ce jeune homme. Non, ce jeune homme n'a pas pesé en légiste les conséquences de ses actions; il n'a pas songé à se ménager une sorte de moyen de défense derrière lequel il pût se réfugier contre la pénalité qui le menaçait; il a obéi à un impérieux entraînement; il a senti que le sang français allait couler, et il s'est dit : « Je l'empêcherai ! »

(Plusieurs des membres de la Cour se plaignent de nouveau de ne pas entendre, M. le président invite le défenseur à se placer au milieu du banc réservé aux avocats.)

Me Favre continue en élevant la voix :

En ce qui touche Aladenize, l'accusation ne veut admettre aucune atténuation. Son crime est énorme, a-t-elle dit; c'est un acte de félonie qui ébranle les bases mêmes des pouvoirs sociaux. Cela serait-il vrai, messieurs les pairs, dans toute l'acception du mot? A Dieu ne plaise que je veuille contester la sainteté du serment militaire et la rigueur des engagements hiérarchiques. Cependant, permettez-moi de le dire avec l'indépendance qui m'appartient, ces hautes maximes de la morale politique ont quelquefois reçu d'éclatants démentis : quelquefois on a vu les événements de la nature de ceux qui ont été justement et sévèrement qualifiés par M. le procureur général, justifiés par le succès de leurs auteurs, couronnés de palmes triomphales, lorsque, suivant ses doctrines, ceux-ci auraient dû être dénoncés comme de grands coupables. Napoléon lui-même, que vous avez glorifié hier, et vous avez eu raison de dire que son nom appartenait à la France, Napoléon, à ce point de vue, que serait-il, sinon un conspirateur plus heureux que les autres? Ouvrez en effet l'histoire et lisez. Lorsqu'il abandonna sans ordre ses soldats en Égypte, quand il vint en France, porté par les ailes de la victoire, que fit-il dans son pays? Une constitution y régnait, protégée par les pouvoirs publics et par cet ensemble d'autorités qui ne manquent jamais de se liguer pour défendre ce qui est debout. Napoléon, avec son coup d'œil d'aigle, vit les infirmités de ce gouvernement, qui ne garantissait pas la sécurité du pays au dehors, et paralysait les ressources au dedans. Il se ménagea des intelligences dans l'armée et dans l'administration; il obtint l'engagement des chefs de corps, et je pourrais citer des noms fameux : Augereau, Murat, Lannes, le colonel Sébastiani, Réal, Saint-Jean-d'Angély, Mercier, tous lui promirent leur concours; puis, lorsque le moment d'exécution fut venu, lorsqu'une démonstration de tentative légale eut été faite, que fit Bonaparte? Appel à la force; les baïonnettes enlevèrent ce que la conspiration avait commencé, et la constitution du pays fut renversée violemment.

Maintenant, ceux qui ont été les témoins, les acteurs de ce grand événement peuvent nous dire de quels misérables accidents pouvait dépendre son échec, comment ainsi les destinées du monde pouvaient être changées, comment celui qui a élevé si haut la fortune de la France pouvait être considéré comme ayant flétri ses lauriers, et mourir comme un misérable brouillon, et comment ses illustres lieutenants, qui ont porté leur gloire dans tous les coins de l'Europe, pouvaient n'être regardés que comme les complices d'une criminelle tentative.

Hélas! messieurs les pairs, il n'est que trop vrai, ainsi que le disait l'éloquent défenseur du prince Napoléon, qu'après de tels exemples, dans un pays labouré par de telles révolutions, les consciences sont vacillantes et se cherchent elles-mêmes, les principes s'obscurcissent, et que dans ce naufrage le champ de bataille est ouvert à toutes les erreurs, à toutes les illusions.

Dans un pays labouré par tant de révolutions, les consciences vacillent et se recherchent; le champ est ouvert à toutes les erreurs. Est-ce à dire que les pouvoirs sociaux s'abdiquent, qu'ils doivent s'abandonner eux-mêmes dans cette oscillation d'idées et de faits, et remettre au hasard le soin de leur propre conservation? Non, sans doute : qu'ils se défendent énergiquement, et qu'ils s'appuient sur l'opinion; mais qu'en usant de leur force, ils sachent la tempérer par la longanimité; qu'ils apprennent la modération afin d'espérer le respect, et surtout, messieurs, qu'ils soient avares du sang versé, de peur que sur l'échafaud le condamné ne se dresse, ne dise à quelques-uns de ses juges : j'ai conspiré, mais vous avez conspiré avant moi, et si vous m'avez condamné, c'est afin de vous faire oublier et de donner des gages.

On a dit qu'il fallait un exemple, que la discipline militaire réclamait la tête d'Aladenize. Je réponds en son nom que si cet holocauste était nécessaire, si sa faute ne pouvait être rachetée que par son sang, il accepterait volontiers son sort, et que son défenseur, qui donnerait le meilleur de sa vie pour le sauver, rassemblerait toutes ses forces pour l'aider à mourir; et l'on vous dirait encore à vous, ses juges, qu'en le condamnant vous ne fermeriez pas tout à fait votre cœur à la sympathie! Ce jeune homme a aimé avec passion la gloire et la liberté de son pays; c'est ce qui l'a perdu, l'a jeté dans ses déplorables illusions, dans cette fatale entreprise. En descendant dans la tombe il emporterait encore cette consolation que je vous exprimais tout à l'heure, comme je la sens, d'avoir sauvé ses camarades, d'avoir empêché le sang français de couler.

Non, la discipline militaire ne demande pas ce douloureux sacrifice, et j'en suis sûr, si ces bruits de guerre qui retentissent du Midi au Nord venaient à produire enfin une conflagration générale au milieu de l'Europe, si notre pays était une autre fois menacé, je vous dirais : « Rompez ces fers, ouvrez les portes de ce cachot, rendez à Aladenize cette épée qu'il a levée quand elle allait se diriger sur la poitrine de ses camarades; il est encore digne de la porter pour la tourner contre les ennemis de la France. »

Sont-ce là de vaines hypothèses? La France n'est-elle pas debout, appuyée sur ses armes, attendant le premier signal? Ne se peut-il pas faire que demain elle ait besoin de tous ses enfants? Je le sais, messieurs les pairs, des milliers de poitrines se presseront à ses frontières. Qui de nous ne serait heureux et fier d'offrir jusqu'à la dernière goutte de son sang pour la défense de cette chère et glorieuse patrie! Assurément, au milieu de tant de dévouement, la vie d'un homme n'est rien; mais la vie d'un tel homme, d'un homme ardent et dévoué, peut-elle, dans de telles circonstances, appartenir au bourreau? Non; vous la réserverez à de plus nobles coups; vous permettrez à Aladenize, lorsque le jour sera venu, de marcher sous les ordres de ces vétérans de la victoire que j'aperçois devant moi, qui au besoin n'auraient pas oublié le chemin des capitales de l'Europe; de se trouver à côté du brave capitaine Puygellier, qu'il a sauvé, et là de reconquérir son drapeau, ou bien de s'y ensevelir glorieusement comme dans un linceul!

Voilà, messieurs les pairs, toute sa prière, voilà la mienne; je suis sûr que vous l'exaucerez. Croyez-le, messieurs, c'est là un noble exemple à donner à l'armée; elle n'en peut réclamer d'autre de votre justice.

M. LE PRÉSIDENT. La parole est à M. le général Magnan, qui l'avait demandée dans le courant de l'audience, pour répondre à des faits personnels.

M. LE GÉNÉRAL MAGNAN. Messieurs les pairs, au moment où le défenseur du commandant Mésonan a cessé de parler, j'ai demandé la parole.

M. le chancelier n'a pas cru devoir me l'accorder en ce moment, et je l'en remercie. J'étais sous le poids d'une indignation profonde; cette indignation aurait pu m'empêcher de conserver la modération de langage que je dois à la noble Cour devant laquelle je parle.

Le commandant Mésonan a dit : « Oui, le général Magnan était animé de bons sentiments, il a cherché à m'arracher à mon entreprise. Lorsque je lui ai parlé de personnes haut placées dans le gouvernement qui étaient dans la conspiration, le général m'a répondu : « Non, cela n'est pas possible; quand on sert un gouvernement, on le fait avec honneur. »

Voilà, messieurs, les paroles du commandant Mésonan. C'en est assez pour l'affaire de Boulogne; j'arrive à l'affaire de Lyon.

J'étais à cette époque colonel du 48e de ligne à Montbrison. Je reçus à minuit l'ordre de marcher sur Lyon avec mon régiment. Il y a dix-huit lieues, je les ai faites en seize heures. En arrivant à Lyon, il ne manquait qu'un seul homme. Dès le point du jour, j'étais occupé à établir des postes, lorsque trois ouvriers de Lyon vinrent en députation m'apporter une lettre du préfet qui m'ordonnait de quitter les hauteurs de Fourvière, où j'avais pris position, et de me retirer sur Montbrison. Je répondis que j'étais venu par l'ordre du lieutenant général Roguet, et que lui seul devait me donner ordre de m'en aller.

J'avais un ordre écrit; cet ordre se trouve joint à mon dossier dans les bureaux de la guerre. Il est ainsi conçu :

« Le colonel Magnan partira de suite, pour se rendre, avec son régiment, devant Lyon.

« Il ne compromettra pas son régiment dans les rues de

cette ville, si, comme il y a lieu de le craindre, elle est au pouvoir des révoltés.

« Le colonel Magnan ira trouver, s'il le peut, le préfet ou le lieutenant général Roguet dans Lyon, si l'un ou l'autre y sont encore. »

Pour exécuter l'ordre que j'avais reçu, je ne devais pas compromettre mon régiment dans les rues de Lyon, un régiment que j'avais formé à mon retour d'Afrique et en qui j'avais toute confiance.

Je dis aux ouvriers : « Qui commande à Lyon? est-ce le préfet au nom du roi? — Oui. — Pouvez-vous me conduire? — Oui, confiez-vous à nous; nous vous conduirons au préfet. »

Je me fie à eux, je pars et j'arrive à l'hôtel de ville, au moment où une députation d'ouvriers s'y rendait. Le conseil municipal était en séance.

Je dirai à la Cour que ma conduite militaire à Lyon a été désapprouvée parce qu'elle n'a pas été comprise; on a cru que j'étais entré sans ordre; on m'a ôté le commandement de mon régiment, comme pour m'en punir; mais on n'a pas tardé à reconnaître l'erreur, et le président du conseil me dit : « Vous aurez un régiment, on vous avancera. » Et, en effet, trois mois après, on m'a donné un régiment; ma carrière militaire ne fut pas arrêtée.

Oui, messieurs, ma conduite à Lyon a été loyale, et je puis invoquer un auguste témoignage. Le roi m'a dit : « Colonel, votre conduite à Lyon a été honorable, soyez-en fier, soyez-en toujours fier. » Cette approbation du roi, donnée à ma conduite, en vaut une autre.

M. LE PRÉSIDENT. La confiance du roi répond à tout.

La séance est levée à six heures.

## CINQUIÈME AUDIENCE. — 2 OCTOBRE.

(*Présidence de M. Portalis.*)

L'audience est ouverte à midi et demi.

Le fauteuil de la présidence est occupé par M. Portalis.

L'appel nominal constate l'absence de MM. de Noé, maréchal Gérard, Castries et Pasquier. Ce dernier est, dit-on, absent pour cause d'indisposition.

On continue les plaidoiries.

*Plaidoyer de Me Lignier pour les accusés Ornano, Orsi, d'Almbert, Galvani et Bure.*

Me LIGNIER. Messieurs les pairs, le caractère saillant de ce procès, selon moi, le caractère qu'il faut lui restituer avec d'autant plus d'énergie que l'accusation a fait plus d'efforts pour le lui enlever, c'est la loyauté avec laquelle chacun des prévenus a parlé devant vous, c'est la franchise avec laquelle chacun d'eux a pris sa part de responsabilité sans crainte comme sans ostentation. A ce caractère déjà vous avez pu, vous avez dû reconnaître que les compagnons du prince Napoléon ne se considéraient pas comme des conspirateurs qui attendent sous le poids de leurs remords l'arrêt de la justice. D'où leur vient donc ce calme et cette franchise? Est-ce de leur aveuglement? N'est-ce pas plutôt du témoignage de leur conscience et de la confiance qu'ils ont dans votre justice.

Ils ont voulu, dit-on, eux, citoyens français, apporter dans leur pays le fléau de la guerre civile; mais qu'ont-ils fait pour encourir une pareille imputation, qui les vouerait non-seulement aux rigueurs de la loi, mais encore à la haine du pays? Est-ce qu'ils ont fait appel à la violence? Est-ce qu'ils ont engagé le combat? Et quand vous voyez que tant de courages réunis ont cédé tout d'abord à la résistance d'un seul homme, dites, si vous voulez, que le prince Napoléon s'était exagéré les vœux qui le rappelaient à la France; dites, vous qui êtes ses juges, que le peuple ne voulait pas de lui pour maître, mais ne dites pas qu'il voulait livrer la France au désordre et à l'anarchie.

Non, si le colonel Voisin, si le commandant Parquin, si le commandant Mésonan, suivis d'une foule enthousiaste et bien armée, ont fléchi devant le capitaine Col-Puygellier seul et en présence de ses soldats, dont la fidélité était ébranlée, c'est qu'ils ne voulaient pas triompher par la violence; ce n'est pas, croyez-le bien, le courage qui leur a manqué, c'est la volonté, et pas autre chose.

Et maintenant que ce reproche d'attentat que l'anarchie devait faire réussir est écarté, que reste-t-il au service de l'accusation? Une descente sur la plage de Wimereux et une promenade dans la ville de Boulogne. Singulière contradiction de M. le procureur général qui, lorsqu'il requiert de vous la peine que vous devez dicter contre les accusés, vous enfle le complot jusqu'à l'énormité, vous représente l'armée travaillée par des agents nombreux, et qui, lorsque ce grand complot a échoué, vous le présente comme ridicule en le réduisant à de mesquines proportions. Il faut choisir pourtant, et nous ne pouvons, nous, vous laisser, monsieur le procureur général, le bénéfice de ces deux versions contradictoires. Où est la vérité? Je l'ignore, car je ne suis point initié aux secrets du prince. Lui seul peut connaître quelles étaient ses ressources, lui seul pouvait dire si la tentative reposait sur des engagements pris envers lui ou sur de simples espérances. Mais ce que je sais, c'est que mes clients, Ornano, Galvani, Bure, d'Almbert et Orsi ont été complétement étrangers aux projets du prince.

Me Lignier, arrivant aux faits particuliers à chaque accusé, dit que Ornano devait avoir une aveugle confiance en ce prince. Il lui avait voué une affection sans bornes. Vous le savez, messieurs les pairs, l'accusé Ornano est très-proche parent de l'Empereur, plus proche parent que l'illustre général qui siége sur vos bancs.

Quant à Galvani, il était depuis longtemps attaché à la famille de Napoléon. Il était à Naples, près de Murat, après les malheureux événements de 1815, et s'est réfugié avec lui en Corse. Il est monté avec Murat dans une frêle embarcation pour échapper à ceux qui le poursuivaient. Galvani a ensuite accompagné Murat dans sa fatale expédition de Calabre : tous deux ont été faits prisonniers, et Galvani était encore près de Murat lorsque ce prince fut jugé et frappé mortellement par une commission militaire.

D'Almbert était le secrétaire intime du prince. Dans une pareille position, on comprend qu'il ait suivi le prince partout : c'était son devoir. Mais il n'était pas le confident du prince, il n'a pu l'être, et ce qui le prouve, c'est que les ordres saisis, les lettres, les proclamations, les décrets n'ont pas été écrits et copiés par l'accusé.

Bure est le frère de lait du prince ; il a été avec lui jusqu'à l'âge de quinze ans. Il ne s'est jamais occupé de politique. En 1839, il était à Paris dans une maison de commerce. Le prince, sachant sa position peu heureuse, lui offrit une place d'intendant dans une de ses maisons. Il a reçu l'ordre de faire embarquer des chevaux et des voitures : il a suivi le prince, et il ne serait pas un homme d'honneur s'il ne l'avait pas suivi.

J'arrive maintenant à Orsi. Orsi a reconnu que trois jours avant l'expédition il avait eu connaissance des projets du prince. Orsi est un proscrit italien qui a sacrifié à la liberté de son pays son existence et une grande fortune. Les rapports d'Orsi avec le prince Louis ne furent jamais ni bien intimes ni bien fréquents. Le rôle qu'Orsi a joué en Italie a été un rôle de dévouement : il était aux côtés du prince Louis et de son frère, tombé martyr de la cause italienne. Orsi doit au prince Louis le sang de son frère versé pour son pays. Souvenez-vous qu'Orsi est, comme tous ses compagnons, un noble de cœur, et que son dévouement n'a pas été un dévouement d'aventurier.

Me Lignier termine ainsi :

Les deux points culminants de ma cause sont ceux-ci : les accusés ont-ils été dans la confidence des projets du prince? En second lieu, quelle part ont-ils prise dans l'attentat? Mais, messieurs, vous le comprendrez. Le prince ne pouvait sans déraison livrer son secret à tout le monde. Et puis, voyez cette unanimité des déclarations des accusés dès le premier moment, sans concert possible. Mes clients sont presque tous des jeunes gens, et ils auraient été les confidents du prince ? Et, d'ailleurs, pourquoi les avertir?

Me Lignier, après avoir expliqué la part que ses clients ont prise au débarquement, dit en terminant : « Messieurs, au milieu des révolutions et des changements qui ont bouleversé notre pays, une seule chose est restée inébranlable et sacrée, la justice. Soyez inébranlables comme elle, messieurs les pairs, et pour être justes vous ne pouvez être assez indulgents.

### *Plaidoyer de Me Ducluzeau pour Forestier.*

Me DUCLUZEAU déclare que, s'il avait un prince à défendre, il proclamerait l'inviolabilité des races royales, qui n'ont, dit-il, qu'un tribunal, qu'un juge, qu'une justice, le fait. Un acquittement en vertu des principes de la souveraineté du peuple serait, selon lui, plus conforme aux précédents du gouvernement que la condamnation qu'on invoque.

Le défenseur, du reste, accepte pour Forestier la compétence de la Cour. Messieurs, ajoute-t-il, il se gardera bien de vouloir l'échanger, cette compétence, contre ce qu'on appelle la justice du pays! En politique, messieurs les pairs, toute justice est effrayante, celle du pays plus que toute autre, et quelquefois plus qu'une autre. Je l'ai vue parfois bien zélée, bien prompte et bien vive ; si j'avais à demander une justice calme, modérée, patiente, ce n'est pas aux rivages de Boulogne que j'irais la chercher.

L'avocat discute ensuite les charges que l'accusation fait peser sur son client, et prouve que tous les actes qu'on lui reproche ont été faits très-innocemment, et sans qu'il eût connaissance du complot.

On s'étonne, ajoute-t-il, des relations de Forestier, dit l'accusation, avec le prince, et s'il est vrai que ces relations aient été le fruit d'une seule entrevue, cherchée innocemment.

Rien cependant n'est plus exact, et rien n'est plus naturel, plus facile à expliquer.

Forestier, comme nous tous, séduit par les prodigieux récits de la gloire impériale, se trouva pour la première fois en présence du plus grand nom des temps modernes. Son émotion se comprend sans doute à la vue de ce qui lui représente la plus triste, mais aussi la plus brillante destinée humaine, accompagnée de ses grandeurs et de ses revers. L'imagination de Forestier s'exalte et s'éblouit à tant de souvenirs ; l'entraînement se fait sentir, l'attendrissement se glisse au fond du cœur. La sympathie est déjà née.

Ne craignez pas, messieurs les pairs, que je veuille faire une part trop large à cette sympathie. Je vous conjure seulement de songer qu'elle fut déposée par Dieu, dans la nature humaine, longtemps avant que le monde connût les rigoureuses lois de la politique et des raisons d'État.

Sauvé par deux généreux ouvriers, qui échangent avec lui leurs vêtements, Forestier est entraîné par eux vers Boulogne, où ils étaient bien connus, et où leur assistance le mettait à l'abri de tout soupçon. Un grand tumulte avait lieu sur le port. Ces hommes y entraînent Forestier ; et là, sous ses yeux, on s'élance sur ses amis qui se sauvaient dans un bateau. Là, à ses côtés, commence sur eux une vive fusillade.

Il voit les uns blessés, les autres mourants, le prince à la nage avec Parquin, Persigny sur le point de se noyer, et une grêle de balles pleuvant autour d'eux. « Vingt ans de prison ne seraient rien, me disait Forestier, au prix de ce que j'ai souffert en ce moment. Je voulais m'élancer vers eux pour partager leur sort, mais mes deux compagnons me tenaient fortement serré, et d'autres hommes placés à mes côtés, se méprenant sur la nature de mes émotions, me criaient : « Sois tranquille, pas un seul ne pourra nous échapper. »

Quinze jours après Forestier était arrêté.

Le défenseur termine ainsi :

On vous a dit, messieurs les pairs, quels sentiments avaient entraîné les accusés ; on vous a dit que si la plupart d'entre eux avaient cédé à leurs convictions politiques, tous avaient été entraînés par les impulsions les plus élevées du cœur. Il faut bien dire à la Cour quel s'est montré aux yeux de tous le prince Louis.

L'interrogatoire du colonel Voisin résume admirablement en une ligne tout ce qui se pourrait développer à ce sujet.

« Nous sommes sortis de la caserne, a-t-il dit. J'ai proposé au prince de s'embarquer. Il m'a répondu qu'il voulait mourir sur le sol français. »

Que puis-je ajouter à de telles paroles prononcées dans un tel moment? Elles sont le cri de tous les grands cœurs, de tous ceux qui ont aimé leur pays plus que leur vie. Votre justice, messieurs les pairs, aura-t-elle des rigueurs pour de semblables accusés? Quand je considère les faits, je me rassure ; et je me rassure encore quand je considère les juges. Ici se concentrent les plus éclatants rayons des gloires de l'Empire.

Presque tous vous avez été les colonnes de cette mémorable époque qui doit grandir en traversant les siècles. Le génie puissant qui dirigeait l'État n'eût pas suffi pour accomplir seul tant de merveilles; et je me refuse à voir la France absorbée dans cette magnifique unité. Généraux qui avez conduit nos soldats à la victoire, législateurs qui par vos sages régularisations avez harmonisé le mouvement des sociétés modernes, et donné à la France des lois que lui envie le monde, administrateurs qui avez fondé l'admirable organisation d'une centralisation puissante, je vous ai vus tous au premier rang dans les fastes de l'Empire : je me suis incliné avec respect devant vos noms glorieux, devant les grandes choses que vous avez exécutées. Je vous revois dans cette enceinte, et je me rassure. Je trouve ici comme juge, l'Empire; comme accusés, le neveu de l'Empereur et les compagnons de sa fortune.

M. LE PRÉSIDENT. Les défenseurs des accusés ont été successivement entendus : ont-ils quelque chose à ajouter pour compléter la défense?

(Aucun des défenseurs ne réclame la parole.)

La parole est à M. le procureur général.

### *Réplique de M. Franck-Carré, procureur général.*

Messieurs les pairs, tous les faits sur lesquels repose l'accusation ont été acceptés par la défense, et la tâche du ministère public serait accomplie si le premier orateur que vous avez entendu s'était, comme il l'avait annoncé lui-même, renfermé dans son rôle judiciaire ; mais ses préoccupations politiques l'ont enlevé à ce rôle malgré lui, et ses paroles nous ont fait sortir pour un instant de cette enceinte! Ce n'est pas seulement l'avocat, c'est aussi l'homme politique qui est devenu notre contradicteur. Dédaignant les faits de la cause, il n'a cherché ni à enlever au crime que vous êtes appelés à juger le caractère de l'attentat, ni à le dépouiller des circonstances graves qui l'ont accompagné. On ne trouvait pas sans doute ce procès assez élevé; on s'est efforcé de l'agrandir, et comme s'il y avait nous ne savons quel intérêt à venir derrière l'intérêt actuel engagé dans ce débat, on a déclamé devant vous, au nom d'un principe dont on exagérait à dessein les conséquences, le privilége d'une inviolabilité judiciaire en faveur de ces prétentions ambitieuses qui se traduisent en attentat.

Pour nous, messieurs les pairs, nous n'acceptons pas la position qu'on nous veut faire. Mais nous suivons la défense sur le terrain qu'elle a choisi; nous sommes prêts à entrer avec elle dans l'examen des questions qu'elle a soulevées, et nous démontrerons sans peine que la raison, la politique et la loi sont d'accord pour justifier cette accusation.

Assurément, messieurs, notre adversaire a fait preuve de peu de bienveillance pour le gouvernement de Juillet; il ne lui a pas cependant dénié le droit de se défendre, et ne l'a pas condamné à subir, sans les repousser, toutes les attaques de ses ennemis.

Ne voulût-on voir, en effet, dans l'ensemble de nos institutions qu'un gouvernement de fait, ceux mêmes qui croiraient avoir conservé le droit de l'attaquer lui reconnaîtraient encore le droit naturel de défense, qui dans ce monde appartient à tout ce qui a vie, à tout être collectif ou individuel. Nous dirons tout à l'heure ce que c'est que le gouvernement de Juillet, et comment c'est à sa nature et à ses principes qu'il faut précisément rendre grâce de ce qui fait aujourd'hui l'objet des griefs de la défense.

Mais dès à présent nous sommes fondés à dire que vous reconnaissez à ce gouvernement le droit de se protéger lui-même contre les attaques de ses ennemis ; nous vous demandons alors ce que vous vouliez, si vous ne vouliez pas ce procès? Le droit de défense d'un gouvernement, songez-y, c'est la raison politique ou la loi ; c'est l'arbitraire ou la justice.

Si vous ne voulez pas de la justice, si vous récusez la plus haute juridiction du pays, c'est donc l'arbitraire que vous réclamez. Vous voulez être traités sans doute par ce gouvernement libéral comme vous l'eussiez été il y a trente ans, il y a vingt ans peut-être?

Eh bien, le gouvernement de Juillet ne fait pas d'injonction aux citoyens de courir sus à ses ennemis ; il ne les a pas condamnés d'avance sur une reconnaissance d'identité; il appelle la justice à décider ; il les juge, il ne les proscrit point; cela est nouveau, nous en convenons, dans l'histoire des gouvernements, et c'est pour cela que nous sommes fondés à dire que ce gouvernement est le plus libéral qui fut jamais. Savez-vous d'où lui vient ce caractère?

C'est que la puissance qui est née de la révolution de Juillet est la puissance légitime par excellence, parce qu'au lieu de représenter l'ancien régime, elle représente le régime nouveau ; parce qu'elle est la réalisation la plus complète de cette grande génération de 89 qui a fondé, quoi qu'on dise et quoi qu'on fasse, le nouveau droit public de la France, parce que sa légitimité, au lieu de chercher son point d'appui dans une idée qui n'est pas de ce siècle, s'établit et se fonde sur la base la plus large et la plus durable, celle des sentiments nationaux, des intérêts nouveaux du pays, de sa grandeur et de sa dignité ! Elle est précisément légitime, cette glorieuse révolution, sachez-le bien, par les raisons mêmes qui vous font dire qu'elle ne l'est pas.

Nous le savons, messieurs, jamais le pouvoir judiciaire n'a encore réalisé plus explicitement qu'il n'est appelé à le faire dans ce procès le grand et nouveau principe de l'égalité de tous devant la loi; et dans cette circonstance, d'ailleurs si pénible, nous sommes fiers par là de nous associer à son œuvre.

Cependant, messieurs, le défenseur vous a contesté le droit de juger, et c'est en réalité une compétence politique qu'il a soutenue devant vous.

Vous ne pouvez juger, parce que Louis Bonaparte n'a pas seulement commis un attentat, mais qu'il est venu contester la souveraineté à la maison d'Orléans.

Vous ne pouvez juger, parce que Louis Bonaparte est placé par une loi du pays en dehors du droit commun.

Vous ne pouvez juger, enfin, parce que l'impartialité est la première condition de la justice, et que dans une telle cause vous ne pouvez pas, vous ne devez pas être impartiaux.

Reprenons, messieurs, en peu de mots, et discutons rapidement chacune de ces propositions.

Louis-Napoléon est venu contester la souveraineté de la maison d'Orléans.

Messieurs, l'accusé et son défenseur ont reculé devant la pensée d'une revendication de la légitimité impériale. Quelles que fussent les prétentions personnelles, les ambitions cachées, on a compris qu'après vingt-cinq années écoulées, après trois règnes, après une grande révolution qui, depuis dix ans, a fondé un trône national, on ne pouvait sérieusement invoquer un droit d'hérédité absolu qui donnât l'empire par lui-même, qui fît par lui-même à la nation un devoir de l'obéissance; on a bien voulu se borner à chercher dans ses anciens suffrages le droit de la consulter de nouveau. C'est comme un litige dont l'objet est le trône de France, et où le compétiteur, ses titres à la main, vient demander jugement.

Certes, messieurs, si tel était le procès, vous n'en seriez pas les juges, vous n'auriez pas le droit de prononcer. Mais par quelle aberration a-t-on pu être amené à penser que ce fût la matière d'une contestation licite, et qui pût être soumise à la nation elle-même, engagée sans contrainte comme sans regret, par le contrat de 1830? A-t-on imaginé que vous seriez les tuteurs assez faibles des droits sanctionnés par votre sagesse et par vos votes, pour tolérer qu'on les remît témérairement en question, et pour permettre un seul instant, à qui que ce fût, de révoquer en doute la légitimité de notre charte et l'autorité des pouvoirs qu'elle institue?

M. le procureur général examine, dans une discussion rapide, la seconde objection élevée contre la justice de la Cour des pairs au nom de la loi du 11 avril 1832.

Ainsi le moyen qu'on développe devant vous est jugé par la loi elle-même comme il l'est par les seules lumières du bon sens.

Qu'aurions-nous besoin de plus, messieurs? Nous sommes ici devant la Chambre des pairs, mais devant la Chambre des pairs convoquée en cour de justice. La loi, voilà notre règle à tous, et dès qu'elle a parlé, toutes les discussions doivent cesser.

Ainsi vous nous demandiez où était notre droit; nous vous avons répondu par notre devoir; et cependant vous vous emparez de l'indulgence de ce gouvernement pour vous en faire une arme contre lui. Vous lui rappelez l'acte de clémence de 1832; et c'est au nom de Louis Bonaparte que vous ne craignez pas de renouveler aussi les souvenirs de 1836.

Eh bien, nous répondrons que ce qui fut alors pardonné à votre jeune inexpérience ne peut plus l'être à votre persistance coupable. Nous dirons que ce qui fut accordé au respect du nom que vous portez, ne peut plus l'être quand l'obstination de vos projets insensés fait un devoir au gouvernement d'y mettre obstacle!

Ce n'est donc pas nous qui avons voulu ce procès, c'est vous qui l'avez voulu, c'est vous qui l'avez rendu nécessaire.

En nous résumant, nous pouvons dire à Louis Bonaparte:

Quel droit invoquez-vous? tous vous condamnent.

Est-ce le droit des gens? mais le droit des gens, ce serait le droit de vous enfermer, de vous retenir prisonnier jusqu'à la paix, et c'est ici qu'apparaît l'étrangeté de cette prétention; car, comme d'après vous-même, c'est le droit, qui s'attache à votre naissance qui vous constitue en état de guerre, il en résulterait que vous seriez arbitrairement détenu toute la vie: c'est que, en effet, vous n'êtes pas un État, une puissance; c'est qu'aucun gouvernement, aucune société ne peut être en guerre ou en paix avec vous, par la raison que les États n'ont pas des rapports de cette nature avec les individus.

Vous n'invoquez pas apparemment le droit commun, car c'est le droit commun que nous vous appliquons. C'est donc la politique; eh bien! la politique on vous l'a appliquée en 1836; on n'a pas voulu vous traiter autrement qu'une princesse qui avait aussi tenté la guerre civile; on a fait juger vos complices, après vous avoir ouvert les portes de la prison. Aujourd'hui c'est encore la politique, en même temps que c'est la loi qu'on vous applique; car la politique c'est la prudence, et la prudence veut qu'on mette enfin obstacle à votre persistance coupable.

Est-ce à dire que vous présentez des dangers pour le pays? non, assurément, et vous-même devez le reconnaître aujourd'hui; mais vos folles entreprises ne valent pas la vie d'un homme, et de votre main vous avez versé le sang d'un brave soldat!

Maintenant, messieurs les pairs, répondrons-nous à cette partie de la défense, où, en vous demandant de juger humainement les choses humaines, on appelait votre indulgence sur le neveu de l'Empereur?

A cet égard, nous n'aurions pas un mot à dire si la défense avait été plus heureuse dans le choix de ses motifs d'excuse. On les a cherchés d'abord dans les circonstances politiques du moment, oubliant apparemment l'entreprise de Strasbourg, et l'aveu de Louis Bonaparte qu'il a renoué ici les trames criminelles qui ont préparé l'attentat du 6 août, dix-huit mois avant l'exécution de cet attentat.

Dans ces mêmes pensées d'atténuation et d'excuse, le défenseur a tracé devant vous un bien triste tableau de notre société moderne. Jetant un regard sur les cinquante dernières années de notre histoire, il vous a rappelé ces grandes vicissitudes de la fortune qui, tour à tour, ont élevé ce qu'elles avaient abaissé, abaissé ce qu'elles avaient élevé; et en déplorant ces bouleversements successifs de l'ordre politique, il a gémi sur les rudes atteintes qu'ils portaient au droit et à la morale, à l'énergie de la conscience et à la majesté des lois. Il s'est demandé ce qu'il y avait aujourd'hui de permanent et de durable dans la société, et il n'y a rien vu de constant que l'inconstance universelle. Dans cette effrayante succession de trônes et de constitutions, dans ce choc confus de toutes les doctrines et de toutes les opinions, il a regretté amèrement le naufrage de ces principes qui lui semblaient avoir rallié dans les anciens temps tous les esprits à une foi commune, et tous les cœurs au sentiment des mêmes devoirs.

Nous n'avons certainement pas, messieurs, la pensée de

demander à l'histoire si c'est de nos jours seulement que les hommes ont été violemment divisés par les passions, les intérêts et les idées, ni de méconnaître ce que devaient apporter de troubles et d'incertitudes dans les intelligences, les mouvements violents et rapides à travers lesquels se formait l'œuvre pénible d'un état social fondé sur de nouvelles bases : des esprits superficiels, ne découvrant pas la loi supérieure qui réglait ces agitations, ont pu n'y voir que les caprices passagers de la fortune et les triomphes successifs de principes contraires. Mais l'esprit élevé de notre contradicteur cède assurément à des préoccupations particulières quand il souffre que la raison des événements lui échappe, quand il perd de vue les progrès laborieux et lents, mais continuels et assurés, de ce droit public nouveau qui, pour rajeunir la société, s'est élevé sur des ruines qu'il n'avait point faites.

En rappelant ses combats, on ne devait point oublier ses victoires; et tels sont aujourd'hui ses bienfaits, conquêtes inviolables de la civilisation, qu'ils effacent les vestiges des luttes qu'il a dû soutenir. Non, messieurs, il ne ravit point à l'humanité ses nobles priviléges de conscience et de moralité; il n'enlève rien aux lois de leur vigueur, rien aux magistratures de leur autorité. Assez sûr de lui-même pour être toujours modéré dans la force et souvent clément dans la justice, pour ne se montrer jamais ombrageux et exclusif, pour protéger tous les intérêts légitimes, il remplace le prestige d'antiquité qui lui manque et la puissance ébranlée des respects traditionnels par la consécration qu'il reçoit de la raison publique, et par l'énergie d'action qu'il puise dans les volontés communes. Ce droit public, messieurs, la révolution de Juillet l'a sanctionné tel que l'avaient élaboré quarante années d'épreuves, tel que le formulait l'opinion générale, éclairée par cette longue expérience. C'est là ce qui lui donne sa force et sa stabilité; c'est là ce qui la protége contre les agressions de ses ennemis, de quelque part qu'ils viennent, soit qu'ils nient son principe, soit qu'ils l'exagèrent, soit qu'ils l'invoquent contre elle. Comme elle se sentait chargée des destinées de l'avenir, elle n'a pas répudié l'héritage du passé; elle n'a rien méconnu, rien redouté, rien nié de ce qui avait été, parce qu'elle se savait l'expression sincère et puissante de ce qui était. Pour le gouvernement qu'elle a fondé, comme pour la nation qui l'a faite, la chaîne des temps n'a jamais été brisée et aucune fiction à son usage n'a été introduite dans l'histoire du pays.

Qu'on ne l'accuse donc pas de s'être en quelque sorte démentie elle-même, et d'avoir ébranlé l'œuvre de ses mains, lorsque son enthousiasme, longtemps comprimé par un pouvoir jaloux, a célébré les splendeurs d'une glorieuse époque, lorsqu'elle a reconnu que l'homme sous les auspices duquel la France s'était élevée si grande et si forte n'avait pas été sans droit et sans titre pour régner sur elle? Le fait, quelque glorieux qu'il puisse être, ne suffit pas sans doute pour constituer un droit : mais, lorsque, dans ce pays fatigué par l'anarchie et menacé par l'étranger, apparut cet homme de génie qui, législateur et guerrier tout à la fois, assura l'ordre au dedans, et fixa au dehors la victoire sous ses drapeaux, quel Français pouvait lui refuser son obéissance et contester cette glorieuse et salutaire dictature? Il régna donc, soutenu par l'assentiment du pays, plutôt élevé par ses œuvres que par les suffrages qu'il fit recueillir; plutôt consacré par la victoire que par l'huile sainte qui coula sur son front.

Mais, reconnaître la légitimité du pouvoir qu'il exerça, était-ce justifier les prétentions de ses héritiers? Croyez-vous, messieurs, que la France de 1830 niât la légitimité de l'Empire? Elle a montré pourtant ce qu'elle pensait des droits de sa dynastie. C'est que les temps avaient marché; c'est que les événements avaient prononcé. Ce n'était pas aux cris de *vive l'Empereur*, c'était aux cris de *vive la Charte* que le peuple avait combattu dans les rues de Paris, et le génie de la liberté s'élevait même au-dessus du génie de la victoire. Le grand Empereur avait survécu à son règne, à ses conquêtes, aux constitutions de son empire, et il n'apparaissait plus que comme une individualité puissante qui s'était élevée à son tour pour une mission désormais accomplie. Chose remarquable! messieurs : il avait fait triompher au dehors l'esprit nouveau, en montrant au monde le soldat couronné, entouré d'un cortége de rois; mais au dedans il l'avait comprimé en rendant de jour en jour son pouvoir plus absolu. Le peuple ne s'est rappelé que ses victoires; l'Empire n'est plus aujourd'hui pour lui un mode de gouvernement, une constitution politique, une forme d'organisation sociale; c'est le nom d'une époque devenue presque poétique, où brille la gloire des armes sous les auspices d'un héros.

Eh quoi! parce que le gouvernement de Juillet, s'associant à toutes les sympathies publiques, et dépositaire de l'honneur du passé comme du destin de l'avenir, admire ce que la France admire et se plaît à lui rappeler le souvenir de sa grandeur, vous avez pu penser que ces hommages vous appelaient, et que cette popularité du grand homme vous frayait un chemin vers l'Empire? Quoi! parce qu'un prince français traverse les mers pour ramener, au nom de la patrie, sur les rives de la Seine, les cendres glorieuses que le rocher de Sainte-Hélène avait gardées, vous avez pu penser que vous aviez seul le droit de les recevoir au sein de la France par vous régénérée! Non, non! les gouvernements qui préparent leur ruine, et qui ouvrent les voies à leurs ennemis, ce sont ceux qui luttent avec effort contre les généreuses tendances de l'esprit public et qui s'usent à les comprimer : ce ne sont pas ceux qu'unissent aux citoyens les mêmes admirations, les mêmes volontés, les mêmes sentiments d'indépendance et de nationalité. Tout condamnait donc vos prétentions surannées et vos criminelles entreprises; tout vous présageait le dénoûment où est venue s'ensevelir une présomptueuse ambition. Vous êtes venu en France pour un crime; vous vous y trouvez devant la justice! elle vous infligera, comme à tous les coupables, le châtiment légal que vous avez encouru.

## *Allocution de Louis Bonaparte.*

Me Berryer se lève pour répliquer, mais Louis Bonaparte le prie de se rasseoir, et prend lui-même la parole :

LOUIS BONAPARTE. M. le procureur général vient de prononcer un discours très-éloquent; mais il était inutile. En priant Me Berryer de vouloir bien expliquer ici mes intentions dénaturées, d'expliquer mes droits, j'ai voulu par là faire mon devoir envers ma naissance et ma famille. Me Berryer a admirablement rempli mon attente. Mais maintenant qu'il ne s'agit que de mon sort, je veux partager le sort des hommes qui ne m'ont pas abandonné au jour du danger; je prie Me Berryer de ne pas continuer ces débats.

Me BERRYER. Les nobles sentiments que le prince Napoléon vient d'exprimer rendent plus précieux pour moi l'honneur qu'il m'a fait de me choisir pour son avocat, et je suis plus heureux d'avoir apporté tout le zèle, toute la franchise, toute l'énergie de mes convictions à sa défense. Je lui obéirai. Qu'aurais-je à faire, en effet, pour répondre au réquisitoire que vous venez d'entendre? Discuter une autre cause, défendre mes opinions, mes convictions personnelles, et répondre en quelque sorte à ma propre accusation; pour de tels débats une autre arène m'est ouverte.

M. LE PRÉSIDENT. Quelques défenseurs demandent-ils la parole?

(Aucun des défenseurs ne réclame la parole.)

La séance est suspendue.

L'audience est reprise à trois heures et demie après une demi-heure de suspension.

M. LE PRÉSIDENT. M. le procureur général a la parole.

### *Conclusions définitives de M. le procureur général.*

Le procureur général du roi près la Cour des pairs;

En ce qui touche le nommé Alexandre, dit Desjardins :

Requiert qu'il lui soit donné acte de ce qu'il déclare s'en rapporter à la prudence de la Cour,

Et attendu qu'il résulte de l'instruction et des débats, que les nommés :

Charles-Louis-Napoléon Bonaparte, — Charles-Tristan, comte de Montholon, — J. B. Voisin, — Séverin-Louis Le Duff de Mésonan, — Denis-Charles Parquin, — Hippolyte-François-Athale-Sébastien Bouffet-Montauban, — Jules-Barthélemy Lombard, — Jean-Gilbert-Victor Fialin, dit de Persigny, — Jean-Baptiste-Théodore Forestier, — Martial-Eugène Bataille, — Jean-Baptiste-Charles Aladenize, — Étienne Laborde, — Henri Conneau, — Napoléon Ornano, — Mathieu Galvani, — Alfred d'Almbert, — Joseph Orsi, — Pierre-François Bure,

Se sont rendus coupables, le 6 août dernier, à Boulogne-sur-Mer, d'un attentat dont le but était soit de détruire, soit de changer le gouvernement, soit d'exciter les citoyens ou habitants à s'armer contre l'autorité royale, soit d'exciter la guerre civile, en armant et en portant les citoyens ou habitants à s'armer les uns contre les autres;

Crimes prévus par les articles 87, 88, 89 et 91 du Code pénal;

Requiert qu'il plaise à la Cour faire application aux susnommés des articles précités et les condamner aux peines portées par la loi;

Déclarant toutefois s'en remettre à la haute sagesse de la Cour, pour faire droit aux réquisitions qui précèdent, et pour tempérer les peines, si la Cour le juge convenable.

Fait au parquet de la Cour des pairs, ce 2 octobre 1840.

*Le procureur général du roi près la Cour des pairs,*
FRANCK-CARRÉ.

M. LE PRÉSIDENT. La Cour donne acte à M. le procureur général de ses réquisitions, et ordonne qu'elles seront déposées sur son bureau pour y être fait droit dans le cours de ses délibérations.

Les avocats des accusés ont-ils quelque chose à ajouter? (Silence au banc des avocats).

M. le président adresse successivement la même question à chacun des accusés.

Tous répondent négativement.

M. LE PRÉSIDENT. La défense étant complète, le ministère public ayant déposé ses réquisitions, la Cour déclare que les débats sont clos et terminés.

La Cour va se retirer dans la salle de ses délibérations pour prononcer sur les réquisitions qui ont été faites.

Son arrêt sera prononcé dans l'une de ses prochaines audiences.

L'audience publique est levée.

## SIXIÈME AUDIENCE. — 6 OCTOBRE.

A une heure et demie, les portes du palais sont ouvertes au public.

A deux heures un quart, un huissier annonce la Cour.

Immédiatement après, MM. les membres du parquet sont introduits.

M. LE PRÉSIDENT. L'audience est ouverte. Il va être procédé à l'appel nominal.

M. Cauchy, greffier en chef, procède à cette opération.
M. le président donne ensuite lecture de l'arrêt suivant :

**ARRÊT.**

« La Cour des pairs;

« Vu l'arrêt du 16 septembre dernier, ensemble l'acte d'accusation dressé en conséquence contre : le prince Charles-Louis-Napoléon Bonaparte, le comte Charles Tristan de Montholon, Jean-Baptiste Voisin, Séverin-Louis Le Duff de Mésonan, Denis-Charles Parquin, Hippolyte-François-Athale-Sébastien Bouffet-Montauban, Jules Barthélemy Lombard, Jean-Gilbert-Victor Fialin, dit de Persigny, Jean-Baptiste-Théodore Forestier, Martial-Eugène Bataille, Jean-Baptiste-Charles Aladenize, Étienne Laborde, Prosper Alexandre, dit Desjardins, Henri Conneau, Napoléon Ornano, Mathieu Galvani, Alfred d'Almbert, Joseph Orsi, Pierre-Jean-François Bure;

« Ouï les témoins en leurs dépositions et confrontation avec les accusés;

« Oui le procureur général du roi en ses dires et réquisitions;

« Après avoir entendu le prince Charles-Louis-Napoléon Bonaparte, le comte Montholon et Mᵉ Berryer leur défenseur; Voisin, Parquin, Bataille, Alexandre, dit Desjardins, et Mᵉ Ferdinand Barrot, leur défenseur; Le Duff de Mésonan et Mᵉ Delacour, son défenseur; Fialin, dit de Persigny, Conneau, Lombard, Bouffet-Montauban et Mᵉ Barillon, leur défenseur; Laborde et Mᵉ Nogent de Saint-Laurent, son défenseur; Aladenize et Mᵉ Jules Favre, son défenseur; Ornano, Galvani, d'Almbert, Orsi, Bure et Mᵉ Ligniers, leur défenseur; Forestier et Mᵉ Ducluzeau, son défenseur, dans leurs moyens de défense, lesdits accusés interpellés en outre conformément au troisième paragraphe de l'article 335 du Code d'instruction criminelle;

« Et après en avoir délibéré, dans les séances des 2, 3, 4, 5 et 6 octobre présent mois;

« En ce qui concerne :

« Prosper-Alexandre, dit *Desjardins*, Mathieu Galvani, Alfred d'Almbert, Pierre-François Bure,

« Attendu qu'il n'y a pas preuves suffisantes qu'ils se soient rendus coupables de l'attentat commis à Boulogne-sur-Mer, le 6 août dernier,

« Déclare :

« Prosper-Alexandre, dit *Desjardins*, Mathieu, Galvani, Alfred d'Almbert, Pierre-François Bure, acquittés de l'accusation portée contre eux;

« Ordonne qu'ils seront mis sur-le-champ en liberté, s'ils ne sont retenus pour autre cause.

« En ce qui concerne :

« Le prince Charles-Louis-Napoléon Bonaparte, Charles Tristan, comte de Montholon, Jean-Baptiste Voisin, Séverin-Louis Le Duff de Mésonan, Denis-Charles Parquin, Hippolyte-François-Athale-Sébastien Bouffet-Montauban, Jules Barthélemy Lombard, Jean-Gilbert-Victor Fialin, dit de Persigny, Jean-Baptiste-Théodore Forestier, Martial-Eugène Bataille, Jean-Baptiste-Charles Aladenize, Étienne Laborde, Henri Conneau, Napoléon Ornano, Joseph Orsi;

« Attendu qu'il résulte de l'instruction et des débats que le 6 août dernier ils se sont rendus coupables, à Boulogne-sur-Mer, d'un attentat dont le but était de détruire le gouvernement, de changer l'ordre de successibilité au trône, et d'exciter la guerre civile en armant et portant les citoyens et habitants à s'armer les uns contre les autres;

« Déclare les sus nommés coupables du crime d'attentat prévu par les articles 87, 88 et 91 du Code pénal;

« Vu pareillement les articles 59 et 60 du Code pénal;

« Attendu que les peines doivent être graduées selon la nature et la gravité de la participation de chacun des coupables au crime commis.

« Condamne :

« Le prince Charles-Louis-Napoléon Bonaparte à l'emprisonnement perpétuel dans une forteresse située sur le territoire continental du royaume [1];

1. La peine de *l'emprisonnement perpétuel* dans une forteresse n'existait pas dans les classifications du Code pénal. L'article 20 de ce code disait que le condamné à la détention (de cinq à vingt ans) serait renfermé dans l'une des forteresses situées sur le territoire continental du

« Condamne :

« Jean-Baptiste-Charles Aladenize à la peine de la déportation ;
« Charles-Tristan, comte de Montholon,
« Denis-Charles Parquin,
« Jules-Barthélemy Lombard,
« Jean-Gilbert-Victor Fialin, dit *de Persigny*,
« Chacun à vingt années de détention ;
« Séverin-Louis Le Duff de Mésonan à quinze années de détention ;
« Jean-Baptiste Voisin,
« Jean-Baptiste-Théodore Forestier,
« Napoléon Ornano,
« Chacun à dix années de détention ;
« Hippolyte-François-Athale-Sébastien Bouffet-Montauban, Martial-Eugène Bataille, Joseph Orsi ;
« Chacun à cinq années de détention ;

« Ordonne, conformément à l'article 47 du Code pénal, qu'après l'expiration de leur peine les condamnés à la peine de la détention seront, pendant toute leur vie, sous la surveillance de la haute police ; les déclare pareillement déchus de leurs titres, grades et décorations ;

« Condamne :

« Henri Conneau à cinq années d'emprisonnement,
« Étienne Laborde à deux années d'emprisonnement,

« Ordonne :

« Que lesdits Conneau et Laborde resteront, à partir de l'expiration de leur peine, sous la surveillance de la haute police, savoir : Conneau pendant cinq années, Laborde pendant deux années ;

royaume, et la *détention* était rangée au nombre des peines afflictives et infamantes. Quant à la peine de l'emprisonnement (de six jours à cinq ans), elle devait être subie dans une maison de correction ; elle était purement *correctionnelle*.

La Cour des pairs avait créé ainsi, pour la circonstance, une peine nouvelle : *la détention perpétuelle* sous le nom d'*emprisonnement*. La pensée de la Cour avait été d'ôter à la peine le caractère infamant et de la rendre purement correctionnelle.

« Condamne :

« Le prince Charles-Louis-Napoléon Bonaparte,
« Et lesdits Charles Tristan, comte de Montholon, Jean-Baptiste Voisin, etc., etc.,
« Solidairement aux frais du procès ; desquels frais la liquidation sera faite conformément à la loi, tant pour la portion qui doit être supportée par les condamnés que pour celle qui doit demeurer à la charge de l'État ;
« Ordonne que le présent arrêt sera exécuté à la diligence du procureur général du roi, imprimé, publié et affiché partout où besoin sera, et qu'il sera lu et notifié aux accusés par le greffier en chef de la Cour;

« Fait et délibéré à Paris, le mardi 6 octobre 1840, en la chambre du conseil, où siégeaient :

« M. le comte Portalis, vice-président.
« MM. le duc de Broglie, le maréchal duc de Reggio, le marquis de La Guiche, le comte d'Haussonville, le marquis de Louvois, le comte Molé, le comte de la Roche-Aymond, le duc Descazes, le comte d'Argout, le comte Raymond de Bérenger, le comte Claparède, le marquis de Dampierre, le vicomte d'Houdetot, le baron Mounier, le comte de Ponté-coulant, le comte Reille, le comte de Germiny, le baron Dubreton, le comte de Bastard, le marquis de Pange, le duc de Praslin, le duc de Grillon, le duc de Coigny, le comte Siméon, le comte de Saint-Priest, le maréchal comte Molitor, le comte Bourke, le comte d'Haubersaert, le comte de Breteuil, le comte de Richebourg, le comte de Montalivet, le comte Cholet, le comte Lanjuinais, le marquis de Laplace, le vicomte de Ségur-Lamoignon, le comte Abrial, le comte de Ségur, le comte de Bondy, le baron Davillier, le comte Gilbert de Voisins, le comte d'Anthouard, le comte Exelmans, le vice-amiral comte Jacob, le comte Pajol, le comte Perregaux, le comte Roguet, le comte de la Rouchefoucauld, le baron Girod (de l'Ain), le baron Athalin, Aubernon, Bertin de Vaux, Besson, le président Boyer, le vicomte de Caux, le comte Desroys, le comte Dutaillis, le duc de Fezensac, le baron de Fréville, Gautier, le comte Heudelet, le baron Malouet, le comte de Montguyon, le baron Thénard, le comte Turgot, Villemain, le baron Zangiacomi, le comte de Ham, le comte Bérenger, le baron Berthezène, le comte de Colbert, le comte de La Grange, le comte Daru, le comte Baudrand, le ba-

ron Neigre, le baron Duval, le comte de Beaumont, le baron de Reinach, le marquis de Rumigny, Barthe, le comte d'Astorg, le comte de Gasparin, le comte de Dehedouville, de Cambacérès, le vicomte de Chabot, le baron Feutrier, le baron Fréteau de Pény, le vicomte de Pernety, de Ricard, le marquis de Rochambeau, le comte de Saint-Aignan, le vicomte Siméon, le comte de Rambuteau, le comte d'Alton-Shée, de Bellemare, le marquis d'Andigné de la Blanchaye, le comte Monthion, le marquis de Belbeuf, Chevandier, le baron Darriule, le baron Delort, le baron Dupin, le comte Durosnel, le comte d'Harcourt, le vicomte d'Abancourt, Humann, le baron Jacquinot, Kératry, le comte d'Audenarde, le vice-amiral Halgan, Mérilhou, Odier, Paturle, le baron de Vandeuvre, le baron Pelet, Périer, le baron Petit, le vicomte de Préval, le baron de Schonen, le vicomte de Villiers du Terrage, le vice-amiral Willaumez, Bourdeau, le baron de Gérando, Rouillé de Fontaine, le baron de Daunant, le marquis de Cambis d'Orsan, le vicomte de Jessaint, le baron de Saint-Didier, le baron Voirol, Maillard, le duc de la Force, le baron Dupont-Delporte, le baron Nau de Champlonis, Gay-Lussac, le marquis de Boissy, le vicomte Bozelli, le vicomte Cavaignac, Cordier, Étienne, le comte Jules de Larochefoucault, Lebrun, le marquis de Lusignan, le comte Eugène Merlin, Persil, le comte de Saint-Hermine, le baron Texte, de Vandeuil, Viennet, Rossi, le comte Sérurier, le chevalier Tarbé de Vauxclairs, le vicomte Tirlet.

La lecture de cet arrêt a été faite conformément aux précédents de la Cour, en l'absence des accusés.

M. Cauchy, secrétaire archiviste, accompagné de M. Desmons, chef des huissiers, s'est transporté immédiatement après l'audience à la maison d'arrêt près la Cour des pairs, et a donné à chacun des détenus lecture de l'arrêt en ce qui le concerne.

Ceux des accusés dont l'acquittement est prononcé sont mis aussitôt en liberté.

# APPENDICE.

---

## Proclamations du maire et du sous-préfet de Boulogne.

Habitants de Boulogne !

Une tentative insensée, mais qui pouvait avoir les plus graves résultats et pour la France et pour vous, vient d'échouer devant votre énergique dévouement ! Louis Bonaparte est entre les mains de la justice. Déjà vous trouvez dans la conscience du devoir que vous avez si courageusement rempli, une première récompense : la reconnaissance du pays tout entier, que vous préservez peut-être d'une commotion violente, ne peut vous manquer.

Le Roi, que vous-mêmes avez choisi, et qui a si bien justifié votre confiance, sait peut-être déjà ce qu'il doit aux bons citoyens de la ville de Boulogne, et, en son nom, j'ose d'avance vous féliciter.

Honneur à la garde nationale ! honneur aux habitants de Boulogne !

Le sous-préfet :

LAUNAY-LEPREVOST.

Habitants de Boulogne !

Un insensé que n'a pu corriger le premier échec qu'il a éprouvé à Strasbourg, et dans le cœur duquel la générosité du Roi, qui lui a fait grâce de la peine qu'il avait encourue, n'a pu faire entrer le moindre sentiment de véritable honneur, a tenté ce matin de vous soulever, en invoquant les illustres souvenirs du grand homme dont il prostitue le nom. Accompagné de quelques anciens officiers séduits par leur ambition, et d'une cinquantaine d'hommes portant l'uniforme de soldats, mais n'ayant pas l'honneur d'appartenir à notre brave, à notre fidèle armée, il a débarqué au point du jour à Wimereux.

A cinq heures du matin, ses partisans, répandus dans plusieurs rues, frappaient aux portes, distribuant des proclamations incendiaires et jetant des poignées d'argent, prix dont ils espéraient payer des dévouements mercenaires ; comme si tous, tant que vous êtes, pauvres et riches, ouvriers et commerçants, vous pouviez être conduits par d'autres mobiles que par votre amour pour votre patrie, votre dévouement aux institutions qui vous font libres, votre attachement à la dynastie qui règne de par la volonté de la nation.

A cinq heures et demie, le prince Louis Bonaparte était à la caserne, où il espérait entraîner les braves compagnies du 42e, et là, de cette même main qui venait de signer sa folle proclamation à l'armée, il arrachait la décoration d'un capitaine et tirait à bout portant un coup de pistolet sur un officier désarmé. Le coup fut détourné, et la balle destinée au chef alla frapper à la joue un soldat qui maintenant est sur un lit de douleur.

Ainsi, le premier acte de cet homme qui vient vous parler d'honneur et de gloire a été une lâcheté; la première preuve de sa sympathie pour l'armée a été de l'insulter tout entière dans la personne d'un vieux capitaine.

Habitants de Boulogne, est-il besoin de vous prémunir contre les détestables conseils de ces ambitieux qui veulent sur toutes choses le désordre, et à l'aide du désordre le pouvoir et les honneurs, et qui ne vous apportent que la misère et la guerre civile? Non! et vous les avez à l'instant jugés, et à leur folle tentative vous avez tous, dans un même et patriotique élan, répondu par les cris mille fois répétés de : *Vive le Roi! Vive la Charte!*

Gardes nationaux et soldats du 42e de ligne!

Votre conduite a été admirable, et la France, que votre énergie, votre zèle, votre dévouement à votre pays viennent de sauver en quelques heures de la guerre civile que lui apportaient ses ennemis, vous en remerciera. Au premier appel, vous étiez tous à votre poste, au poste de l'honneur! Il vous a suffi de vous montrer, et de toutes parts ces insensés ont fui devant vous. Ils se sont précipités vers la plage, fuyant en hâte cette belle terre de France, au sein de laquelle ils espéraient trouver la trahison, et où veillaient au contraire votre fidélité et vos serments, et tous ont été arrêtés par vous et conduits à l'instant sous escorte au château, d'où ils ne sortiront que pour paraître devant la justice du pays.

Honneur à vous! honneur à notre armée si fidèle! honneur à cette belle institution de la garde nationale, contre laquelle les factions viendront toujours se briser.

Et nous aussi, disons : Dieu protége, Dieu sauve la France! Dieu la sauve de révolutions nouvelles!

Habitants, gardes nationaux et soldats, vos magistrats et vos chefs vous remercient; ils veillent à la sécurité publique; la justice informe, et de cette pitoyable échauffourée il ne reste déjà plus que le triste souvenir.

Le maire de Boulogne, AL. ADAM.

Les adjoints,

MARTINET, DUTERTRE-DELPORTE.

Boulogne, 6 août, dix heures du matin.

10415. — Imprimerie générale de Ch. Lahure, rue de Fleurus, 9, à Paris.

## A LA MÊME LIBRAIRIE :



Imprimerie générale de Ch. Lahure, rue de Fleurus, 9, à Paris.

www.ingramcontent.com/pod-product-compliance
Ingram Content Group UK Ltd.
Pitfield, Milton Keynes, MK11 3LW, UK
UKHW020120200726
13856UKWH00002B/643

9 782011 740090